초보자를 위한

# 무역실무 정석

초보자를 위한

# 무역실무 정석

권영구 지음

무역을 알면 세계가 보인다!

누구나 알기 쉽게 해설한 무역 지침서!
취업, 창업, 해외비즈니스 등 무역 입문자들을 위한 필독서!

중앙경제평론사

## … 머리말 …

무역실무는 무역을 순조롭게 문제없이 하는 데 필요한 지식이다. 실무를 모르고는 무역을 시작하기가 어렵다. 무역실무를 공부하는 방법은 다양하다. 그중에서도 이 책에서 소개하는 다양한 무역실무 지식은 무역실무에서 각 업무의 기초지식을 정리한 것이라고 할 수 있다. 무역 입문자들이 이 한 권의 책으로 무역실무의 기본을 마스터할 수 있도록 내용을 구성하였다.

이 책에서는 수출입에 따르는 일의 내용은 물론 가능한 한 그림(도해)을 많이 배치해서 독자들이 알기 쉽게 구성하려고 했다. 독자들의 이해를 돕기 위해 그림을 오른쪽 페이지에 배치했다. 이는 독자들이 먼저 왼쪽 페이지의 설명문을 읽은 다음, 그 내용을 간략히 요약·정리한 그림을 봄으로써 확실하게 이해할 수 있도록 한 것이다.

먼저 무역을 처음 시작하는 분들을 위해 어떻게 무역을 시작하면 되는지, 무역실무 지식은 어떤 방법으로 익힐 수 있는지에 관해 소개했다. 그리고 무역실무에 관련되는 사람들, 무역실무와 국내거래의 차이 등 무역의 기본에 관해 설명했다. 특히 무역 입문자들이 무역실무의 각 업무를 쉽게 파악할 수 있도록 수출·수입의 흐름은 물론 각 업무의 흐름과 무역에 관련되는 중요 서류들의 내용과 역할, 작성에 관해 최대한 쉽게 설명하려고 했다.

무역을 하는 과정에는 해외시장조사에서부터 신용장을 포함한 대금결제 관련 실무, 클레임 관련 실무까지 다양한 실무가 있다. 적어도 무역을 하려면 이들 각 실무에 대해 기초적인 지식 정도는 알아야 한다. 그래서 무역을 시작할 때 기본적으로 알아야 할 무역실무의 포인트를 총망라해서 실무 내용을 쉽게 이해할 수 있도록 관련 그림과 함께 설명했다. 독자들은 무역실무의 기초적 지식인 각 실무의 내용을 확실히 이해해서 현장에서 효과적으로 활용했으면 한다.

취업이든 창업이든 아니면 회사에서 일하든 글로벌시대에 무역거래, 해외비즈니스에 도전해보면 어떨까? 처음에는 거창한 사업계획서까지는 필요 없다. 취급할 제품을 정하고, 해외거래처를 발굴하면 된다. 그러려면 기본적으로 무역실무 지식을 알아야 하고 회사소개서를 포함해서 상품 카탈로그, 홈페이지 등을 준비해야 한다.

무역 일 자체는 그다지 어려울 것이 없지만 상품을 개발하고 해외거래처를 발굴하는 일에 예상 외로 시간이 많이 걸릴 수 있다. 해외거래처를 발굴한다 해도 일이 성사되기까지 상당한 시간이 걸릴 수 있다. 따라서 처음에는 조급하게 서두르지 말고 경험을 쌓고 배운다는 자세로 인내심을 가지고 추진했으면 한다.

이 책에서는 설명이 필요하다고 생각되는 용어에 대해 해당 페이지 아래쪽에 'WORD'라고 해서 짧게 설명했다. 특히 마지막 장에서는 무역

현장에서 사용되는 무역실무 관련 전문용어들을 집약해서 간략히 정리했다. 이 책을 교재로 해서 무역실무를 하다가 모르는 무역용어를 만나면 활용하길 바란다. 각각의 전문용어에 대해 좀 더 상세한 내용을 알고 싶을 때는 인터넷을 검색하면 도움을 받을 수 있다. 그때그때 즉시 확인해서 자신의 지식으로 만드는 것도 무역실무를 잘할 수 있는 비법이라면 비법이다.

또한 이 책의 중간중간에 독자들이 무역실무를 할 때 참고가 될 다양한 '팁'을 〈알아두자〉, 〈이것이 궁금해요!〉라는 제목으로 소개했으니 필요할 경우 적절히 활용했으면 한다.

이 책이 무역을 처음 시작하려는 독자들뿐만 아니라 학교나 기업, 이미 무역거래를 하고 있는 많은 분에게 조금이나마 도움이 되었으면 한다. 특히 무역 입문자들의 필독서로 독자들의 많은 사랑을 받을 수 있었으면 하는 바람이다. 끝으로 이 책이 나오기까지 도움을 주신 중앙경제평론사 김용주 대표님을 비롯해서 직간접적으로 수고해주신 모든 분에게 감사드린다.

권영구

## ··· 차례 ···

**머리말** 4

들어가는 글

**무역을 처음 시작하려면 어떻게 해야 할까** 16

# 1장 무역의 기본

무역이란 어떤 것인가 22

무역거래와 국내거래는 무엇이 다른가 24

무역거래의 흐름을 알자 28

무역거래에는 어떤 리스크가 있나 32

무역거래에는 어떤 사람들이 관련되어 있나 34

무역거래를 시작할 때 준비해야 할 것은 무엇일까 38

무역실무를 하려면 어떤 지식이 필요할까 39

무역 관련 업무를 지원해주는 기관은 40

무역업무에 인터넷 활용은 필수 44

무역거래에서 사용되는 주요 서류를 알아두자 46
전자무역에 대해 알아두자 48
무역 관련 법규에는 어떤 것이 있나 50
수출입 품목관리에 대해 알아두자 52
**※ 특수무역 거래형태** 54

## 2장 무역실무 각 업무의 흐름

수출입 실무에서 알아야 할 세 가지 흐름 56
수출업무의 흐름을 알자 58
수입업무의 흐름을 알자 66
거래제의에서 계약이 성립하기까지의 흐름을 알자 74
신용장 거래에서 당사자와 신용장의 흐름 78
신용장 거래에서 통관과 선적서류의 흐름 80
수출통관의 흐름은 어떻게 되나 82
선하증권 정정의 흐름은 어떻게 되나 84
환어음 매입서류의 흐름을 알아두자 86
수출화물의 흐름은 어떻게 되나 88
수입 준비에는 어떤 것들이 있나 90
수입통관에는 어떤 서류를 준비해야 할까 94
수입통관의 흐름을 알자 96
선하증권이 화물보다 늦게 도착하면 어떻게 할까 98

수입화물의 흐름은 어떻게 되나 100
FCL CARGO의 흐름은 어떻게 될까 102
LCL CARGO의 흐름은 어떻게 될까 104
**※ 소자본 무역업 창업 절차** 106

## 3장 무역실무 서류

수출입에 따른 서류 이해하기 108
신용장을 읽으려면 기본용어를 알아야 한다 110
신용장(LETTER OF CREDIT) 내용을 이해하자 112
신용장 번역과 부연 설명 115
인보이스(Invoice, 송장)는 어떻게 작성할까 124
포장명세서(Packing List)에는 무엇을 기재할까 126
선하증권(Bill of Lading)의 역할은 무엇일까 130
보험증권(Insurance Policy)은 어떤 기능을 할까 134
환어음(Bill of Exchange)은 무엇일까 136
신용장 내용을 바탕으로 필요서류 작성하기 138
원산지증명서(Certificate of Origin)는 어디서 발급받을까 150
그 밖에 수출입에 관련된 서류를 알아두자 152
신용장 거래의 흐름을 자세히 알자 156
서류 작성자와 서류의 종류를 이해하자 160
**※ 소자본 무역업 창업과 세금** 166

## 4장 무역실무 포인트


해외시장조사는 어떻게 할까 168

현지 인증제도의 확인은 수출의 전제조건이다 170

취급할 상품과 공급처는 어떻게 찾을까 171

해외거래처는 어떻게 발굴할까 174

해외거래처의 신용조사는 어떤 식으로 할까 176

오퍼에는 무엇을 기재할까 178

수출입계약에서 기본조건은 무엇인가 182

수출입계약서는 어떻게 작성할까 188

신용장을 수령하면 무엇을 확인해야 할까 192

신용장 내용이 계약내용과 다르다면 어떻게 해야 하나 196

선복예약을 할 때 유의할 점은 무엇일까 198

해상운임은 어떻게 정해질까 200

선하증권에도 여러 종류가 있다 202

선하증권을 수령했을 때 체크포인트는 무엇일까 204

수출통관의 포인트는 무엇인가 206

FTA를 이해하고 잘 활용하자 210

해상운송 방법에는 어떤 것이 있을까 212

수출입 대금은 어떻게 결제할까 213

수출입을 하려면 인코텀즈를 알아야 한다 215

웨이빌(WayBill)에 관해서 알아두자 222

보세구역에 대해 알아두자 224

검역제도는 왜 필요할까 227

컨테이너의 종류를 알아두면 필요할 때 유용하다 228
해상보험에 관해 알자 230
수입비즈니스를 계획할 때 포인트는 무엇일까 234
병행수입이 불가능한 물품도 있다 236
수입신용장은 어떻게 개설할까 238
수입규제 여부는 어떻게 알 수 있을까 242
관세율표는 무엇인가 244
HS번호가 관세를 좌우한다 245
관세는 어떻게 정해질까 246
수입통관의 포인트는 무엇인가 250
클레임이 발생하면 어떻게 할까 254
항공화물로 운송하면 좋은 점 258
항공운임은 어떻게 정해질까 260
항공화물운송장의 기능은 어떤 것이 있나 262
국제복합운송이란 어떤 운송방법일까 266
국제복합운송에는 어떤 것이 있나 268
※ 선적·하역에 관한 전문용어 270

## 5장 무역실무능력 개발

무역을 하려면 어떻게 어프로치하면 될까 272
무역실무 능력을 갖추면 어떻게 도움이 될까 276

무역 관련 자격증은 취업에 도움이 될까 280
무역 관련 자격시험에는 어떤 것이 있나 282
무역실무자에게는 어떤 능력이 필요할까 286
서류작성 능력은 무역실무자의 중요한 능력 중 하나 288
무역실무에서 포인트는 무엇일까 290
무역실무를 활용할 수 있는 분야/회사를 알아보자 292
**※ 수출과 영세율제도** 294

## 6장 무역실무 용어

한글표기용어 298
영문표기용어 312

**알아두자**

3국간 무역(거래) 43
포워더 92
수입, 국내시장조사에서 계약까지 93
Shipping Mark의 기입항목 129
수출통관은 관세사에게 의뢰하는 것이 일반적 141
선복예약 방법과 배의 종류 145

보험 구약관에 의한 기본적인 보험조건과 전보되는 손해 155
신용장 종류 및 신용장의 메리트 159
마케팅의 흐름 181
계약의 흐름 191
신용장의 조건과 화환어음, 선적서류의 공통 점검사항 195
신용장 조건변경의 흐름 195
선복예약 시 주의점 199
해상운임의 조건 201
Surrendered B/L, Check B/L에 관해서 203
신용장조건에서 대금회수 방법 및 선적서류 확인 방법 205
과세표준의 종류 249
중재와 재판의 비교 257
화물해상보험에서 대상이 되는 손해의 종류와 내용 275
PL보험에 관해서 279
간이통관에 관해서 281
간이세율과 간이신고 대상물품 287

## 이것이 궁금해요!

환어음과 화환어음의 차이는? 161
유니패스(UNI-PASS)란? 162
전용선(專用船)의 종류에는 어떤 배가 있나? 163
재래선이라는 명칭의 유래는? 164
취소 가능한 신용장도 있는가? 165

계약서의 앞면(타이핑)과 뒷면(인쇄)의 내용이 모순이라면? 190
실제로 손해 사고가 있을 경우 어떻게 대처하면 좋을까? 233

**참고문헌** 338
**찾아보기** 339

# 들어가는 글

누구나 마음만 먹으면 무역을 할 수 있다. 그렇다고 마음먹는다 해서 누구나 쉽게 할 수 있는 분야는 아니다. 무역 현장에서 사용되는 전문용어를 알아야 하고 기초적인 무역실무 지식 정도는 갖춰야 한다.

많은 사람에게 무역을 권하고 싶다. 무역업 창업은 적은 자본으로 자신의 집에서도 할 수 있으며, 혹시 잘못된다 해도 큰 손실은 입지 않는 분야이다. 무역은 조급하게 서두르지 말고 처음에는 경험을 쌓으며 배운다는 자세로 추진하는 것이 좋다.

# 무역을 처음 시작하려면 어떻게 해야 할까

## 무역을 처음 시작하려면

**취급할 상품을 정한다.**

무역을 하려면 가장 먼저 취급할 상품을 정해야 한다.

(제조업인 경우는 자사 제품을 수출하면 된다.)

**기본적인 무역실무 지식을 익힌다.**

무역실무를 하는 데 가장 많이 사용되는 기본적인 지식을 익힌다.

**무역을 하기 위한 사전 준비를 한다.**

회사소개서, 카탈로그, 명함, 수출지역, (영문)홈페이지 등 무역을 하기 위해 필요한 것들을 미리 준비한다.

**해외거래처를 찾는다.**

해외의 비즈니스 파트너를 물색한다. 가격, 품질, 납기를 안정적으로 지켜줄 신뢰할 수 있는 파트너를 만나는 것이 중요하다.

# 무역을 처음 시작하려면

취급할 상품을 정한다.

기본적인 무역실무 지식을 익힌다.

무역을 하기 위한 사전 준비를 한다.

해외거래처를 찾는다.

무역은
이렇게 시작하면 된다.

## 무역실무를 익히려면

**무역실무 관련 강의를 듣는다.**

한국무역협회나 코트라(kotra) 등과 같은 무역 관련 지원기관에서 실시하는 무역실무 강의를 들으면 도움이 많이 된다.

**무역회사에 취업해서 경험한다.**

회사의 무역 관련 분야에서 일을 하든가 아니면 무역회사에 취업해서 직접 뛰면서 배운다.

**무역전문가에게 도움을 받는다.**

무역전문 컨설턴트나 무역 관련 강의를 하는 강사, 무역 분야에서 오래 종사한 사람들을 찾아 자문하는 것도 좋은 방법이다. 무역전문가를 만나기 어려울 경우에는 무역실무 관련 책을 쓴 저자에게 연락해서 도움을 청하는 것도 한 방법이다.

**무역 관련 책을 보고 혼자서 공부한다.**

혼자서 무역실무 책을 보고 직접 뛰면서 배운다. 무역 관련 지식은 인터넷을 검색하면 거의 대부분 찾을 수 있으므로 이해되지 않는 것은 인터넷을 활용하면 도움이 많이 된다.

## 무역실무를 익히려면

무역실무 관련 강의를 듣는다.

무역회사에 취업을 해서 경험한다.

무역전문가에게 도움을 받는다.

무역 관련 책을 보고 혼자서 공부한다.

무역실무를
익히는 방법은 다양하다.

# 1장
# 무역의 기본

무역거래는 여러 면에서 국내거래와 차이가 있다. 그 차이를 확실하게 이해할 필요가 있다. 무역의 전체 구도를 파악하고, 무역에는 어떤 리스크가 있는지, 어떤 사람들이 관련되어 있는지, 어떤 기관이 무역 관련 업무를 지원해주는지, 무역을 하기 위해서 준비해야 할 것들로는 어떤 것이 있는지 등등에 관해 알아두면 처음 무역을 하는 데 크게 도움이 된다.

# 무역이란 어떤 것인가

**학습과제** **무역의 정의, 형태, 종류, 유형을 이해하자.**

무역이란 국가와 국가 간의 상품, 자본, 서비스(용역) 등의 상거래 행위를 의미한다.

무역의 형태는 다양하지만 대표적인 것이 자국 상품 등을 외국에 판매하는 수출과 외국 상품 등을 구매해서 자국으로 들여오는 수입이 있다. 외국의 상품 등을 구매해서 또 다른 외국에 판매하는 3국 간 거래도 있다.

무역에도 여러 가지가 있다. 상품만이 아니라 서비스나 전자상거래도 무역의 하나이다. 글로벌 시대에는 서비스의 무역이 다양화되고 있으며 전자상거래도 점점 더 성행할 것이다.

한편 무역은 제조회사 자신이 수출자가 되어 직접 수입자에게 수출하는 방식과 제조회사와 수입자 사이에 무역전문회사가 수출자로 개입해서 이루어지는 방식이 있다(27쪽의 제조회사와 무역상사의 일의 흐름 그림 참조).

# 무역이란 무엇인가

## 무역의 정의

- 국가 간에 행해지는 매매거래

## 무역의 형태

- 수출: 상품을 외국에 판매하는 것
- 수입: 외국에서 상품을 구입하는 것
- 3국 간 거래: 자국 이외의 외국 간 무역을 중개해 수수료를 받는 것

## 무역의 종류

- 상품의 무역: 고체, 액체, 기체, 생물의 무역 등
- 서비스 무역: 운수, 금융, 보험, 통신, 관광 등
- 전자상거래

## 무역의 유형

- 수출자와 수입자 간의 직거래
- 수출자와 수입자 사이에 무역전문회사가 있는 거래 유형

# 무역거래와 국내거래는 무엇이 다른가

**학습과제** 무역거래와 국내거래의 차이를 이해하자.

## 무역거래는 국내거래와 무엇이 다른가

**말과 통화(通貨)가 다르다.**

외국인과 상담할 때 언어가 다르기 때문에 의사소통이 잘되지 않아 오해의 소지가 생긴다. 사용하는 화폐도 다르기 때문에 환변동에 주의를 기울여야 한다.

**상관습과 제도, 법률, 문화, 정치·경제 상황이 다르다.**

제도나 법률이 다르다거나 상관습이 다른 데서 오는 오해나 인식의 차이가 생길 수 있으므로 주의해야 한다.

**대금지불 방법이 다르다.**

대금이 세계의 외국환 결제기구를 이용하여 결제된다. 수출입 대금결제 시 환어음* 거래방법에 따라 은행을 이용하는 경우가 많다.

**관세를 내고 통관을 해야 한다.**

물품 이동에 관해서는 기본적으로 국가의 무역관리제도에 합치해야

WORD ▶ 환어음: 수출자가 수입자에게 일정금액을 지불할 것을 의뢰하는 증권

## 무역거래와 국내거래의 다른 점

말과 통화가 다르다.

상관습과 제도, 법률, 문화, 정치·경제 상황이 다르다.

대금지불 방법이 다르다.

관세를 내고 통관을 해야 한다.

리스크가 다양하다.

할 필요가 있다. 따라서 세관에 신고하고 관세를 납부하는 등 통관절차를 거쳐야 한다.

**리스크가 다양하다.**

위에서 언급한 차이에서 오는 리스크가 있으므로 그 리스크를 파악하여 미리 대비하는 것이 상당히 중요하다.

**해외 거래의 경우 주의해야 할 문제점**

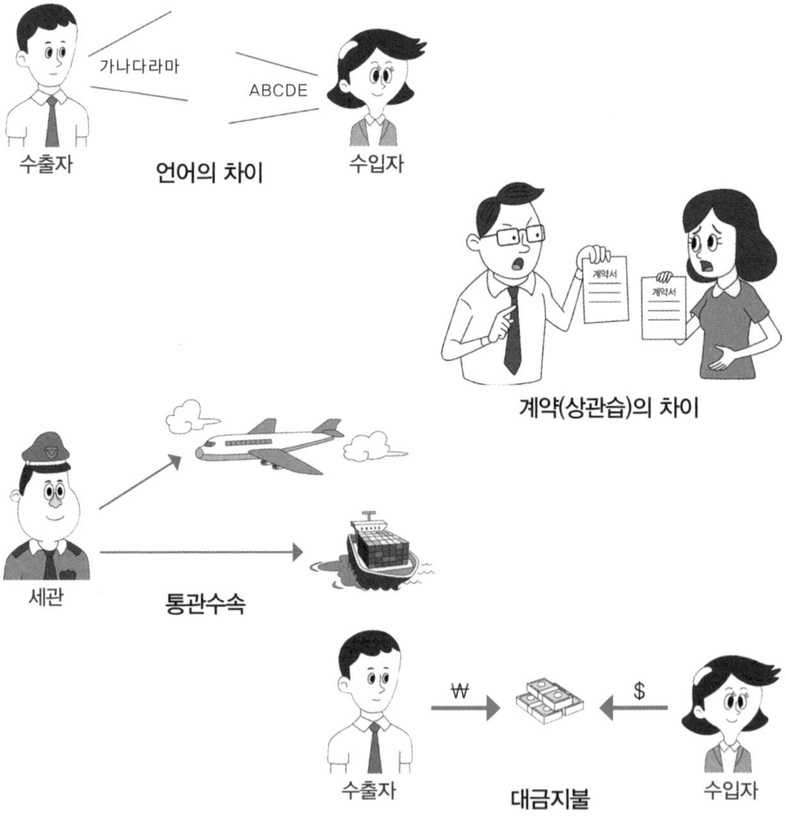

무역이란 국가와 국가 간의 상거래

제조회사와 무역상사의 일의 흐름

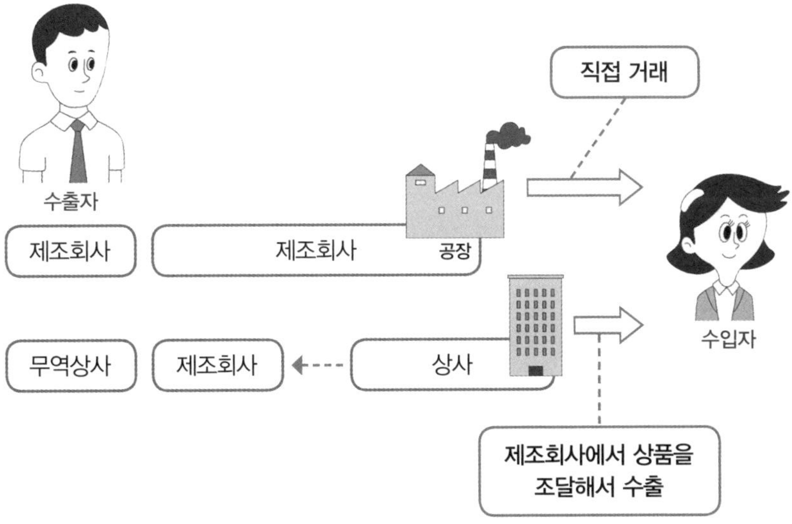

# 무역거래의 흐름을 알자

**학습과제** 무역거래의 흐름을 이해하고 무역실무 능력을 향상시키자.

## 무역거래는 어떻게 진행되나

무역거래는 수출, 수입에 따라 다르지만 크게 다음과 같은 흐름으로 진행된다.

### 수출입 상품 개발

수출의 경우 제조업체는 자사 제품을 수출하면 되지만 제조업이 아닐 경우는 수출상품을 찾아야 한다. 수입의 경우 어떤 상품을 수입하면 좋을지 국내시장조사를 해서 정할 필요가 있다. 이 경우 국내 수입에 문제가 없는지를 우선적으로 확인해야 한다.

### 해외거래처 발굴

해외시장조사를 하고 해외거래처를 찾는다. 수출, 수입을 불문하고 거래처를 선정할 때는 상대방의 신용을 어떻게 판단할지도 중요한 요소이다.

### 거래상담 및 계약

상품가격조건, 대금지불조건, 품질/수량조건, 납기, 포장조건, 검사방

## 무역거래의 흐름

**수출의 경우**

수출상품 개발
↓
해외거래처 발굴
↓
수출상담 및 계약
↓
(보험), 수출통관, 선적
↓
대금 수령

**수입의 경우**

수입상품 결정
↓
해외공급처 물색
↓
수입상담 및 계약
↓
대금지불 및 수입통관
↓
국내 판매

법/시기, 에프터서비스(AS), PL* 문제대응, 트러블 발생 시 대응 등 무역거래의 제반 조건에 관해 협상한다. 협상 내용이 합의되면 계약서를 작성한다. 국제계약에서는 일반적으로 영문계약서를 사용한다.

### 운송, 보험, 통관

포워더를 통해서 선복예약 등 운송수단을 확보한다. 계약조건에 따라 수출자(또는 수입자)가 해상보험에 가입한다. 그리고 관세사에게 수출통

**무역거래의 흐름(수출)**

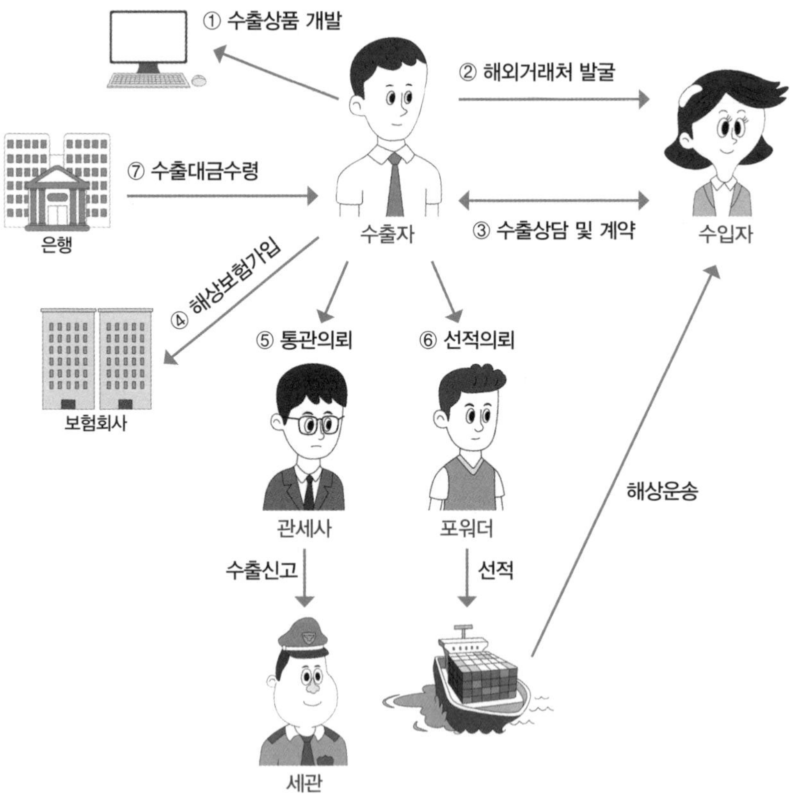


WORD ▶ PL: Product Liability(제조물책임) 문제 발생에 대한 대응

관을 의뢰한다. 수입의 경우 수입자는 거래은행에 물품대금을 지불하고 선적서류를 받아서 수입통관을 의뢰한다.

**대금 수령**

수출자는 거래은행에 환어음 매입을 의뢰하고 수출 대금을 수령한다. 대금 결제 시점은 계약조건에 따라 다를 수 있다(선불, L/C 결제, 후불 등).

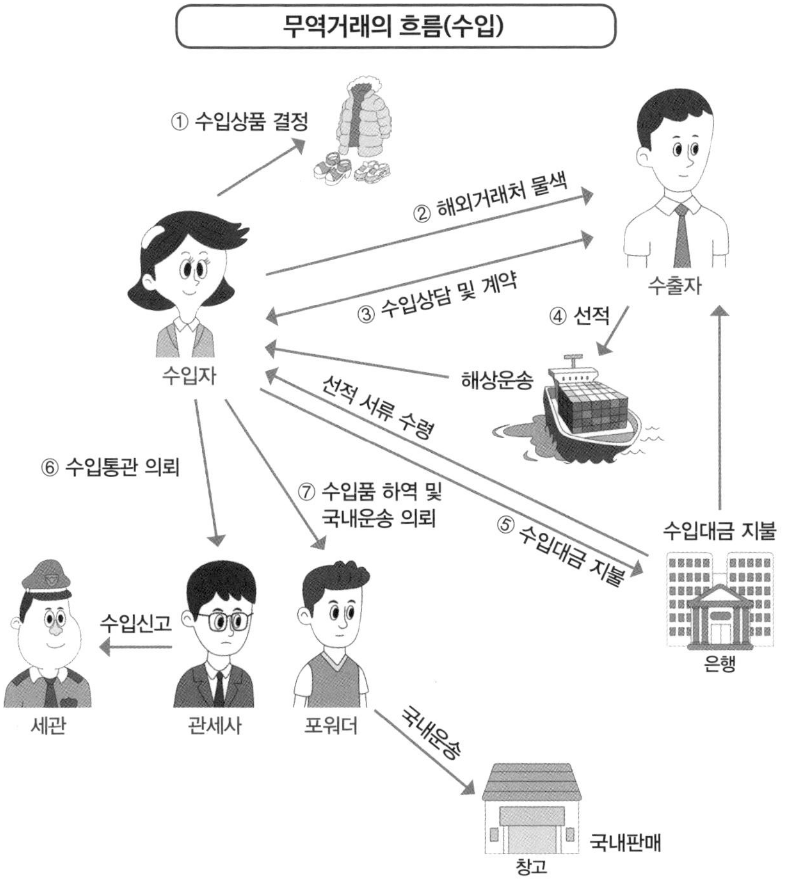

# 무역거래에는 어떤 리스크가 있나

**학습과제** 무역거래에는 어떤 리스크가 있는지 확인하자.

## 무역거래에서 주의할 리스크

### 상대국에 대한 정보 부족에 따른 리스크

거래 상대방을 신뢰할 수 있을까, 계약대로 상품을 받을 수 있을까, 납기는 지킬까 등 언어·제도·상관습·정치/경제 상황이 다르고 문화의 차이나 생활습관의 차이에서 오는 다양한 리스크가 있다.

### 운송에 관한 리스크

상품을 운송하는 거리가 멀고 시간이 걸린다. 화물의 변질, 손상, 사고의 위험성이 있다. 대금 선지불의 경우 수입한 상품이 대금지불 후에 도착된다. 대금 후지불의 경우 상품을 수출했는데도 대금회수가 늦어진다.

### 경제적 리스크

대금을 계약대로 받을 수 있을까? 거래통화가 다른데 환변동 리스크* 는 없을까? 환어음 부도는 없을까? 상품수령과 대금지불에 시간차가 있으므로 대금회수 리스크와 상품입수 리스크가 있다. 경우에 따라서는 자금부담 리스크도 있을 수 있다.

WORD ▶ 환변동 리스크: 환율 변동에 따라 손실을 보게 될 리스크

## 무역거래에는 어떤 리스크가 있나

**상대국에 대한 정보 부족에 따른 리스크**

- 거래 상대방을 신뢰할 수 있을까?
- 계약대로 상품을 받을 수 있을까?
- 납기는 지킬까?
- 상관습, 문화, 생활습관 등의 차이에 따른 리스크

**운송에 관한 리스크**

- 상품을 운송하는 거리가 길고 시간이 걸린다.
- 화물의 변질, 손상, 사고의 위험성이 있다.
- 대금 선지불의 경우 수입한 상품이 대금지불 후에 도착된다.
- 대금 후지불의 경우 상품을 수출했는데도 대금회수가 늦어진다.

**경제적 리스크**

- 대금을 계약대로 받을 수 있을까?
- 환변동 리스크는 없을까?
- 환어음 부도는 없을까?

# 무역거래에는 어떤 사람들이 관련되어 있나

**학습과제** 무역거래에는 어떤 사람들이 관련되어 있는지 알아두자.

## 무역거래와 관련 있는 사람 활용하기

무역거래에는 어떤 사람들이 관련되어 있는지 확실하게 파악하고 활용하자.

### 수출자인 제조회사와 무역회사

제조회사의 경우 자사 상품을 가지고 직접 수입자와 수출상담을 하고, 무역회사의 경우 제조회사 또는 유통회사로부터 상품을 구입해서 수출한다.

### 운송화물주선업자(포워더)와 관세사*

운송화물주선업자(또는 포워더)는 수출입자로부터 의뢰받은 화물을 선박회사 또는 항공회사 등의 중간에서 화물을 주고받는 선적업무 또는 하역업무를 대행한다. 관세사는 수출입자로부터 의뢰받은 수출입 상품의 통관업무를 대행한다.

WORD ▶ 관세사: 관세사시험에 합격하고, 수출입 통관 업무 및 관세 업무를 대리하는 전문직업인

## 무역거래와 관련된 사람들

- 수출자인 제조회사와 무역회사
- 운송화물주선업자(포워더)와 관세사
- 선박(항공)회사와 보험회사
- 세관 및 수출입 관련 공공기관
- 은행
- 수입자

무역거래에는
다양한 입장에 있는
사람들이 관련되어 있다.

### 선박(항공)회사와 보험회사

선박(항공)회사는 수출입자 또는 포워더*로부터 의뢰받은 화물을 지정 목적지까지 운송한다. 화물 운송 중 사고나 재해 등에 따른 화물 손상에 대비해 보험에 가입하는데, 보험회사는 이 업무를 담당한다.

### 세관 및 수출입 관련 공공기관

세관은 화물 통관, 관세 징수, 밀수 방지, 보세지역에서 화물관리 등의 업무를 한다. 수출입 신고 시 법률에 따른 인허가가 필요할 경우 관련 정부기관이나 공공기관에서 인허가를 받아야 한다.

### 은행

무역거래에서 신용장 개설이나 송금 등 대금결제 지원 업무를 한다.

### 수입자

수출입 매매거래의 한 당사자로서 신용장 개설 신청인(Applicant)이며 수입상품 대금을 지불하고 상품을 수령한다.

WORD ▶ 포워더: 혼재업자, 이용운송사업자라고 한다.

무역거래와 관련 있는 사람들

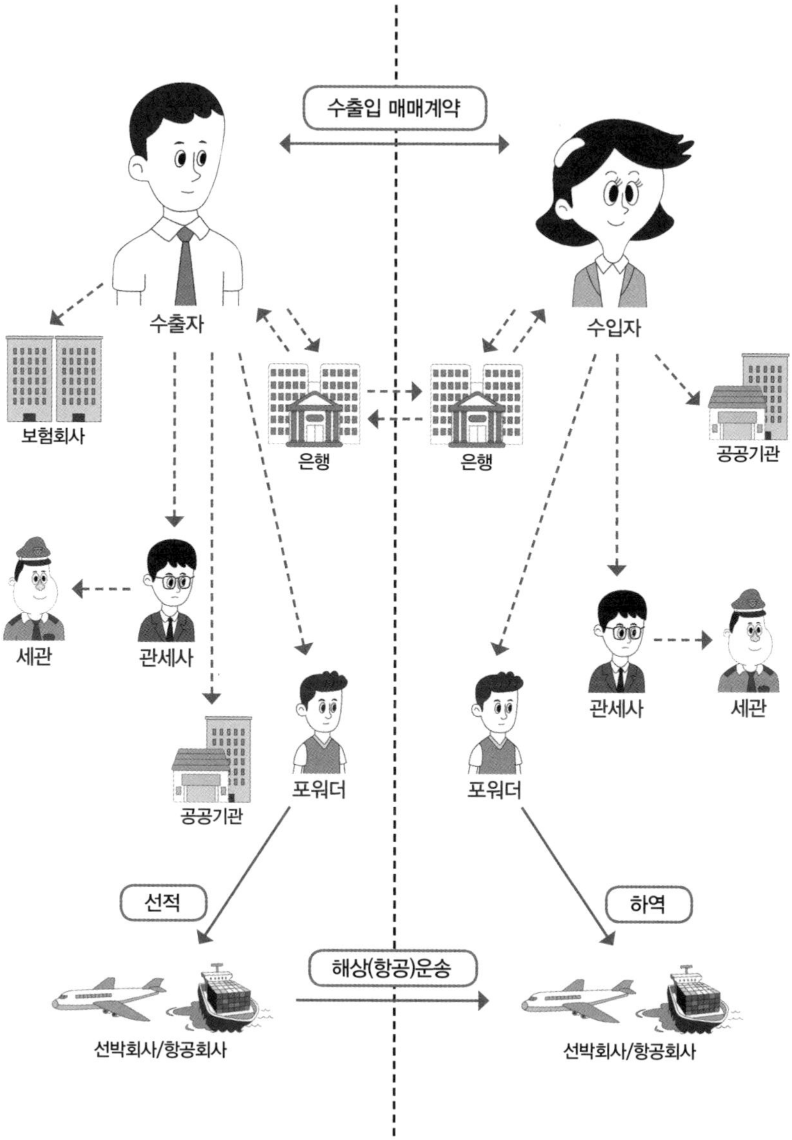

# 무역거래를 시작할 때 준비해야 할 것은 무엇일까

**학습과제** 사전 준비사항을 알아보고 확실하게 준비하자.

## 사전에 준비할 것들

수출을 시작하기 전에 아래 표에 있는 것과 같은 사항과 항목들을 준비하면 수출업무를 좀 더 효율적으로 할 수 있다.

| 상담자료 준비 사항 | 해외시장 이해에 필요한 항목 |
|---|---|
| • 명함 | • 해당국의 국민성과 의식구조, 상관습 |
| • 회사소개서 | • 해당 시장의 특징 |
| • 카탈로그 | • 해당국 국민의 협상 스타일 |
| • 견적서(거래조건 포함) | • 해당국 비즈니스 시 유의사항 |
| • 샘플(시식회 준비 포함) | • 해당국 국민과 상담하는 요령 |
| • 거래제의 서신 | • 해당국의 식생활 |
| • 외국어 홈페이지 | • 해당국의 다양한 문화 |
| • 무역실무 지식 | • 해당국의 일반적 개요와 사회 현황 |
| • 해외시장 진출 전략 | |

수입의 경우는 해당 수입품의 국내 수입절차(인증제도 포함) 확인, 유통루트, 시장가격 그리고 거래처 확보 등을 사전에 준비해야 한다.

# 무역실무를 하려면 어떤 지식이 필요할까

**학습과제** 무역실무에 필요한 지식에는 어떤 것이 있는지 알아두자.

## 최소한 알아야 할 무역실무 지식

무역을 하려면 최소한 알아야 할 실무지식이 있다. 그 지식항목을 편의상 아래 표에서와 같이 구분하여 소개한다.

| 구분 | 항목 |
|---|---|
| 필수지식 | • 상품지식 • 수출입 대금 결제방법 • 수출입 계약 • 무역용어<br>• 무역조건 • 인코텀스 • 시장지식 • 화물이동에 관한 지식<br>• 수출입 규제와 통관제도에 관한 지식 • 해상보험 |
| 필요지식 | • 수출입 코스트와 채산성 • 자금계획 • 무역보험 • 거래통화<br>• 거래 상대방의 신뢰도 • 환예약 • 관세제도 • 제품검사<br>• 신용장통일규칙 • 국제상사중재제도 • 지적재산권<br>• 수입상품에 관한 국내법 • 부당한 클레임의 발생<br>• 해운, 통신, 보험 등에 관한 국제협정 또는 조약 |
| 관련지식 | • 외국어의 활용 • 의사소통의 어려움 극복<br>• 무역 관련 정부정책 • 다른 문화, 관습과 법률<br>• 통신이나 커뮤니케이션 수단 • 상대국의 신뢰도<br>• 리스크 관리능력 • 제조물책임에 관한 법률<br>• 자사의 영업력과 실행력 • 인터넷 및 소셜 네트워크 활용지식 |

# 무역 관련 업무를 지원해주는 기관은

**학습과제** **무역업무를 지원하는 관련 기관을 알아두고 활용하자.**

새로 무역실무를 담당하게 된 사람이나 신입사원 그리고 무역을 처음 시작하려는 사람은 꼭 무역업무 지원기관을 활용하기 바란다. 공적기관 등에 상담을 요청해 도움을 받으면 좋다. 무역업무를 지원해주는 곳은 많다.

**한국무역협회를 이용한다.**

해외바이어 정보를 비롯해 무역에 관한 정보 제공, 무역상담, 무역실무 지원, 무역실무 교육(무역아카데미) 등 종합 무역컨설팅 서비스를 제공하고 있다.

**kotra를 이용한다.**

수출상담회, 전시사업, 해외시장개척 지원을 비롯하여 통상정보, 오퍼정보 같은 무역 관련 각종 정보를 제공하는 등 해외비즈니스 전반에 대해 지원하고 교육을 실시하고 있다.

**중소벤처기업진흥공단을 이용한다.**

해외시장조사, 해외마케팅, 수출인큐베이터, 무역상담회 등 중소기업

## 무역업무 관련 지원기관

- 한국무역협회(www.kita.net)
- kotra(www.kotra.or.kr)
- 중소벤처기업진흥공단(www.kosmes.or.kr)
- 대한상공회의소(www.korcham.net)
- 무역컨설턴트
- 각 지방자치단체

의 수출 관련 업무와 교육을 지원하고 있다.

**대한상공회의소를 이용한다.**

외국상공회의소와 상의네트워크, 기업정보와 국제통상정보 제공, 원산지증명 발급, 아타카르네*(ATA carnet) 등의 무역인증업무를 지원하고 있다.

**무역컨설턴트를 이용한다.**

장기간에 걸친 경험이나 지식을 살려서 전문적이고 구체적인 상담이 가능하므로 귀중한 비즈니스 체험을 바탕으로 한 가치 있는 조언을 얻을 수 있다.

상기 기관 이외에도 무역업무를 지원하는 기관은 각 지방자치단체, 테크노파크, 중소기업지원센터, aT센터, 관련 산업협회 또는 조합, 각 대학교 산학연, 중소기업을 지원하는 정부산하기관 등 많이 있다.

WORD ▶ 아타카르네: 아타(ATA)협약 가입국 간에 일시적으로 물품의 무관세임시통관증서

알아두자

## 3국간 무역(거래)

통상의 무역에서는 수출자가 수입자에게 물품을 운송한다. 그 외에도 3국간 무역이라 하는 거래가 있다.
3국간 무역에서는 제3국이 화물의 배송을 중개하고 무역당사국이 대금의 결제나 통관에 관한 업무를 한다(중개무역). 3국간 무역을 그림으로 보고 이해하자.

**통상의 무역**

**3국 간 무역**

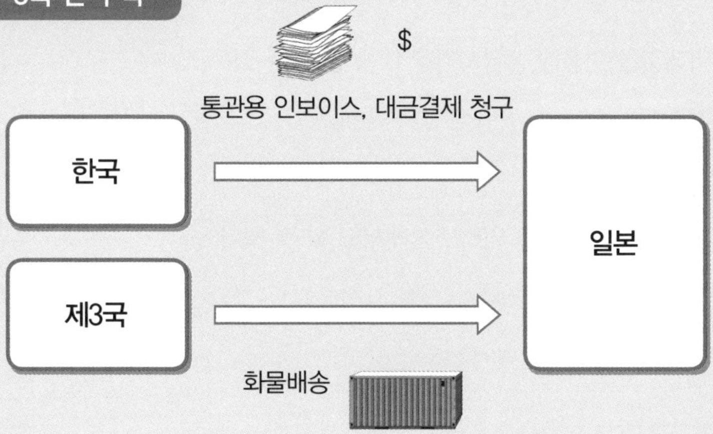

# 무역업무에 인터넷 활용은 필수

**학습과제** 무역업무에 인터넷을 활용하면 어떤 이점이 있는지 이해하자.

## 무역업무에 인터넷을 활용하면 좋은 점

인터넷 활용의 이점은 다음과 같은 것이 있으므로 무역업무에 최대한 활용하길 바란다.

**정보검색을 통해 필요한 정보를 손쉽게 수집할 수 있다.**

무역업무에 필요한 정보수집에 소요되는 시간을 유효하게 이용할 수 있다.

**이메일을 이용해 상담시간을 대폭 줄일 수 있다.**

서신이나 팩스를 이용해 상담할 때보다 상담시간을 절약할 수 있다.

**수출입 거래절차를 인터넷상에서도 할 수 있다.**

정부기관이나 관공서에 직접 가서 하던 수속을 사무실에서 손쉽게 할 수 있다.

## 무역업무에 인터넷을 활용하면 좋은 점

정보검색을 통해 필요한 정보를 손쉽게 수집할 수 있다.

이메일을 이용해 상담시간을 대폭 줄일 수 있다.

수출입 거래절차를 인터넷상에서도 할 수 있다.

무역거래를 인터넷을 활용해서 할 수 있다.

**무역거래를 인터넷을 활용해서 할 수 있다.**

홈페이지나 쇼핑몰을 이용하여 해외바이어와 비즈니스를 할 수 있다.

# 무역거래에서 사용되는 주요 서류를 알아두자

무역실무에서는 다양한 서류가 사용된다. 이 책에서 무역실무를 이해할 때 '무역거래에 사용되는 주요 서류의 일람표'에 있는 서류가 나오면 각각의 서류는 누가 작성하고 어떻게 흘러가는지 확인하고 이해하자.

**무역거래에 사용되는 주요 서류의 일람표**

| 영어 | 한국어 | 약어 |
|---|---|---|
| Invoice | 인보이스(송장) | I/V |
| Bill of Lading | 선하증권 | B/L |
| Letter of Credit | 신용장 | L/C |
| Bill of Exchange | 환어음 | B/E |
| Purchase Order | 주문서 | P/O |
| Packing List | 포장명세서 | P/L |
| Export Declaration | 수출신고서 | E/D |
| Import Declaration | 수입신고서 | I/D |
| Air Waybill | 항공화물운송장 | AWB |
| Letter of Guarantee | 보증서 | L/G |

| | | |
|---|---|---|
| Dock Receipt | 부두수취증(화물수취증) | D/R |
| Delivery Order | 화물인도지시서 | D/O |
| Shipping Order | 선적지시서 | S/O |
| Arrival Note | 화물도착안내 | A/N |
| Shipping Advice | 선적통지 | S/A |
| Certificate of Origin | 원산지증명서 | C/O |
| Container Load Plan | 컨테이너 명세서 | CLP |
| Letter of Indemnity | 보상증 | L/I |
| Shipping Instructions | 선적의뢰서 | S/I |
| Mate's Receipt | 본선수취증 | M/R |
| Insurance Policy | 보험증권 | I/P |
| Shipping Request | 선적요청서 | S/R |

## 수출입 화물에 관한 기본 용어

| | | |
|---|---|---|
| FCL | Full Container Load | 컨테이너 단위의 큰 화물 |
| LCL | Less Than Container Load | 컨테이너에 혼재 선적되는 소량 화물 |
| CY | Container Yard | 컨테이너 야드 |
| CFS | Container Freight Station | 혼재화물 집하장 |

# 전자무역에 대해 알아두자

**학습과제** **전자무역의 방법과 수단을 알아두자.**

전자무역(e-Trade)은 인터넷과 전자시스템 등 전자적 방식을 활용해서 국내외 시장조사는 물론 해외바이어 발굴, 무역계약 체결, 운송, 통관, 대금결제까지 무역의 일부 또는 전 과정을 시공간 제약 없이 처리하는 무역거래 형태를 말한다.

전자무역은 무역업무에 필요한 서류들을 전자적으로 처리할 수 있는 시스템을 구축해 무역업체의 부대비용을 줄이고 무역규모의 확대를 촉진한다.

전자무역은 기존의 국제무역 구조와 비교해볼 때 방법과 수단에는 큰 차이가 있으나 진행 순서에는 별다른 차이가 없다. 전통적인 무역과 무관하게 독립적으로 수행되는 것이 아니라 상호 보완관계로, 오프라인으로 했던 전통무역을 촉진하는 기능을 하는 전통무역 지원수단으로 볼 수 있다.

### 전자무역 플랫폼 u트레이드 허브

전자무역 서비스 사이트로 u트레이드 허브(ubiquitous Trade Hub)가 있다. u트레이드 허브는 전자무역 통합시스템이다. 이 사이트(www.utradehub.or.kr)는 누구든 활용하여 세계를 대상으로 마케팅에서부터 대금결제에 이르기까지 모든 무역업무를 단절 없이 처리할 수 있도록 되어 있다.

또 전자무역서비스를 이용하면 모든 정보가 '공인 전자문서센터'에 통합 저장되기 때문에 동일한 서류를 중복 제출하거나 종이 원본을 낼 필요가 없게 된다.

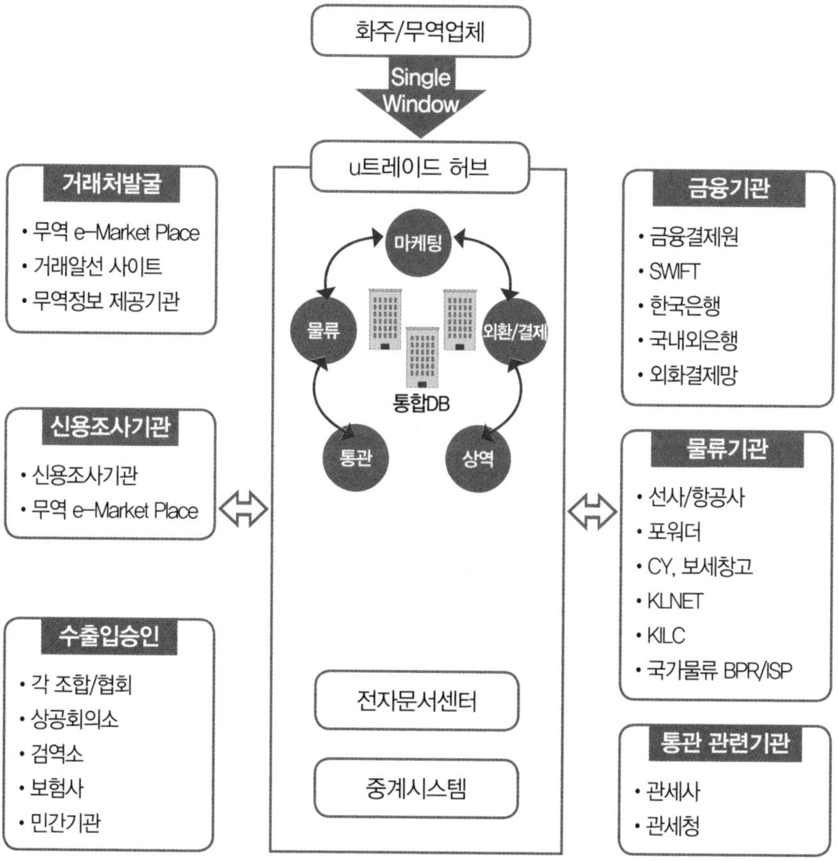


〈u트레이드 허브 개념도〉

# 무역 관련 법규에는 어떤 것이 있나

**학습과제** 무역 관련 법규에는 어떤 것이 있는지 알아두자.

무역 관련 법규로는 3대 무역 관련 기본법이라 하는 대외무역법, 외국환거래법, 관세법이 있다. 그 외에 무역거래에 관련하는 법규로 '기타 무역관련 법규'와 개별품목별로 수출입거래를 제한하는 50여 개의 '개별법'이 있다.

무역관련 기본법 각각의 목적에 관해서는 다음 표를 참조하기 바라며, 각각의 법은 다음과 같이 체계화되어 있다.

- 대외무역법 → 대외무역법시행령 → 대외무역관리규정
- 외국환거래법 → 외국환거래법시행령 → 외국환거래규정
- 관세법 → 관세법시행령 → 관세법시행규칙

한편 무역 관련 법규는 국내외의 상황 변화에 따라 수시로 개정되기 때문에 최신 법령을 확인하고 진행하는 것이 중요하다. 최신 개정 법령의 전문은 법제처 홈페이지(www.moleg.go.kr)에서, 대외무역관리규정 최신 개정 전문은 산업통상자원부 홈페이지(www.motie.go.kr), 외국환거래규정 최신 개정 전문은 기획재정부 홈페이지(www.moef.go.kr), 관세법시행규칙 최신 개정 전문은 관세청 홈페이지(www.customs.go.kr)에서 각

각 볼 수 있다.

| 법률 | 법의 목적 |
| --- | --- |
| 대외무역법 | 무역관리를 위한 기본 법규다. 수출입 절차 및 수출입 품목관리를 주요 내용으로 하는 대외무역거래 전반을 관리·조정하기 위한 법이다. |
| 외국환 거래법 | 외국환거래 기타 대외거래의 자유를 보장하고 시장기능을 활성화하여 대외거래의 원활화 및 국제수지의 균형과 통화가치의 안정을 도모함으로써 국민경제의 건전한 발전에 이바지함을 목적으로 한 법률이다. |
| 관세법 | 관세의 부과/징수 및 수출입 품목의 통관을 적정하게 하여 국민경제 발전에 기여하고 관세 수입의 확보를 기하는 것을 목적으로 하는 법률이다. |
| 기타 무역 관련 법규 | 수출보험법, 외국인투자촉진법, 전자무역에 관한 촉진법 등과 같은 법을 말한다. |
| 개별법 | 약사법, 마약류 관리에 관한 법, 식품위생법, 의약품관리법, 문화재보호법, 화장품법 등과 같은 법률을 말한다(50개의 개별법이 있다). |

# 수출입 품목관리에 대해 알아두자

**학습과제** **수출입 품목관리에 관한 제도를 이해하고 알아두자.**

수출입 품목관리에는 대외무역법에 따라 수출입공고와 통합공고 그리고 전략물자* 수출입공고가 있다. 수출입공고에 올라 있고 금지나 제한 품목이 아닌 경우는 수출입이 가능하게 되어 있다. 하지만 전략물자는 반드시 정부 허가를 받고 수출입을 진행해야 한다.

수출입공고의 경우에는 승인기관장이 공고한 내용만 보고 하면 되지만 통합고시는 관련법(개별법 또는 특별법)이 많아 자신의 무역품목이 어느 법에 해당하는지 확인할 것이 많다. 그렇기에 수출입을 한다면 관련 법규를 관심을 갖고 자세히 읽어보는 것이 필요하다.

**수출입품목 관리체계**

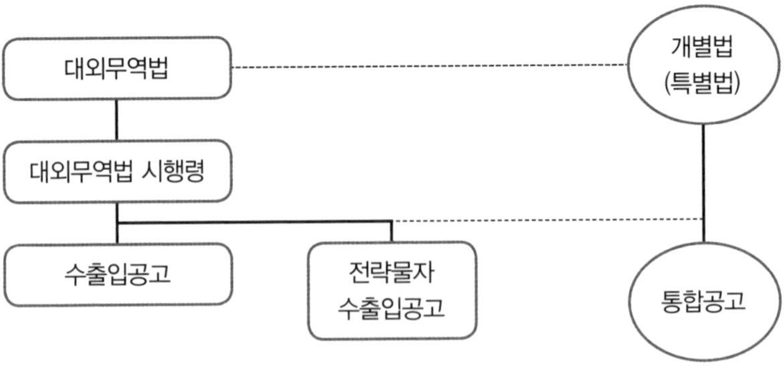


※ **개별법은 약사법, 식품위생법 등 50여 개가 있다.**

**WORD** ▶ 전략물자: 국제사회가 북한 등 '테러지원국'에 대해 수출을 규제한 물자

| 구분 | 설명 |
|---|---|
| 수출입공고 | 수출입공고는 대외무역법 제11조 제1항 내지 제5항의 규정에 따라 물품 등의 수출 또는 수입의 제한 금지, 승인, 신고, 한정 및 그 절차 등에 관한 사항을 규정한 것을 말한다. |
| 통합공고 | 통합공고는 여러 법률에 산재하는 수출입의 요건 및 절차에 관한 사항을 쉽게 파악할 수 있도록 산업통상자원부 장관이 하나의 공고에 통합하여 공고하는 것을 말한다. |
| 수출입공고와 통합공고의 관계 | 수출입공고에 따른 수출 또는 수입승인이 났는데도 대외무역법 제12조의 규정에 의한 통합공고상에 수출 및 수입하고자 하는 물품의 수출과 수입 요령을 정한 것이 있다면 이 요령의 요건을 충족해야만 한다. |
| 전략물자 | 전략물자는 대외무역법에는 국제평화 및 안전의 유지, 국가안보, 기타 국가의 안전을 위하여 필요한 때에 산업통상자원부 장관이 별도로 정하고 공고하는 물품으로 규정된다. 미사일 등 첨단무기 제조용 기계, 기술 원재료가 나쁜 나라로 들어가지 못하도록 전 세계적으로 관리·통제하는 품목이다. |
| 개별법 (특별법) | 약사법, 마약류 관리에 관한 법, 식품위생법, 의약품관리법, 문화재보호법, 화장품법 등과 같은 법률을 말한다. |

**※ 자신의 무역품목이 어느 개별법(또는 특별법)에 해당하는지는 「품목별 수출입요령」 집에서 확인할 수 있다.**

## 특수무역 거래형태

**위탁판매수출(Consignment Sale Export)**

수출자가 소유권을 이전하지 않고 자기 책임하에 물품을 수입자에게 수출한 후 판매된 것에 대해서만 대금을 받는 수출형태다.

**위탁가공무역(Processing Trade)**

해외의 수탁자에게 가공임을 지급하는 조건으로 원자재나 부품 등의 전부 또는 일부를 무상으로 보내 가공시킨 뒤 완성된 상품을 수입하든가 제3국으로 수출하는 형태를 말한다.

**중개무역(仲介貿易, Merchandising Trade)**

중개자가 해외의 수출자와 해외의 수입자 간에 직접 거래할 수 있도록 중개하고 그 대가로 중개수수료를 받는 무역의 형태다.

**중계무역(中繼貿易, Intermediary Trade)**

수출을 목적으로 제품을 수입하여 원상태 그대로 제3국으로 수출하는 무역거래방식을 말한다. 수출상은 수입가격(CIF)과 수출가격(FOB)의 차익을 취하게 된다.

**스위치무역(Switch Trade)**

수출자와 수입자가 직접 거래계약을 체결하고 약정된 물품도 직접 수출지에서 수입지로 직송하지만, 대금결제에 제3국의 중개자가 개입하고 그에 따른 수수료를 취하는 무역형태를 말한다.

**통과무역(Transit Trade)**

물품이 수출국에서 제3국을 거쳐 수입국으로 전해지는 형태의 무역을 말한다. 이때 제3국은 이에 따른 노임과 통과수수료 등을 획득할 수 있다.

**연계무역(Counter Trade)**

동일한 거래대상자와 수출물품과 수입물품을 교환하는 방식으로 수출과 수입을 연계하는 무역거래 형태다. 연계무역에는 바터무역, 구상무역, 대응구매 등이 있다.

# 2장

# 무역실무 각 업무의 흐름

어떤 일을 하든 그 일의 흐름을 이해하면 쉽게 그리고 효율적으로 그 일을 할 수 있게 된다. 무역실무에서의 각 업무도 마찬가지다. '업무의 전체 구도와 흐름'에 대해 제대로 이해하면 업무의 효율도 올라간다.

무역실무에는 크게 세 가지의 흐름이 있다. 물품의 흐름, 서류의 흐름, 돈의 흐름이 그것이다. 이 세 가지의 흐름을 확실하게 이해하는 것이 중요하다. 이들 흐름을 확실하게 이해하게 되면 업무내용을 좀 더 빨리 파악할 수 있고 효과적으로 업무를 추진할 수 있을 것이다.

# 수출입 실무에서 알아야 할 세 가지 흐름

**학습과제** 세 가지 흐름을 확실히 파악하는 것이 무역실무 마스터의 지름길이다.

## 세 가지 흐름을 정확하게 이해하는 것이 무역실무의 기본

### 물품의 흐름

화물은 수출자로부터 수입자에게로 흐른다. '수출하는 화물', '수입하는 화물'의 흐름을 확실하게 파악해야 한다.

### 서류의 흐름

무역업무에는 단계별로 다양한 서류가 필요하다. 무역서류에는 어떤 것이 있으며, 누가 작성하고 어떻게 흐르는지는 물론 서류의 특징도 이해해야 한다.

### 돈의 흐름

대금을 지불하는 사람과 받는 사람은 물론 돈이 어떤 경로로 흐르는지 이해하는 것이 중요하다. 돈의 흐름은 서류의 흐름과 관계가 밀접하다.

이상과 같은 세 가지 흐름을 이해해서 무역실무 능력을 더 높이길 바란다.

## 수출입의 세 가지 흐름

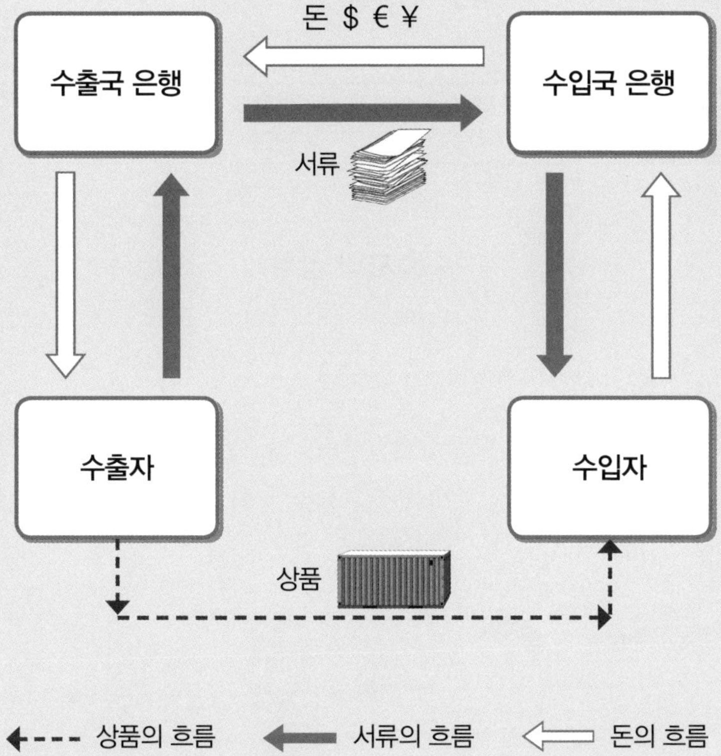
돈 $ € ¥
수출국 은행
수입국 은행
서류
수출자
수입자
상품
상품의 흐름
서류의 흐름
돈의 흐름

무엇보다 먼저 흐름을
확실히 이해하자.

# 수출업무의 흐름을 알자

| 학습과제 | 수출업무가 단계별로 어떻게 이루어지고 흐르는지 이해하는 것이 중요하다. |
|---|---|

## 수출자의 업무

### 1. 시장조사

수출자는 수출상품을 정하면 직접 또는 전문가에게 의뢰하여 해외시장을 조사한다. 무역관리제도, 외환제도, 운송, 통관제도, 금융, 유통, 경쟁상품까지 여러 가지 항목을 조사한다.

업무의 흐름

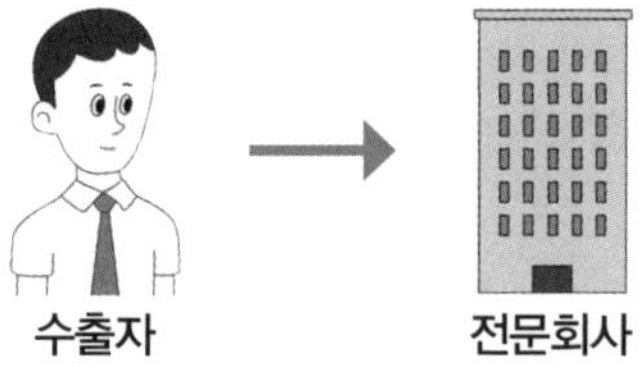


### 2. 거래제의

수출자는 바이어 리스트를 입수하여 거래제의를 한다. 거래제의는 직접 만나서 하는 경우도 있지만 서신으로 하는 것이 일반적이다.

업무의 흐름

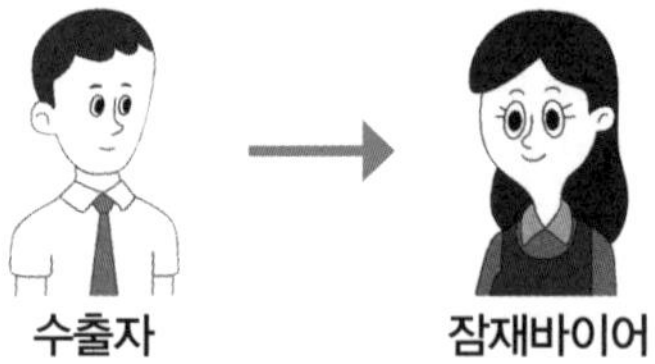

### 3. 협상시작

수출자는 바이어로부터 인콰이어리를 받으면 가격을 포함하여 판매조건을 명기한 오퍼(Offer)를 제출한다. 이에 대해 바이어는 오퍼의 내용을 검토한 후 승낙(Acceptance) 여부를 정한다. 협상은 경우에 따라 카운터 오퍼(Counter Offer)를 여러 번 주고받은 뒤 계약이 성립된다.

업무의 흐름

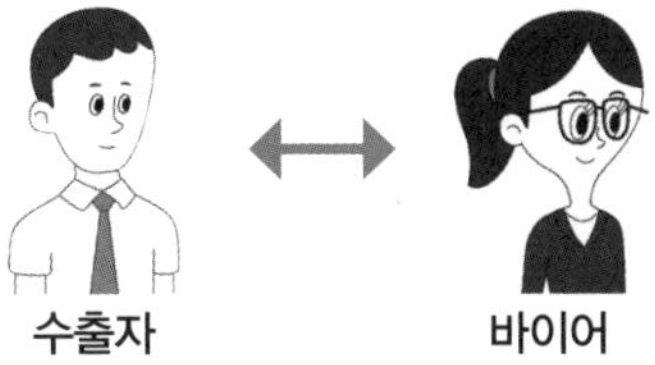


### 4. 신용조사

신규 바이어와 협상이 시작되면 신용상태를 알아보기 위해 신용조사를 한다. 바이어가 건전한 기업인지 신용상태를 면밀히 조사하는 것이 중요하다. 신용조사는 전문기관에 의뢰하는 것이 좀 더 객관적이다.

업무의 흐름

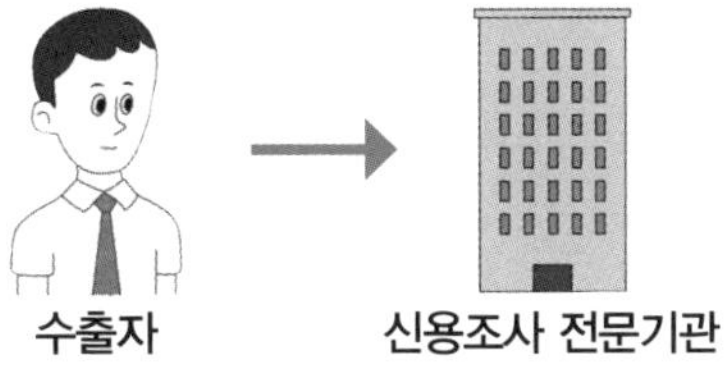


### 5. 수출계약 체결

수출자와 바이어 간에 협상이 잘되면 수출계약을 체결한다. 수출계약을 맺을 때에는 거래조건에 관해 주의할 필요가 있다.

업무의 흐름

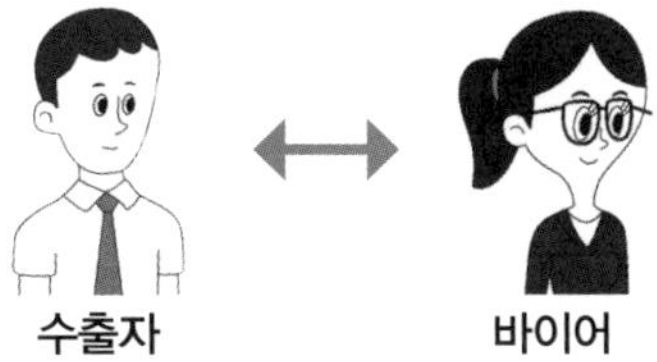

## 6. 신용장 수령

대금지불조건이 신용장조건인 경우 수출자는 수입자인 바이어가 개설한 신용장(L/C, Letter of Credit)을 수령한 후 내용을 확인한다.

업무의 흐름

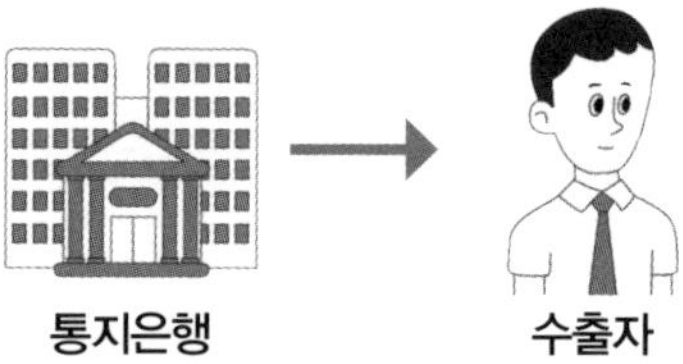


## 7. 신용장의 내용 확인

수출자는 수령한 신용장 내용을 계약내용과 비교 확인한다. 신용장에 기재된 금액이나 선적기한, 상품명세, 수량 등의 내용이 계약내용과 다르게 되어 있을 경우 즉시 수입자인 바이어에게 신용장의 조건변경(Amendment)을 의뢰한다.

업무의 흐름

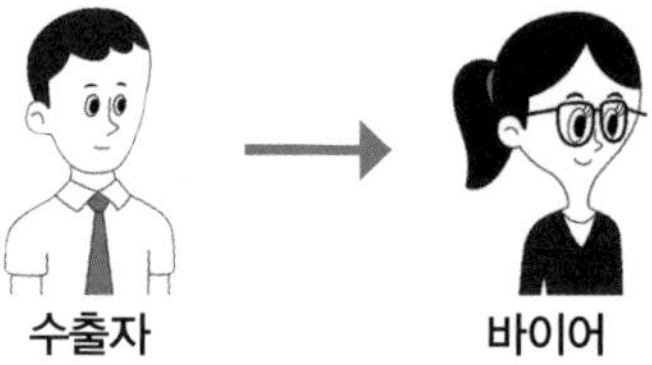


## 8. 수출물품의 확보

수출자는 신용장을 수령하면 계약내용에 따라 수출물품 확보에 들어간다. 자사 제품이면 생산발주를 하고, 그렇지 않으면 외부에 발주를 해야 한다.

업무의 흐름

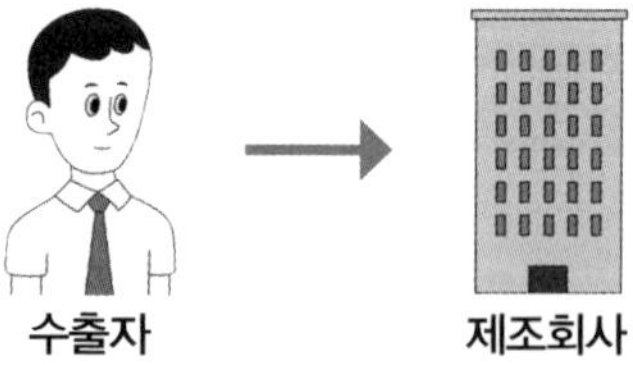

### 9. 선복(船腹)예약

수출자는 선적일정을 고려하여 선박회사에 선복예약을 한다. 이를 부킹(Booking of Ship's Space)이라 하며, 특별한 조건이 있을 때에는 사전에 선박회사와 상담할 필요가 있다.

업무의 흐름

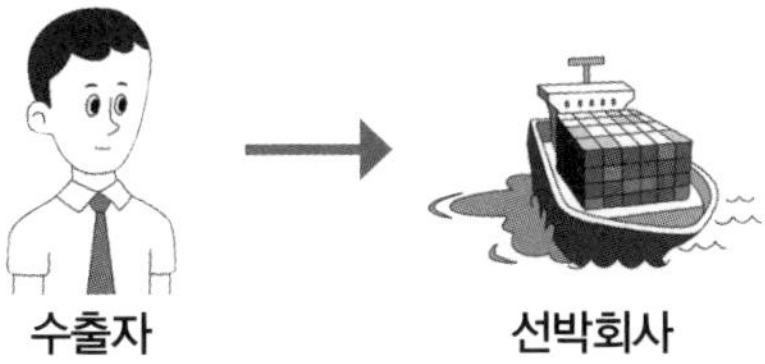


### 10. 해상보험 들기

수출자는 계약조건이 CIF(Cost Insurance and Freight, 운임·보험료포함 인도규칙)인 경우 해상보험에 가입해야 한다. 화재해상보험사를 접촉하여 해상보험에 가입하고 해상보험증권을 수령한다. 이때 보험증권의 내용도 충분히 주의해서 검토할 필요가 있다.

업무의 흐름

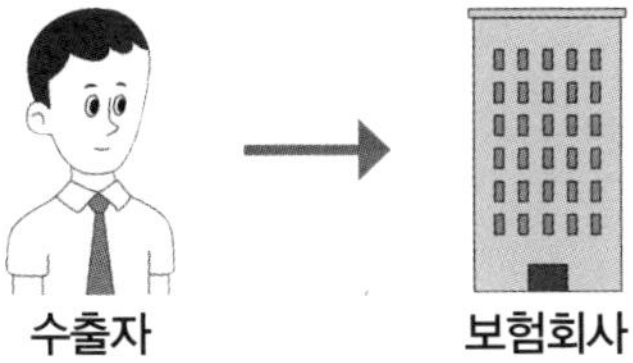


### 11. 선적서류 작성

수출자는 선적할 때 필요한 서류를 작성한다. 신용장 내용에 따라 인보이스(I/V, Invoice, 송장), 패킹리스트(P/L, Packing List, 포장명세서) 등을 정확하게 작성한다. 필요할 경우 보험증권(I/P, Insurance Policy)을 보험회사로부터 발행받는다. 그 내용이 신용장 내용에 따라 정확히 작성되었는지 확인해야 한다.

## 12. 통관 및 선적 의뢰

수출자는 선적서류 작성 등 선적준비가 완료되면 관세사 사무소에 수출통관을 의뢰하고, 통관시점에 맞춰 선박회사에 직접 연락하든가 포워더(Forwarder)에 연락해서 선적을 의뢰한다.

업무의 흐름

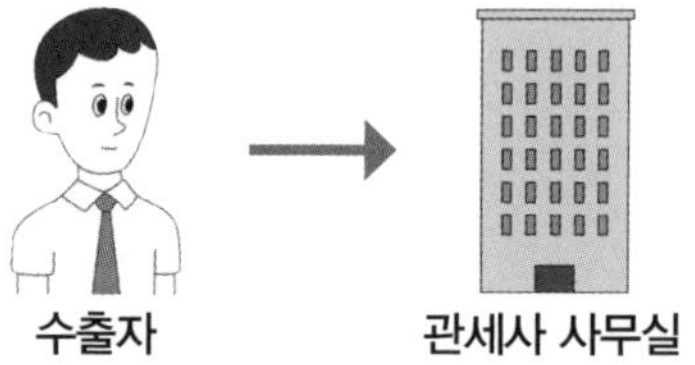


업무의 흐름

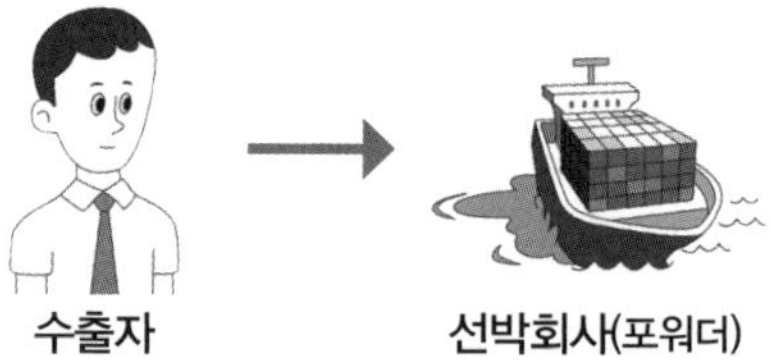


# 관세사, 선박회사, 세관의 업무

## 13. 통관서류 작성

관세사는 통관에 필요한 수출신고서(Export Declaration) 등의 서류를 작성하여 세관에 수출신고를 한다.

업무의 흐름

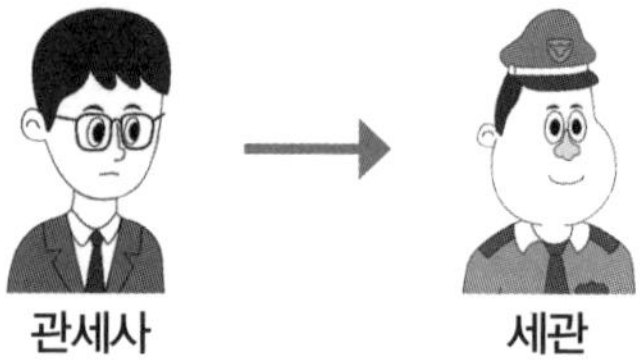


WORD ▶ 컨테이너 명세서: CLP는 컨테이너 내에 적재된 화물의 명세를 기재한다. 컨테이너 1개마다 작성된다.

## 14. 신고, 심사, 검사

세관에서는 수출 신고된 서류를 면밀히 심사한 후 필요에 따라 세관 검사를 한다. 심사, 검사에서 문제가 없으면 수출신고필증을 교부한다.

업무의 흐름

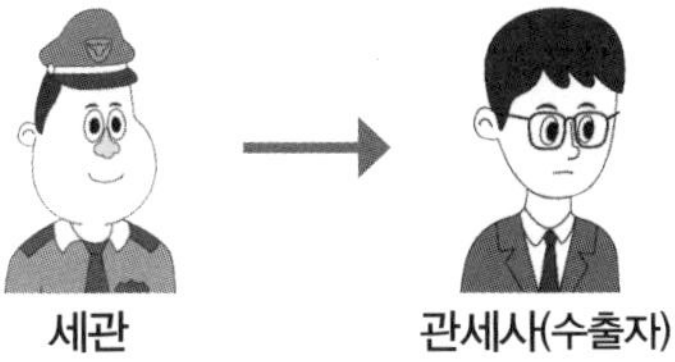


## 15. 배닝(Vanning)

FCL(Full Container Load) 선적의 경우 선박회사(포워더)에 연락한 후 빈 컨테이너를 받아서 수출화물을 컨테이너에 싣는다. 이를 배닝이라 한다. 화물을 실은 후 검수인이 컨테이너를 봉하고 컨테이너 명세서(CLP, Container Load Plan)*를 작성한다.

업무의 흐름

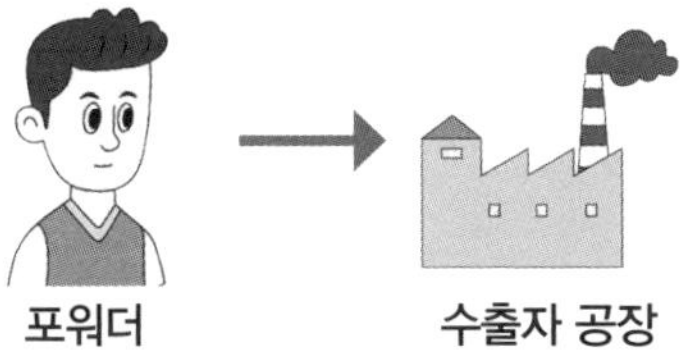


※ LCL(Less than Container Load) 선적의 경우는 수출자가 선박회사가 지정하는 CFS(Container Freight Station, 혼재화물집하장)까지 화물을 싣고 가야 한다. 이 경우에도 포워더를 통해 선적할 경우 포워더가 대신해준다.

## 16. 컨테이너의 CY반입

배닝 작업이 완료되면 컨테이너를 CY(Container Yard)에 반입한다. 선박회사(포워더)는 선적수속에 필요한 서류를 작성한다. FCL화물의 경우 부두수취증(D/R, Dock Receipt), CLP를 수출신고필증과 함께 컨테이너 화물을 CY 담당자(Operation)에게 제출한 후, CY 담당자가 서명한 부두수취증을 돌려받는다.

업무의 흐름

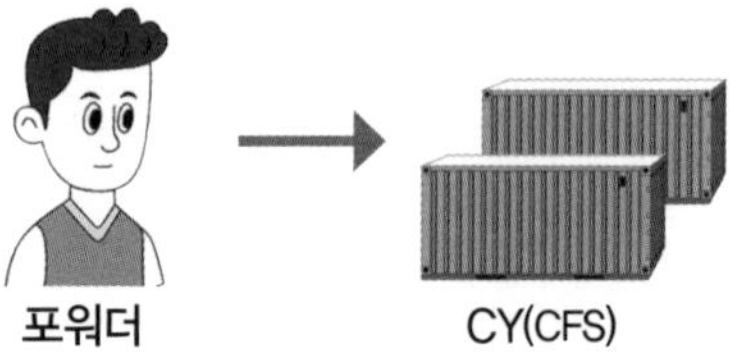


### 17. 본선에 선적

CY에서는 컨테이너의 외장상태나 실(seal)을 확인한 후 정해진 본선에 선적한다. 수출자는 부두수취증을 선박회사에 제시하고 선하증권과 교환한다.

업무의 흐름

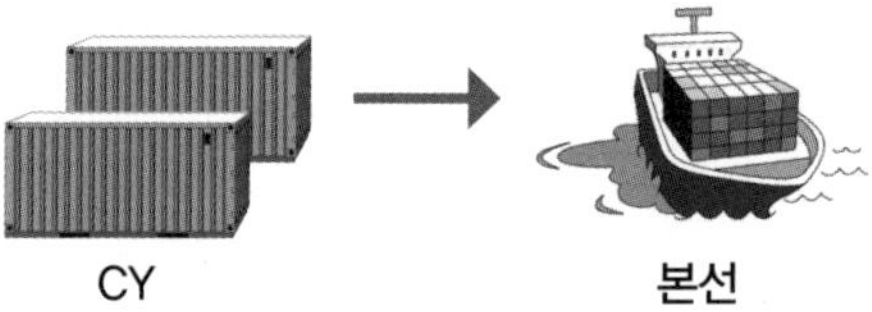


## 수출자의 업무

### 18. 선적통지

선적이 완료되면 수출자는 수입자에게 선적을 통지한다(S/A, Shipping Advice). 선적통지의 내용은 선명, 출항일, 도착예정일, 상품명, 수량 등을 적는다.

업무의 흐름

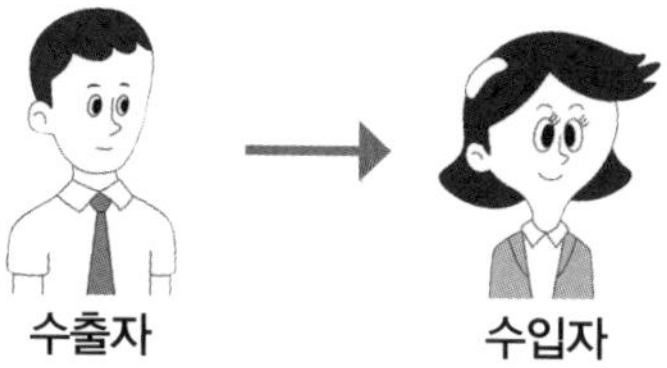


### 19. 매입(Nego)서류 작성

수출자는 대금을 수령하기 위해 환어음 등 매입서류를 작성한다. 신용장조건거래의 경우 신용장에서 요구하는 서류를 필요한 매수만큼 작성한다. 선박회사에서 발행하는 선하증권(B/L, Bill of Lading), 보험회사가 발행하는 보험증권(I/P, Insurance Policy)의 내용도 신용장 내용에 따라 정확히 작성되었는지 확인해야 한다. 다를 경우에는 즉시 발행한 회사에 정정을 요청한다.

### 20. 화환어음 매입의뢰 및 수출대금 수령

수출자는 신용장에서 요구하는 환어음, 인보이스, 패킹리스트, 보험증권, 선하증권 등의 서류를 준비하여 거래은행에 매입을 의뢰한다. 은행은 제출된 서류를 검토해서 문제가 없으면 수출자에게 대금을 지불한다.

업무의 흐름

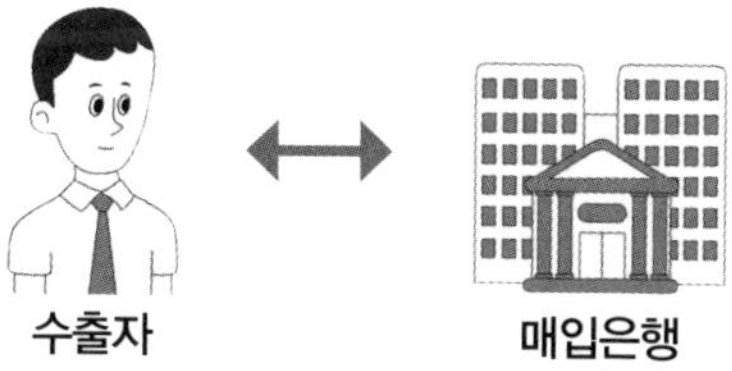

# 수입업무의 흐름을 알자

| 학습과제 | 수입업무가 단계별로 어떻게 이루어지고 흐르는지 이해하는 것이 중요하다. |
|---|---|

## 수입자의 업무

### 1. 수입상품의 결정

수입할 상품이 있다면 바로 해외거래처를 찾으면 되지만 그렇지 않을 경우에는 수입할 상품을 찾아야 한다. 국내시장조사 등을 통해서 소비자의 구매의욕을 불러일으킬 수 있는 상품을 찾는다.

업무의 흐름

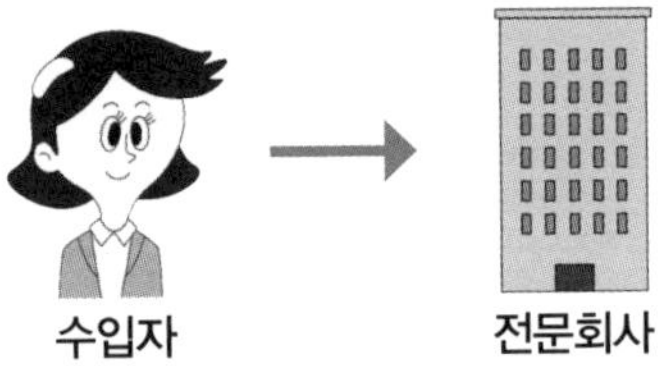


### 2. 해외 공급처 발굴

수입할 상품을 결정했으면 해외의 유력한 공급처를 찾는다. 좋은 공급처를 찾는 방법은 다양하지만 인터넷 검색도 자주 이용되고 있다.

업무의 흐름

### 3. 신용조사

거래처가 정해지면 신용조사를 한다. 신용조사를 통해 신용상태를 보아 거래에 문제가 없다고 판단되면 수입협상에 들어간다. 신용조사는 전문기관에 의뢰하는 경우가 많다.

**업무의 흐름**

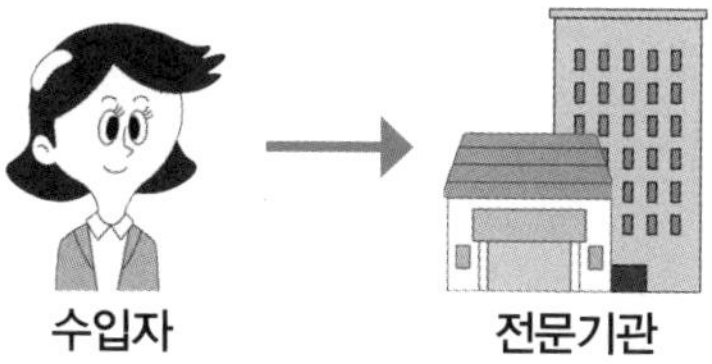


### 4. 수입협상

수출자로부터 받은 오퍼를 참고로 하여 거래조건에 관해 협상에 들어간다. 협상은 한 번에 끝나지 않고 여러 차례에 걸쳐서 이루어진다. 수입자는 가격에 특히 유의해야 하며 수량, 품질, 납기, 지불조건 등에 관해서도 명확하게 정한다.

**업무의 흐름**

### 5. 수입계약 체결

여러 번의 협상 끝에 쌍방이 합의하면 계약이 성립되고 매매계약을 체결한다. 계약은 수입자가 구매계약서(Purchase Contract)를 작성하여 수출자에게 보낸다. 수입자, 수출자 쌍방이 서명해서 각 1부씩 보관한다.

업무의 흐름

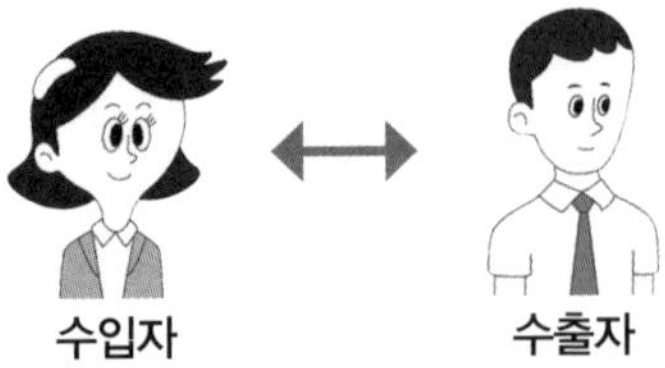


### 6. 인 · 허가 등 신청

수입상품이 정해지면 가장 먼저 국내 수입 절차를 확인해야 한다. 수입자는 수입규제나 허가 또는 승인에 관한 지식을 갖출 필요가 있다. 수입할 상품이 인허가를 받아야 할 경우는 신속하게 처리해 두는 것이 중요하다.

업무의 흐름

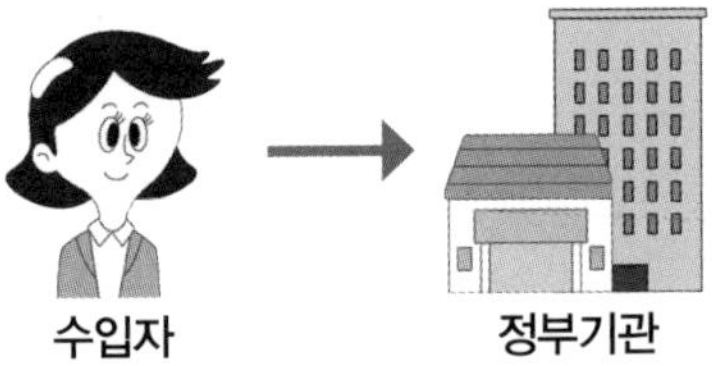


### 7. L/C 개설 의뢰

수입자는 대금지불조건을 신용장(L/C, Letter of Credit)조건으로 수입계약을 체결했을 경우에는 거래은행에 L/C 개설을 의뢰한다. 신용장이란 수입지의 은행이 수입자를 대신해서 대금을 수출자에게 지불할 것을 보증하는 것이므로 은행은 수입자의 신용상태를 충분히 조사한 후 신용장을 개설한다.

업무의 흐름

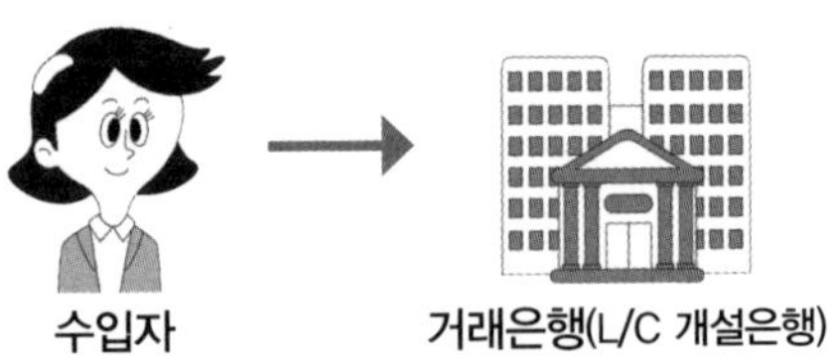

### 8. 해상보험 들기

수입계약이 FOB(Free on Board, 본선 인도규칙)이거나 CFR(Cost and Freight, 운임포함 인도규칙)인 경우는 수입자가 해상보험에 가입해야 한다. 해상보험의 보험범위나 조건은 수입상품에 따라서 다르기 때문에 신중하게 보험의 종류를 확인하고 들어야 한다. 수입상품에 대미지(Damage) 등의 문제가 발생했을 경우 보험이 큰 의미를 가지게 된다. 해상보험의 지식도 대단히 중요하다. 적하보험이라고도 한다.

업무의 흐름

### 9. 선적통지 수령

수입자는 수입상품이 선적되면 수출자로부터 선적통지를 받는다. 선적통지를 받으면 선적 내용을 확인하고 수입준비에 들어간다.

업무의 흐름

### 10. 수입대금 지불 및 선적서류 수령

수입자는 거래은행으로부터 선적서류 도착 통지를 받으면 수입대금을 지불하고 선적서류를 수령한다.

업무의 흐름

## 11. 화물도착 통지 수령

선박회사는 배가 부두에 도착하면 화물수령인인 수입자에게 화물도착 통지를 한다. 수입자는 통지를 받으면 관세사에게 수입통관을 의뢰한다.

업무의 흐름

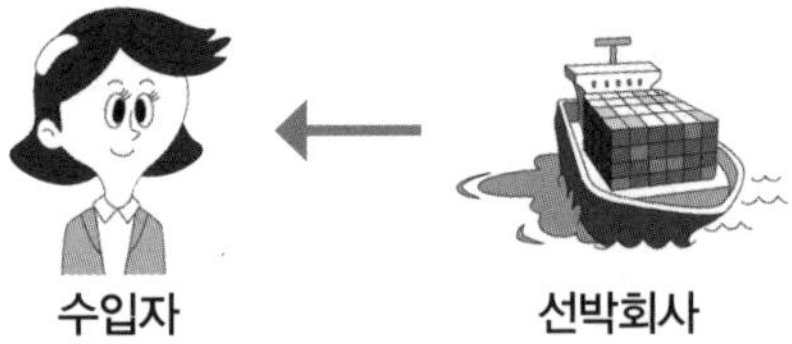


업무의 흐름

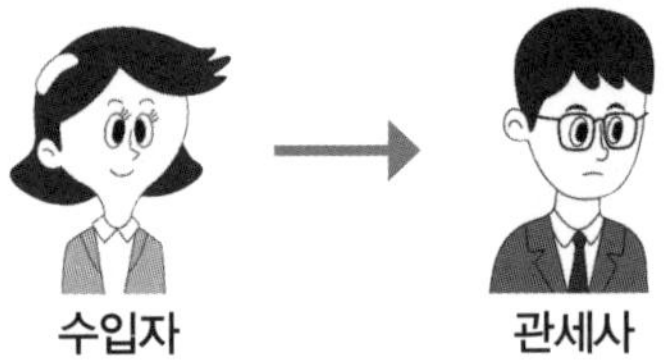


## 12. 화물수령 및 국내운송 의뢰

수입자는 관세사로부터 수입통관 완료를 통보받으면 운송업자에게 화물수령 및 지정창고까지 운송을 의뢰한다.

업무의 흐름

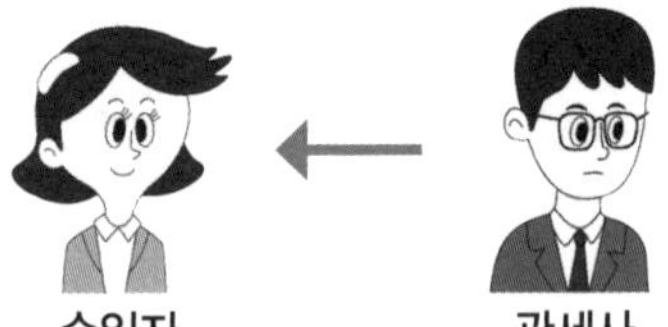


※ 포워더에게 국내운송과 수입통관을 일괄 의뢰하는 경우도 있으며, 관세사에게 통관을 의뢰할 때 국내운송에 관해 문의해서 소개받기도 한다.

업무의 흐름

### 13. D/O 수령

수입화물을 수령하려면 화물인도지시서(D/O, Delivery Order)가 필요하다. 수입자 또는 해상화물운송업자(포워더)는 B/L을 선박회사에 주고 D/O를 수령한다. D/O란 화물의 인도를 선장 또는 CY, CFS 오퍼레이터에게 지시하는 서류이다.

업무의 흐름

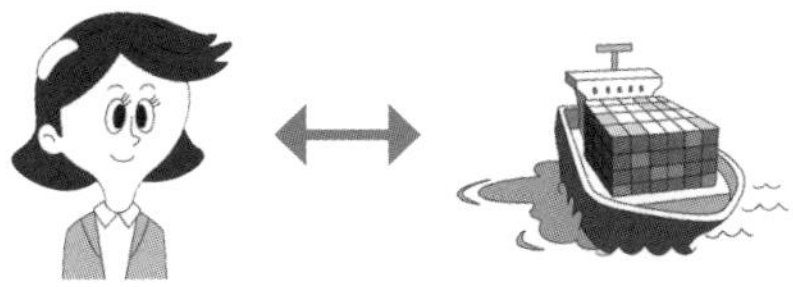


## 관세사, 운송업자(포워더), 선박회사, 세관의 업무

### 14. 배에서 화물을 내림

본선이 도착하면 선박회사는 화물을 배에서 내린다. FCL Cargo의 경우는 본선에서 내려진 컨테이너를 CY로 가져간다. LCL Cargo일 때는 CFS로 가져간다.

업무의 흐름

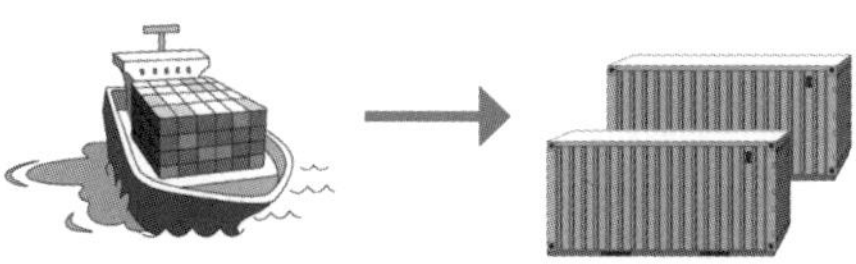

### 15. 보세지역 반입

수입하려고 하는 화물은 원칙적으로 보세지역*에 반입되고 화물의 개수, 상태를 확인받는다.

### 16. 수입통관 서류 작성 및 수입신고

통관 업무는 대개 관세청에 등록되어 있는 관세사가 수입자의 의뢰를 받아 대행한다. 관세사는 수입자로부터 수령한 서류를 참고로 해서 수입신고서(I/D, Import Declaration)를 작성한 뒤 해당세관에 수입신고를 한다.

업무의 흐름

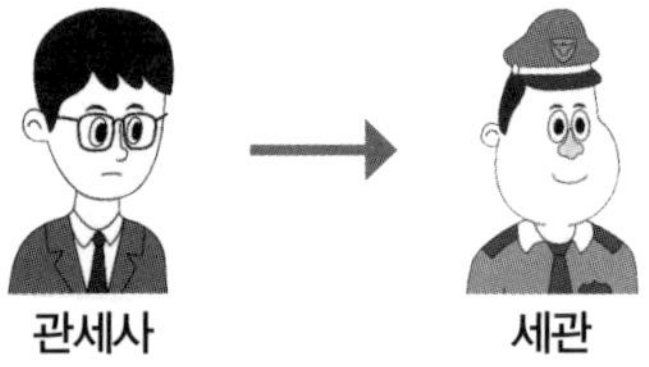


### 17. 심사 · 검사 · 허가

세관에서는 수입신고 서류를 면밀히 심사하고 필요에 따라 세관검사가 행해진다. 특별한 문제가 없으면 수입신고 수리가 된다.

### 18. 수입관세 납부 및 수입신고필증 수령

수입신고가 수리되면 관세와 부가가치세 등 수입에 따른 제반 세금을 납부하고 수입신고필증을 수령한다.

업무의 흐름

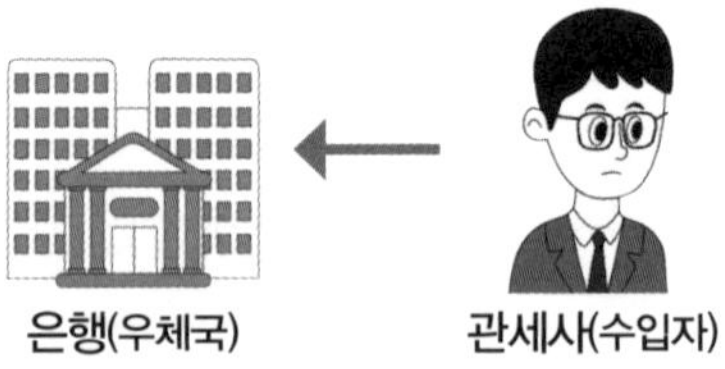


WORD ▶ 보세지역: 수입통관을 하지 않은 화물이나 수출통관을 한 화물을 놓아둘 수 있는 지역

업무의 흐름

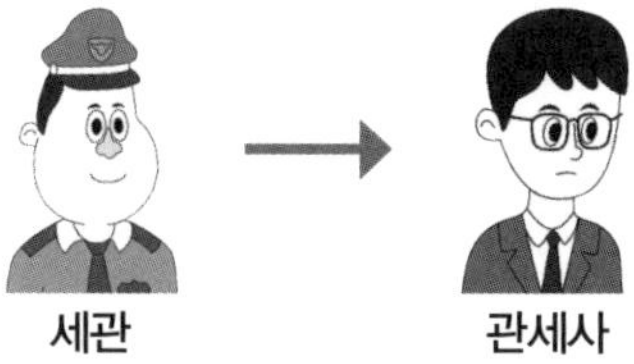


## 수입자의 업무

### 19. 조건부 통관 후의 작업

관세사는 통관이 완료되면 수입자에게 통지한다. 수입자는 운송업자에게 의뢰해 화물을 수령한다. 조건부 통관일 경우에는 통관 후에 상품을 재포장하거나 라벨을 붙이고, 설명서를 넣는 등과 같은 작업을 반드시 해야 한다.

업무의 흐름

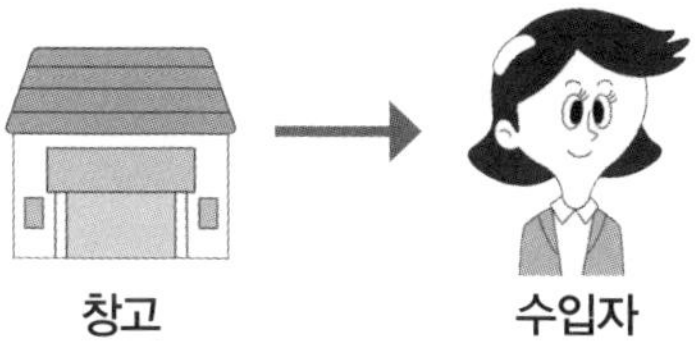


### 20. 국내유통

국내에서 판매한다. 이렇게 하여 해외에서 수입한 상품이 최종적으로 소비자에게 간다.

업무의 흐름

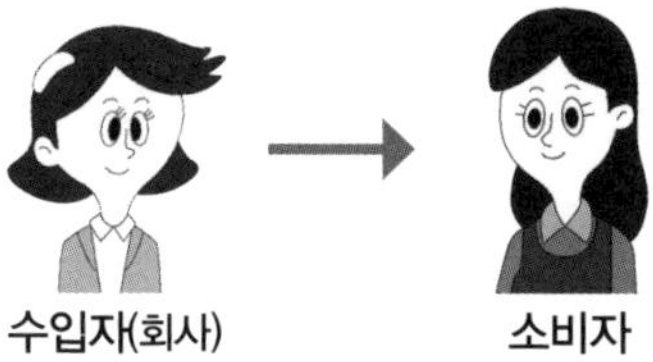

# 거래제의에서 계약이 성립하기까지의 흐름을 알자

**학습과제** 거래제의에서 계약 성립까지 흐름을 이해하자.

## 거래제의에서 계약 성립까지 기본적인 흐름

**1. 거래제의**(Proposal)

바이어 리스트를 입수하여 그것을 참고로 카탈로그나 거래제의 서신을 보내는 등 적극적으로 판매활동을 한다. 이 경우 상대방에게 흥미를 갖게 하는 것이 중요하다.

**2. 인콰이어리**(Inquiry)

거래제의를 받으면 관심 있는 상품에 대해 견적 의뢰나 수량, 품질, 납기 등 구체적인 거래조건을 문의한다. 이를 조회(照會)라고도 한다.

**3. 제안**(Offer)

인콰이어리를 받으면 신속하게 가격, 품질, 수량, 납기 등 구체적인 거래조건을 상대방에게 제시한다. 이를 오퍼 또는 청약이라고 한다.

**4. 역제안**(Counter Offer)

오퍼를 받으면 내용을 검토한 후 조건이 맞지 않을 경우 조건변경을 요

## 거래제의에서 계약 성립까지 흐름

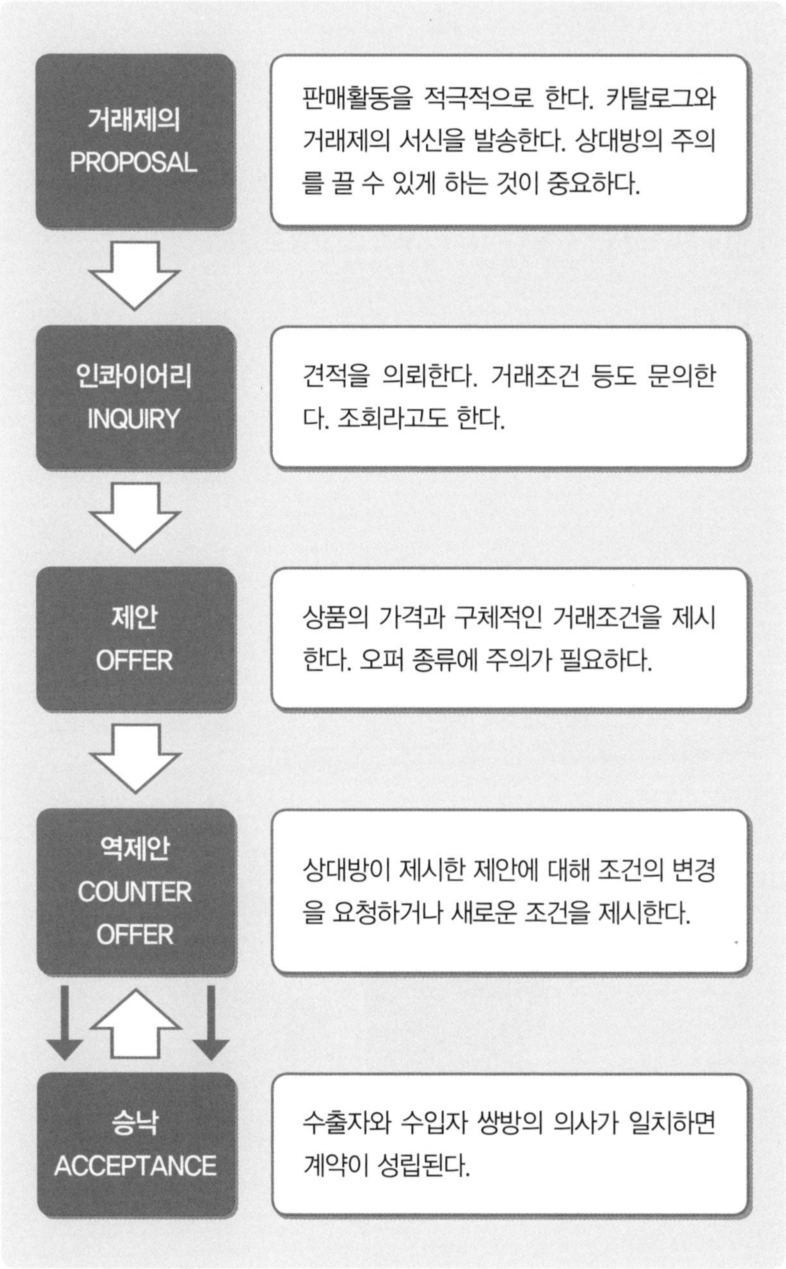

청한다. 가격이나 납기 등의 변경을 요청하며, 자사의 새로운 조건을 제시하는 경우도 있다.

5. **승낙**(Acceptance)

역제안에서 제시된 조건을 상대방이 승낙하면 계약이 성립된다. 계약이 성립되면 반드시 계약서를 작성하고 쌍방이 이를 확인하는 것이 중요하다.

## 거래교섭의 흐름

**오퍼**
**Offer**

상품의 가격이나 조건 등을 수출자가 제시한다.

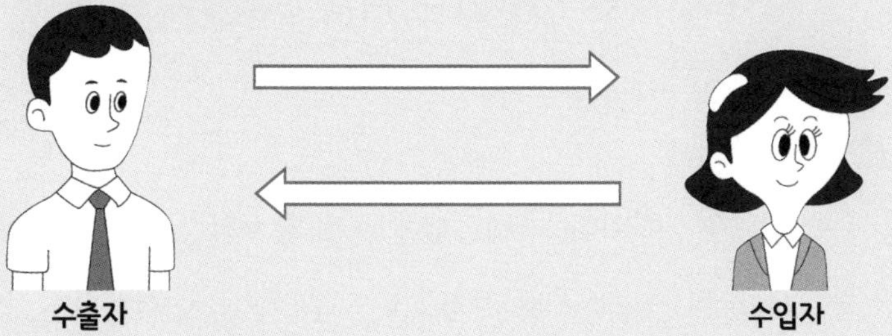


**카운터 오퍼**
**Counter Offer**

제시한 내용에 수입자가 변경이나 수정을 해서 회답한다.

**계 약 성 립**

카운터 오퍼에 대해 수출자가
승인(Acceptance)을 함으로써 계약이 성립한다.

# 신용장 거래에서 당사자와 신용장의 흐름

**학습과제** 신용장 거래에서 당사자와 신용장의 흐름을 알아두자.

## 신용장 거래의 관계당사자와 신용장의 흐름

**신청자**(Applicant)

통상 수입자가 신청자다. 거래은행에 은행 양식의 신용장 개설의뢰신청서(Application for Irrevocable Documentary Credit)를 작성하여 필요서류와 함께 제출하고 수출자 앞으로 신용장 개설을 의뢰한다.

**수익자**(Beneficiary)

통상 수출자가 수익자다.

**개설은행**(Opening Bank)

수입자의 의뢰로 신용장을 개설하는 은행을 말한다. Issuing Bank, Establishing Bank라고도 한다. 개설은행은 신용장을 개설하면 거래계약을 맺고 있는 수출국의 은행 앞으로 신용장을 송부한다. 이때 수출국의 은행은 통상 수출자가 지정하는 은행이다.

## 신용장의 당사자와 신용장의 흐름

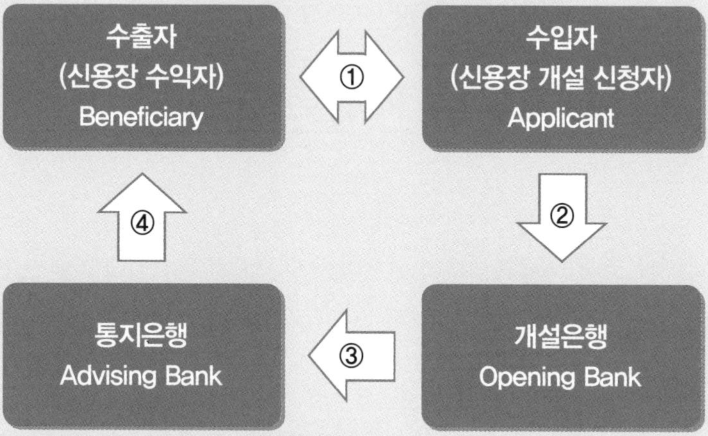


① 수출자와 수입자 간 매매계약 체결
② 수입자가 거래은행에 신용장 개설 의뢰
③ 수입자 거래(개설)은행이 수출자 거래은행에 신용장 발행 송부
④ 수출자 거래(통지)은행이 수출자에게 신용장 도착 통지

**통지은행**(Advising Bank)

개설은행의 의뢰를 받아서 수익자에게 신용장의 도착을 통지하는 은행이다. 통상 수출자의 거래은행이 된다. Notifying Bank라고도 한다.

# 신용장 거래에서 통관과 선적서류의 흐름

**학습과제** **신용장 거래의 통관과 선적서류의 흐름을 파악하자.**

수출자는 통지은행으로부터 신용장을 수령하면 선적일에 맞춰 통관 및 선적수속을 개시한다.

❶ 신용장 거래에서 선적을 할 경우 수출자는 우선 신용장의 내용을 파악해야 한다. 다음으로 신용장의 조건에 따라 선적서류를 작성한다. 상품의 조달은 물론이고 신용장의 선적기한 내에 확실히 선적할 수 있게 선박회사에 선복예약을 한다.

❷ 수출자는 신용장의 내용에 따라 Invoice, Packing List를 작성한다.

❸ 신용장의 내용에 따라 관세사와 포워더에게 통관·선적 수속을 의뢰한다. 이들이 요청하는 서류를 주면 그것을 바탕으로 통관과 선적에 필요한 서류를 작성한다. 서류 기재내용은 신용장의 내용과 일치해야 한다.

❹ 수출의 통관수속을 순조롭게 하기 위해서 수출자는 상품을 설명할 수 있는 카탈로그나 팸플릿 등을 준비해둔다.

**※ 신용장 거래의 경우 서류의 흐름을 이해하는 것이 중요하다.**

## 신용장 거래의 통관·선적서류의 흐름

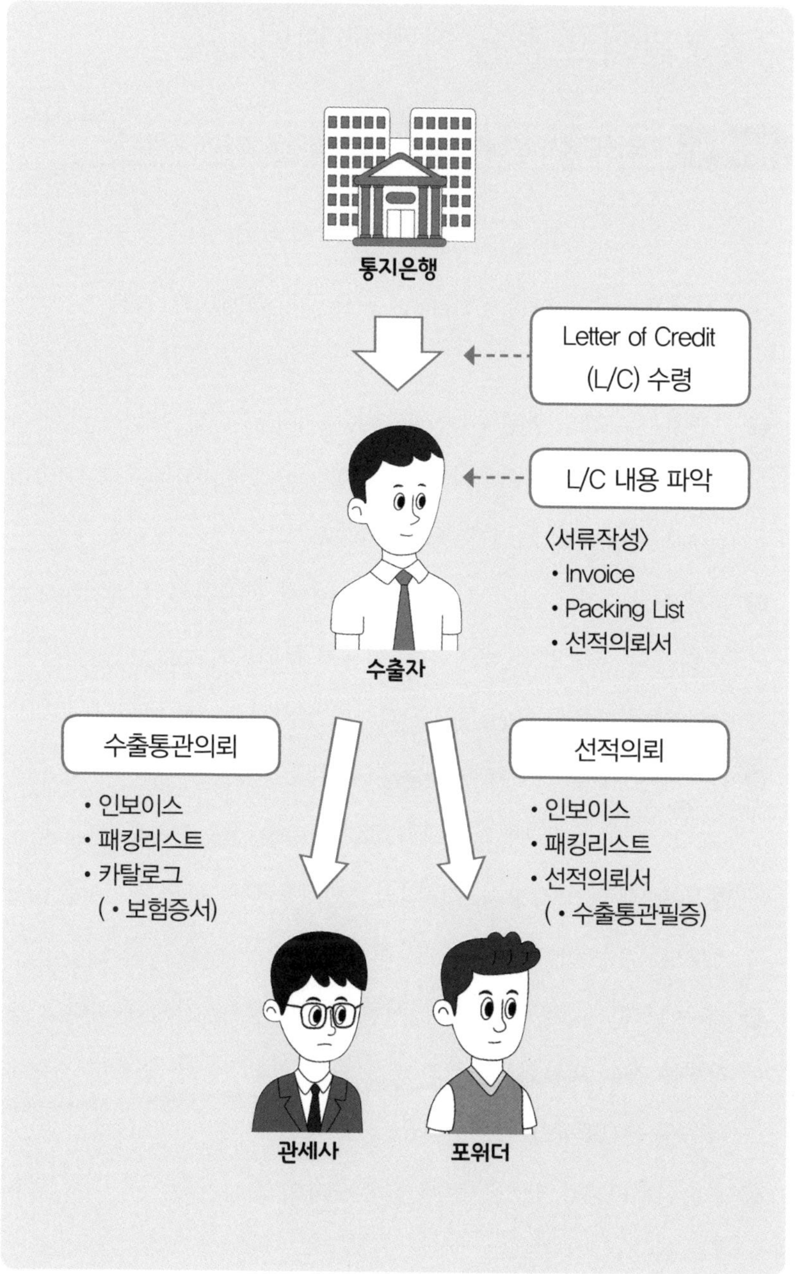

# 수출통관의 흐름은 어떻게 되나

**학습과제** 수출통관에서 서류의 흐름과 화물의 흐름을 확실히 파악하자.

수출통관에 따르는 화물·서류의 흐름과 주의점을 이해하자.

❶ 수출자는 수출의 통관수속을 관세사에게 의뢰한다. 통상 관세사 사무실에 통관을 의뢰하면 이 사무실에서 통관에 필요한 서류를 알려주므로 그에 따라 서류를 준비하면 된다.

❷ 한편 수출하려고 하는 화물은 보세지역에 반입한다. 보세지역에서는 화물의 상태 등을 확인한다. 서류의 화인(Shipping Mark)이나 개수와 실제 화물의 화인(貨印),* 개수가 일치하는지를 확인한다.

❸ 관세사는 수출자로부터 수령한 서류를 참고로 수출신고서(E/D, Export Declaration)를 작성해서 세관에 수출신고 수속을 한다. 통관방식은 100% 전자방식 수출입신고체계를 갖춘 관세청 전자통관시스템인 유니패스(UNI-PASS)로 이루어진다.

❹ 세관에서는 신고된 서류를 심사한다. 서류심사로 불충분하다고 생각되는 것은 세관검사에서 현품을 확인한다. 문제가 없으면 세관에서 수출신고필증을 발행한다.

❺ 수출신고필증을 받으면 실제 선적 수속이 개시된다.

WORD ▶ 화인(貨印): 화물을 식별하기 위해 포장 외장과 선적서류에 표시하는 기호나 문자

## 수출통관은 어떻게 진행되나

| | |
|---|---|
| 관세사에게 수출통관을 의뢰한다. | 서류준비에 미비점이 없는지 체크한다. |
| ↓ | |
| 수출화물이 보세지역에 반입된다. | 수출화물의 개수·화물의 상태를 확인한다. |
| ↓ | |
| 통관서류가 작성되고 수출신고수속이 행해진다. | 수출신고서 등 필요서류를 확인한다. |
| ↓ | |
| 세관에서는 심사·검사가 행해지고 수출신고필증이 발행된다. | 서류심사로 불충분할 경우 검사해서 화물을 확인한다. |
| ↓ | |
| 선적수속이 이루어진다. | 예약(Booking)한 배에 선적된다. |

# 선하증권 정정의 흐름은 어떻게 되나

**학습과제** **선하증권을 정정해야 할 경우 서류의 흐름과 절차를 알아두자.**

수출자는 선적이 완료된 후 선박회사로부터 선하증권을 수령하면 그 내용을 확인한다. 계약내용과 차이가 있거나 신용장에서 요구하는 내용과 다른 점을 발견했을 때는 선하증권을 정정해야 한다. 선하증권을 정정할 경우의 흐름을 확인하자.

❶ 수출자는 선박회사로부터 선하증권(B/L, Bill of Lading)을 수령하면 기재내용을 면밀히 확인한다. 특히 신용장조건의 경우 신용장에서 요구하는 문언과 일치하지 않으면 안 된다.

❷ 수출자는 선하증권에 기재되어 있는 내용에서 정정할 곳을 발견하면 선박회사에 선하증권의 정정을 요청한다. 이때 선박회사에서 요구하는 서류가 있으면 준비해서 선하증권과 함께 선박회사에 제출한다.

❸ 수출자는 선박회사로부터 정정된 선하증권을 수령하면 신용장의 내용과 일치하는지 다시 확인한다.

## 선하증권 정정의 흐름

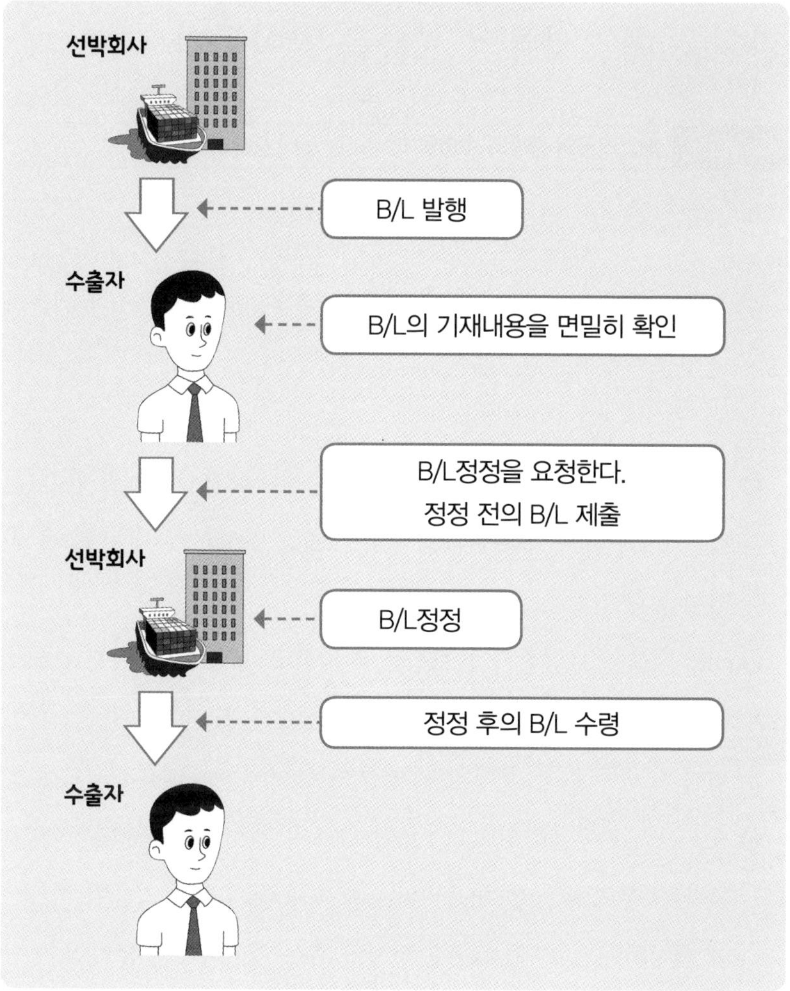


### 선하증권에서 자주 틀리는 오류의 예

- 상품명세의 영어 알파벳 오류
- 수량의 단위 오류
- 주소의 영어 알파벳 오류 등

# 환어음 매입서류의 흐름을 알아두자

**학습과제** **매입서류의 종류와 흐름을 파악하는 것이 중요하다.**

수출자는 선적이 완료되면 환어음 매입서류를 준비하여 은행에 제출하고 수출대금 수령 업무를 시작한다.

❶ 수출자는 신용장에서 요구하는 서류를 정확하게 준비해야 한다. 선박회사로부터 수령한 선하증권(B/L, Bill of Lading)의 기재사항을 면밀히 점검한다.

❷ CIF의 경우 보험회사에 보험을 의뢰하고 보험증권(I/P, Insurance Policy)을 수령한다. 이때 신용장의 요구 조건을 만족시키는지 확인한다.

❸ 수출자는 환어음(B/E, Bill of Exchange)을 작성한다. 환어음 작성에는 금액의 오류 등은 허용되지 않기 때문에 주의를 기울여 정확하게 작성하는 것이 중요하다. 작성한 후는 반드시 신용장 내용과 확인해야 한다.

❹ 은행지정의 화환어음* 매입의뢰서(Application for Negotiation)를 작성하여 함께 은행에 제출한다. 신용장에 따라서는 원산지증명서나 검사증명서 등의 서류도 요구하므로 서류준비를 확실하게 해야 한다.

## 환어음 매입서류의 흐름

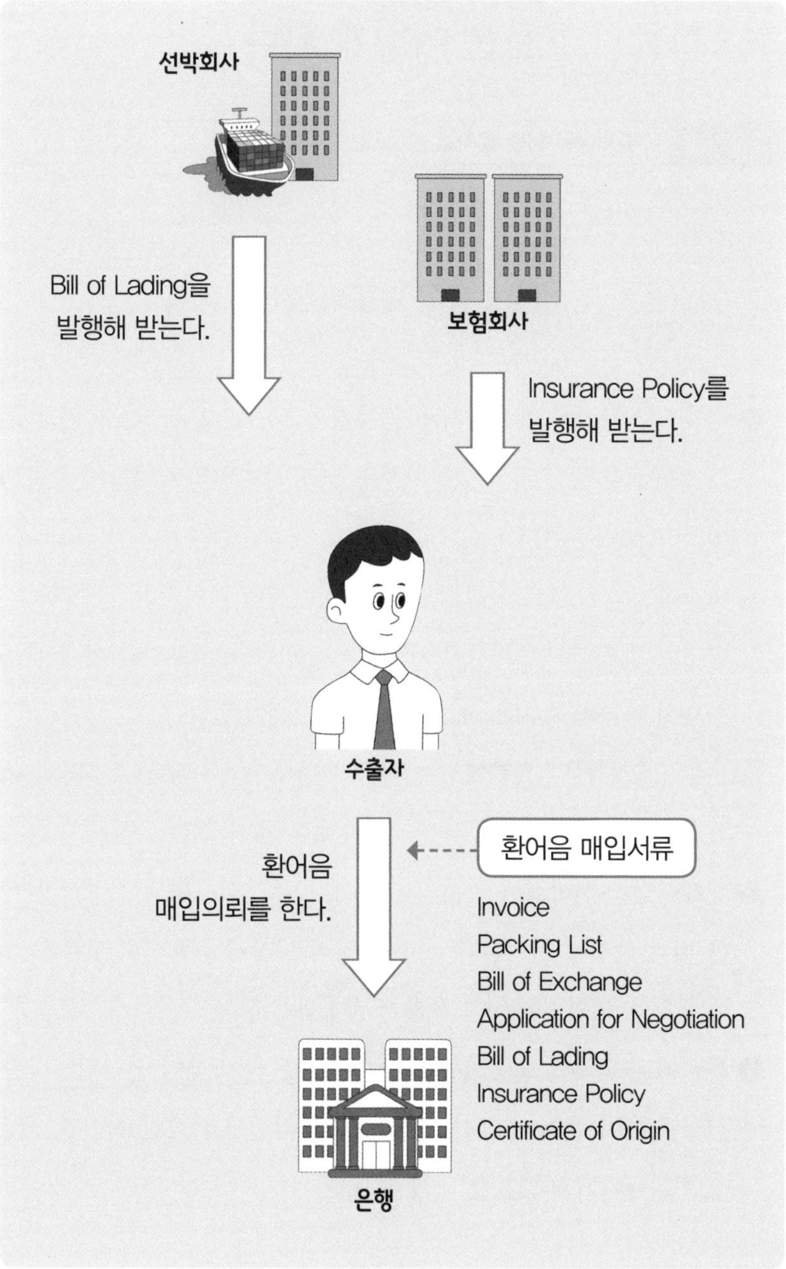

선박회사
Bill of Lading을
발행해 받는다.
보험회사
Insurance Policy를
발행해 받는다.
수출자
환어음
매입의뢰를 한다.
환어음 매입서류
Invoice
Packing List
Bill of Exchange
Application for Negotiation
Bill of Lading
Insurance Policy
Certificate of Origin
은행

# 수출화물의 흐름은 어떻게 되나

**학습과제** **수출화물은 어떤 절차로 선적되는지 이해하자.**

## 수출화물의 흐름과 포인트

❶ 수출되는 상품은 제조회사의 공장에서 생산된다. 공장에서는 제품의 성능검사 등을 거쳐 수출포장을 한 후 출하일정에 따라 운송회사의 창고로 운송한다.

수출화물의 포장은 공장에서 하는 것이 일반적이지만 운송회사의 창고나 별도의 포장회사에 의뢰하기도 한다. 수출포장을 한 후에는 반드시 화인(貨印, Shipping Mark)을 명기해야 한다.

❷ 수출신고를 하면 세관에서는 심사가 행해진다. 세관으로부터 수출신고필증을 받으면 실질적인 선적수속이 개시된다.

❸ 컨테이너는 선박회사 지정의 컨테이너 야드에 운반되고 선적 절차를 밟아 본선에 선적된다. 이같이 하여 공장에서 생산된 상품을 실은 본선은 해외 바이어를 향해서 출항하게 된다.

❹ 본선이 출항하면 운송회사는 수출신고를 한 화물이 선적되었다는 신고를 해야 한다. 수출신고일 후 30일 이내에 선적신고를 하지 않으면 수출자가 과태료를 내게 된다.

## 수출화물의 흐름

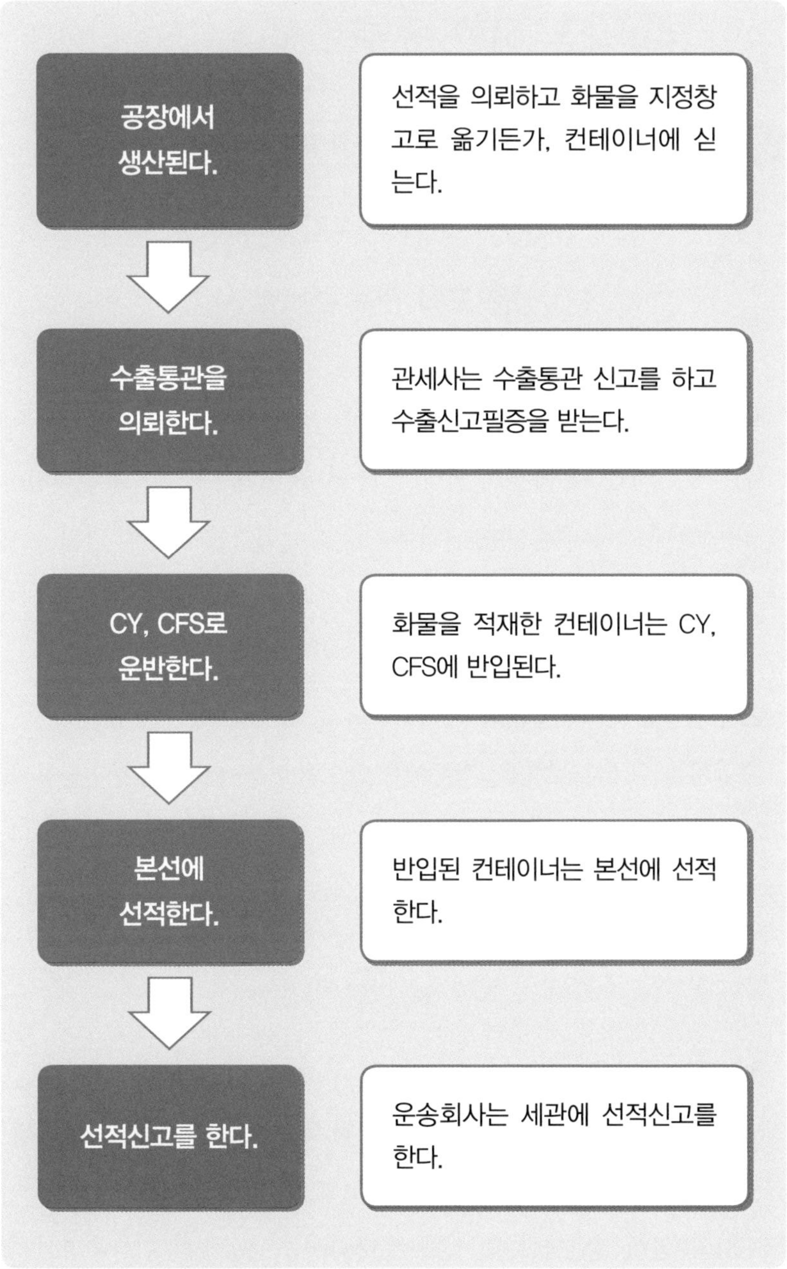
공장에서 생산된다.
선적을 의뢰하고 화물을 지정창고로 옮기든가, 컨테이너에 싣는다.
수출통관을 의뢰한다.
관세사는 수출통관 신고를 하고 수출신고필증을 받는다.
CY, CFS로 운반한다.
화물을 적재한 컨테이너는 CY, CFS에 반입된다.
본선에 선적한다.
반입된 컨테이너는 본선에 선적한다.
선적신고를 한다.
운송회사는 세관에 선적신고를 한다.

# 수입 준비에는 어떤 것들이 있나

**학습과제** 화물 도착 전후에 수입자가 해야 할 일을 확인하자.

## 수입상품 도착 전후 준비할 사항

### 1. 선적일정 확인

수입자는 계약내용에 따라 선적일이 가까워 오면 수출자에게 선적일정을 확인한다. 수출자는 선명, 선적예정일, 도착예정일 등 선적 관련 구체적 항목을 수입자에게 알려준다. 이를 선적통지(S/A)라고 한다.

### 2. 수입상품 결제대금 준비

수입자는 수출자로부터 선적통지를 받으면 이를 바탕으로 수입상품 결제대금을 준비한다. 이때 수입에 따른 관세나 부가가치세도 확인해둔다. 또 수입상품이 통관될 때 문제가 없을지 확인하고 문제의 여지가 있으면 사전에 조치를 취한다.

### 3. 선적서류 수령

은행에서 선적서류 도착 통지를 받으면 대금을 결제한 후 선적서류를 수령한다. 선적서류는 Bill of Lading, Invoice, Packing List, Certificate of Origin 등이 일반적이지만 경우에 따라서는 보험증서, 검사증명서 등

## 수입자의 수입 준비

**선적일정 확인**

↓ Shipping Advice(S/A)
**수출자 → 수입자**

**수입상품 결제대금 준비**

↓ 통관 사전준비

**선적서류 수령**

↓ Bill of Lading, Invoice,
Packing List, Certificate of Origin 등
**은행 → 수입자**

**본선 도착일 확인**

Arrival Notice(A/N)
**선박회사 → 수입자**

과 같은 서류가 필요하다. 선적서류를 받으면 문제가 없는지 반드시 확인한다.

### 4. 본선 도착일 확인

수입자는 수출자로부터 선적통지를 받으면 이를 바탕으로 선박회사에 본선 도착예정일을 확인한다. 선박회사로부터 본선 도착통지(A/N)를 받으면 수입통관과 국내운송을 의뢰한다.

**알아두자**

**포워더**

무역에서 화물의 운송에 관련된 업무를 취급하는 운송주선인으로 혼재업자, 이용운송사업자라고도 한다. 자체 운송수단은 가지고 있지 않지만 여러 화주로부터 화물을 모아서 자신이 화주를 대신하여 발송인이 되어 운송회사와 운송계약을 맺고 전반적인 운송을 맡는 업자를 말한다.

**알아두자**

## 수입, 국내시장조사에서 계약까지

**시장조사**

- 니즈의 발견
- 상품의 발견

← 국내의 소비자에게 받아들여질지 여부를 검토한다.

**전 략**

마케팅 4P

- Product(상품계획)
- Price(가격책정)
- Place(유통시스템)
- Promotion(판촉활동)

이것들을 조합해서 고객이나 가격대에 맞춰 전략을 세운다.

마케팅 믹스(Marketing Mix)

**검 토**

→ 한국인의 기호, 체형 등을 조사 → 개량

- 거래처 선정
- 법제도 조사
- 국내시장에서의 적합성

**실 행**

→ 계약체결

**안쾌이어리**

- 견적요청
- 샘플의뢰

- 오퍼제시
- 카운터 오퍼
- 승낙

※ 마케팅 믹스: 시장에 맞춰서 상품, 가격, 유통, 판촉 등을 조합해서 전략을 세우는 것

# 수입통관에는 어떤 서류를 준비해야 할까

**학습과제** 수입통관에 필요한 서류를 파악하고 미리 준비해두자.

## 수입통관에 필요한 서류 준비하기

❶ 수입자는 수입통관을 의뢰하기 위해 필요한 서류를 준비한다. 은행에 수입대금을 결제하고 선하증권(B/L), 인보이스, 패킹리스트 등의 선적서류를 수령한다.

❷ 보험증서나 원산지증명서가 필요한 경우도 있다. 보험료는 관세금액을 결정하는 데 필요하다. 또 FTA* 등 특혜관세를 적용받으려면 원산지증명서(C/O, Certificate of Origin)가 필요하다.

❸ 수입통관을 순조롭게 하려면 수입상품의 내용을 충분히 설명할 수 있도록 카탈로그 등을 미리 준비해두는 것도 중요하다.

❹ 위에서 언급한 서류들을 준비해서 관세사에게 통관을 의뢰한다.

❺ 관세사는 이 서류들을 바탕으로 해서 수입신고서(I/D, Import Declaration)를 작성해 세관에 수입신고를 한다.

WORD ▶ FTA: Free Trade Agreement의 약어로 자유무역협정을 말한다.

## 수입통관에 필요한 서류의 흐름

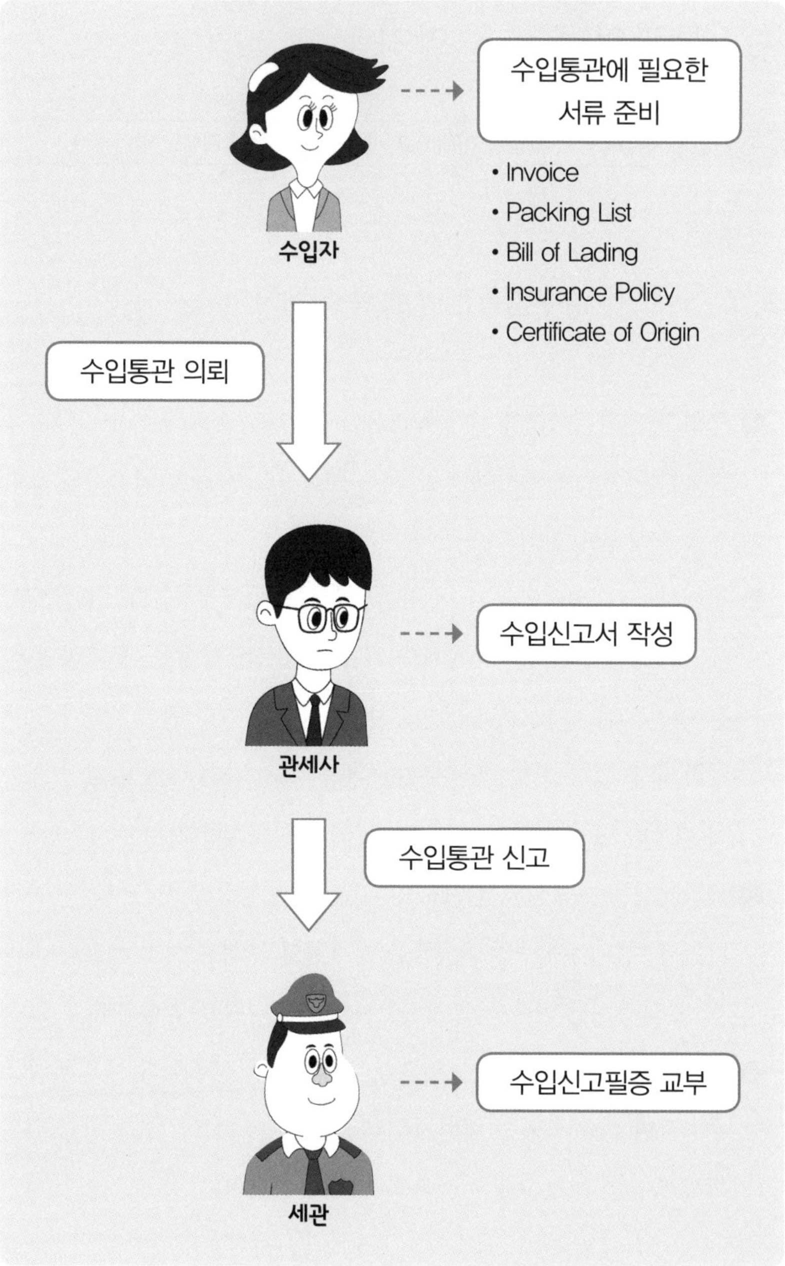

# 수입통관의 흐름을 알자

**학습과제** 수입통관의 흐름을 이해하고, 수입규제에 관한 지식도 알아두자.

## 수입통관의 흐름 이해하기

❶ 수입자는 관세사에게 수입통관을 의뢰한다. 준비해둔 수입통관에 필요한 서류를 관세사에게 보낸다. 특히 수입할 때 인허가가 필요한 상품은 사전에 인허가를 받아둔다.

❷ 관세사는 수입자로부터 수령한 서류를 참고로 수입신고서(I/D, Import Declaration)를 작성한다. 수입신고서를 작성할 때 주의할 점은 세번(稅番, 통상 HS번호*라고 함)의 결정에 따라 관세금액이 크게 달라질 수 있다는 것이다. 수입에 관한 여러 가지 규제가 있기 때문에 필요한 절차가 완료되었는지 등의 확인도 필요하다.

❸ 세관에서는 수입신고서류를 심사한다. 수입상품에 따라서는 세관검사를 하기도 해서 수입 금지품을 적발한다. 현품 검사가 완료되면 관세·부가가치세 납부를 확인하고 수입신고필증을 발행한다.

❹ 수입신고필증을 받으면 그것으로 수입상품을 반출한다. 수입상품을 수령하면 개수나 카고 대미지(Cargo Damage, 화물손상)를 확인한다. 특히 화물의 과부족에는 충분한 주의가 필요하다.

## 수입통관의 흐름

| | |
|---|---|
| 관세사에게 수입통관을 의뢰한다. | 관세사가 요구하는 서류를 준비해서 제출한다. |
| ⇩ | |
| 수입신고서가 작성되고 통관수속이 이루어진다. | HS번호를 확인하고 필요한 절차를 확인한다. |
| ⇩ | |
| 세관은 심사·검사를 하고 수입신고필증을 발행한다. | 심사 또는 검사 후 수입신고가 수리되면 관세금액을 확인하고 납부한다. |
| ⇩ | |
| 수입상품이 반출된다. | 상품의 과부족, 손상 등을 확인한다. 국내에서 판매한다. |

# 선하증권이 화물보다 늦게 도착하면 어떻게 할까

**학습과제** 선하증권이 화물보다 늦게 도착할 경우 대응방법을 확인해두자.

일본, 중국 등과 같이 가까운 지역에서 수입할 경우 화물은 이미 항구에 도착했는데도 선하증권이 도착하지 않아 화물수령이 늦어지는 경우가 있다. 화물을 최대한 빨리 수령하기 위해서 수입자는 신속히 절차를 밟는다.

## 선하증권이 늦게 도착할 경우 처리 방법

❶ 수입자는 수입화물인수보증서(L/G, Letter of Guarantee)를 작성해서 거래은행에 연대보증을 의뢰한다.

❷ 은행은 제출된 L/G를 확인하고 은행 내의 서명권자가 서명하여 수입자에게 되돌려준다.

❸ 수입자는 수입화물을 수령하기 위해 은행이 연대보증한 L/G를 선하증권 대신 선박회사에 제출한다.

❹ 선박회사는 L/G를 확인하고 화물의 인도를 지시하는 인도지시서(D/O, Delivery Order)를 수입자에게 발행한다.

❺ 수입자는 이 D/O를 이용하여 화물을 인수한다.

❻ 수입자는 선하증권을 수령하면 선박회사에 제출하고 L/G를 되돌

## 선하증권이 늦게 도착할 경우 대응법

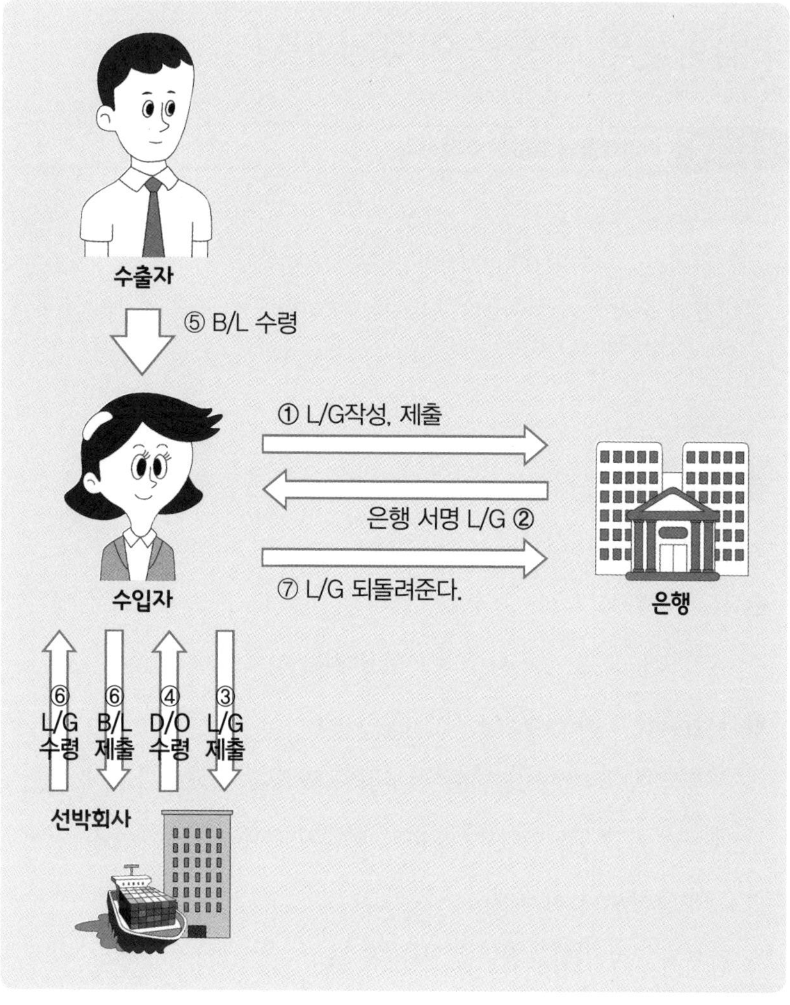


려받는다.

❼ 수입자가 L/G를 은행에 돌려주면 이 일련의 절차는 종료된다.

※ 최근 들어 B/L 수령이 늦어져 화물이 항구에 도착한 즉시 수령할 수 없는 사태를 피하는 방안으로 Surrendered B/L 또는 WayBill(화물운송장)이 많이 이용되고 있다.

# 수입화물의 흐름은 어떻게 되나

**학습과제** **수입화물의 흐름을 이해하자.**

국내항에 도착한 수입화물은 다음과 같은 과정을 거쳐 국내에서 유통된다.

❶ 수출항에서 수입상품을 실은 본선이 국내 지정항에 도착하면 화물은 본선에서 내려진다.

❷ 본선에서 내려진 컨테이너는 보세창고나 CFS로 보내지고, 컨테이너에서 화물을 들어내 화주별로 분류한다.

❸ 수입통관이 이루어진다. 대부분 서류심사로 끝나지만 수입 당시 상황과 품목에 따라서는 세관검사가 행해진다. 세관에서는 수입금지 제품 등이 포함되어 있지 않은지, 상품과 서류가 일치하는지를 주의 깊게 조사한다. 세관에서 수입신고 수리가 나면 관세·부가가치세를 납부하고 수입신고필증을 받는다.

❹ 수입신고필증을 받으면 수입상품을 반출한다. 조건부 통관일 경우 국내에 유통하기 전에 그 의무를 이행한다. 상품 설명서를 삽입한다든지 새로운 상품 패키지로 바꿔 넣는 작업 등을 한다.

## 수입화물의 흐름

| | |
|---|---|
| 본선이 입항한다. | 국내항구에 본선이 도착하면 화물이 내려진다. |
| ↓ | |
| 보세지역에 반입된다. | 수입화물은 보세지역에 반입된다. 화물이 화주별로 분류된다. |
| ↓ | |
| 수입통관을 위해 수입신고한다. | 서류심사 또는 화물의 직접 검사가 이루어진다. 관세, 부가가치세 등을 납부한 후 수입신고필증을 수령한다. |
| ↓ | |
| 물품을 반출한다. 창고에서 작업이 이루어진다. | 조건부 통관일 경우 그 의무를 이행한다. |
| ↓ | |
| 국내시장에 유통된다. | 소비자들이 구매한다. |

# FCL CARGO의 흐름은 어떻게 될까

**학습과제** 컨테이너 선적 형태 중 FCL Cargo의 흐름을 이해하자.

## FCL Cargo의 흐름

❶ 수출자는 공장에서 선적하기 위해 수출화물을 컨테이너에 싣는 작업을 준비한다. 선박회사로부터 컨테이너를 제공받는다. 이때 기기수도증*(EIR, Equipment Interchange Receipt)에 서명한다.

❷ 공장에서는 생산된 수출화물을 컨테이너에 싣는다. 제3자의 검수인 또는 공장 책임자가 화물의 수량이나 상태를 확인하고 봉인(seal)한 후 컨테이너 명세서(CLP, Container Load Plan)를 작성한다.

❸ 화물이 실린 컨테이너는 선박회사 지정의 컨테이너 야드(CY, Container Yard)로 운반된다. 컨테이너 야드에 반입되기 전에 게이트(컨테이너 야드의 입구)에서 컨테이너 체크를 받는다. 포워더는 선박회사와 연락해 컨테이너 번호에 따라 컨테이너가 보세지역에 반입된 것을 확인한다.

❹ 수출자는 관세사 사무실에 수출통관을 의뢰하고 관세사는 세관에 수출신고 수속을 한 후 수출신고필증을 받는다.

❺ 포워더는 부두수취증(D/R, Dock Receipt)을 작성하여 CLP(컨테이너 명세서), 수출신고필증과 함께 CY에 제출한다. CY 담당자는 부두수

WORD ▶ 기기수도증: 컨테이너 기기(equipment)를 넘겨받았음을 증명하는 서류

## FCL Cargo의 선적 절차

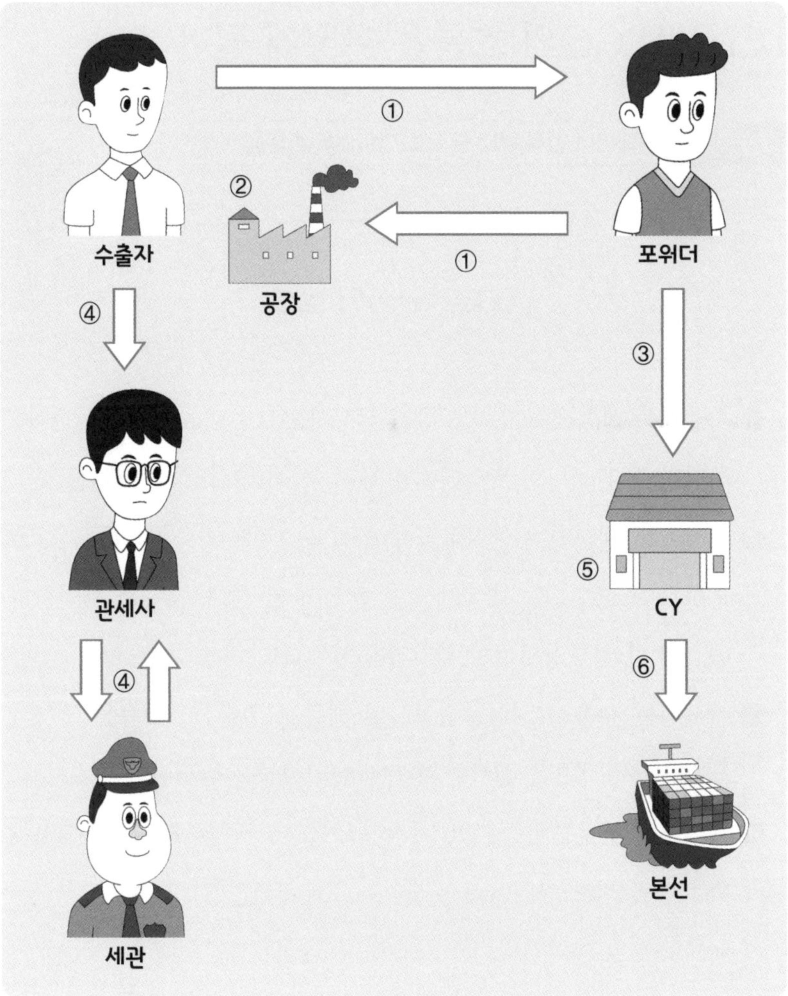


취증에 서명해서 되돌려준다.

❻ 수출용 컨테이너는 선박회사에서 본선에 싣는다. 수출자는 선박회사에서 부두수취증을 선하증권과 교환한다.

# LCL CARGO의 흐름은 어떻게 될까

**학습과제** 컨테이너 선적 형태 중 LCL Cargo의 흐름을 이해하자.

## LCL Cargo의 흐름

❶ 수출자는 선적에 필요한 서류를 작성하고 LCL Cargo의 선적준비를 시작한다. 관세사와 포워더에게 통관·선적을 각각 의뢰한다.

❷ 공장에서 생산된 수출화물을 운송회사(포워더)가 지정하는 창고로 운반한다. 포워더는 창고에 운반된 화물의 상태, 개수를 확인한다. 필요에 따라 포장하여 보세지역에 반입한다.

❸ 관세사는 수출신고서를 작성하여 세관에 수출신고수속을 밟는다. 세관에서는 내용을 심사한 후 수출신고필증을 발행한다.

❹ 포워더는 부두수취증(D/R, Dock Receipt)을 작성하고 수출신고필증과 화물을 함께 컨테이너 플레이트 스테이션(CFS*, Container Freight Station)으로 가져간다.

❺ CFS에서는 가지고 온 화물의 수량이나 상태를 확인하고, 다른 하주(荷主)의 화물과 함께 컨테이너에 싣는다. 이같이 CFS에서는 소량의 화물을 다른 하주의 화물과 섞어 컨테이너 단위로 만든다. CFS 담당자는 화물수령을 증명하는 화물인수도증(FCR, Forwarder's Cargo Receipt)을 발행해준다.

## LCL Cargo의 선적 절차

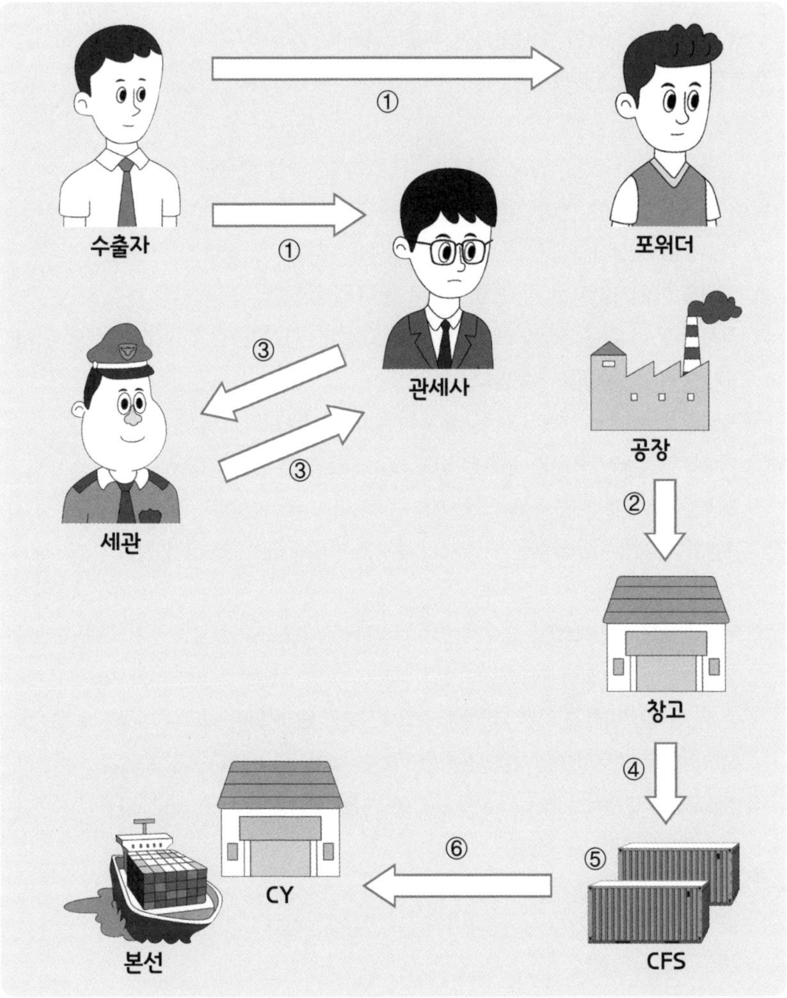


❻ CFS 담당자가 작성한 CLP와 함께 혼재컨테이너를 CY 담당자에게 인도하면 CY 담당자는 이를 본선에 싣는다.

※ LCL화물의 경우 수출자는 운송회사의 창고에 화물을 운반하지 않고, 수출자가 직접 선박회사 지정 CFS에 화물을 반입하여 선적을 의뢰하는 방법도 있다.

## 소자본 무역업 창업 절차

무역업 창업은 희망하는 사람이면 누구나 할 수 있다. 처음 무역업을 창업하려는 이들을 위해 창업절차를 설명한다.

① 수출을 할지, 수입을 할지, 아니면 수출입을 다 할지 결정한다.
② 아이템을 선정한다. 아이템에 따라 ①을 결정하기도 한다.
③ 사무실을 정한다. 사무실은 자택을 활용하는 것도 가능하다.
④ 회사를 개인사업자로 할지, 법인으로 할지 결정한다.
⑤ 약사법 등과 같은 개별법에 규정된 허가(등록, 신고)업종일 경우 그 규정에 따라 허가(등록, 신고)증을 취득한다.
⑥ 사업장 소재지 관할세무서에 사업자등록증을 신청한다.
⑦ 한국무역협회에 무역업 신고를 하고 고유번호를 받는다.
⑧ 사업을 개시한다. 먼저 사업을 개시한 후 ③, ④를 정하고 ⑥, ⑦을 하는 것도 가능하다. 사업자등록증은 사업개시 후 20일 이내에만 신청하면 된다.

**※ 회사 형태를 법인으로 할 경우에는 ⑤의 허가(등록, 신고)증을 취득하기 전에 법인을 설립한다.**
**※ 무역업을 창업하면 한국무역협회에서 고유번호를 받게 되어 있으나 이것도 강제조항이 아니므로 세무서에서 사업자등록만 마치면 집에서도 무역업을 할 수 있다.**
**※ 법인설립에 관해서는 법무사 사무실에 문의하면 도움을 받을 수 있다. 법무사 사무실에 의뢰하는 것이 일반적이다.**

## 3장

# 무역실무 서류

무역실무에 등장하는 서류에는 각각 특유의 형식이 있다. 서류 보는 방법이나 특징을 알아두고 실무에 활용할 수 있도록 해야 한다. 인보이스, 패킹리스트, 선하증권, 신용장, 환어음, 보험증권, 원산지증명서 등과 같은 수출 · 수입에 필요한 서류를 정확하게 작성하고 내용을 확인하는 것이 중요하다. 따라서 무역서류의 작성 방법, 각종 서류의 성격 · 기능이나 역할 등에 관해 확실하게 알아두자.

# 수출입에 따른 서류 이해하기

| 학습과제 | 수출입에 수반되는 서류들을 파악하고 각 서류들을 정확하게 작성하는 능력을 기르자. |
|---|---|

이 장에서는 수출입실무에 따르는 서류에 관해 설명한다. 무역실무자는 서류를 이해하고 정확하게 작성하는 것이 대단히 중요하다. 수출입실무 서류에는 어떠한 것이 있는지 실제 비즈니스에서 사용되는 서류를 보면서 확인해두자.

이 장에서는 신용장을 중심으로 서류를 소개한다. 신용장은 무역실무자가 꼭 알아야 할 중요한 서류다. 신용장 내용에 따라 각각의 서류가 작성된다.

우선 이 장에서 소개하는 서류들의 근간이 되는 비즈니스 스토리를 확인하자.

> 서울의 강남에 본사를 둔 세인상사(SEINE TRADING CO., LTD.)가 일본 요코하마에 있는 KANJA CORPORATION과 수출계약을 체결했다. 상품은 일본에서 잘 팔리는 전동공구다. 이번에는 전동드릴과 전기그라인더를 수출하기로 했다.
> 계약조건은 CIF요코하마항구로 계약금액은 53,100달러이며 신용장조건이다.
> 따라서 세인상사는 KANJA CORPORATION이 개설한 신용장을 수령했다.
> 세인상사는 신속히 신용장 내용을 확인한 후 상품을 수배하고 통관 및 선적준비를 했다. 그리고 선적을 완료하고서 환어음 매입의뢰에 필요한 서류를 작성해서 은행에 제출하고 수출대금을 수령했다.

## 비즈니스 내용 확인

| | |
|---|---|
| 수출자 | SEINE TRADING CO., LTD.<br>43, NONHYEON-RO 2GIL, KANGNAM-KU,<br>SEOUL, KOREA |
| 수입자 | KANJA CORPORATION<br>4-10-7, SHINYOKOHAMA, KOHOKU-KU<br>YOKOHAMA, KANAGAWA, JAPAN |
| 상품 | Electric Drill ACT-100M 300sets<br>Electric Grinder PD-6K 300sets |
| 가격조건 | CIF YOKOHAMA, JAPAN |
| 결제조건 | 취소불능일람불신용장 |
| 신용장번호 | E06315 |
| 신용장 금액 | US$53,100.00 |
| 발행은행 | BANK OF JAPAN |
| 선명 | Pan Korea(Voyage No. 123) |
| 출항일 | 2016년 6월 27일 |

# 신용장을 읽으려면 기본용어를 알아야 한다

**학습과제** 신용장의 기본용어를 이해하자.

무역실무 담당자는 신용장을 이해하는 것이 대단히 중요하다. 신용장은 우편방식, 전신(케이블+우편, 풀 케이블)방식으로 개설되었으나 최근 들어서는 SWIFT(세계은행 간 금융데이터 통신협회)의 시스템을 이용한 전송 방식으로 개설되는 것이 일반적이다.

신용장을 읽으려면 먼저 기본용어부터 이해해야 한다. 어려운 단어가 아니니 이 기본용어를 이해하는 것부터 하자.

신용장은 무역거래에서 결제수단의 하나이다. 신용장 개설은행은 주채무자로서 수입자를 대신하여 대금의 지급을 확약한다.

신용장은 거래당사자 간의 합의에 의해 개설되지만 일단 개설되면 신용장조건에만 구속된다. 따라서 은행은 오로지 신용장 문면상 조건에 따라 제시되는 서류만 검토하고 신용장 조건을 충족하는 서류를 제시만 하면 대금을 지급해야 하므로 사기와 같은 위험을 당할 소지가 있다.

한편, 신용장(L/C, Letter of Credit)을 DC(Documentary Credit)라고도 한다.

# 신용장의 기본용어

| | |
|---|---|
| Irrevocable Letter of Credit | 취소불능신용장 |
| Issuing Bank, Opening Bank | 발행은행, 개설은행 |
| Advising Bank | 통지은행 |
| Beneficiary | 수익자(통상 수출자를 말함) |
| Applicant | 신청자(신용장의 개설의뢰인) |
| Amount | 신용장 금액 |
| Date of Issue | 신용장의 개설일(발행일) |
| Shipment | 선적 |
| Partial Shipment | 분할선적 |
| Transshipment | 환적 |
| Date of Expiry | 신용장의 유효기한 |
| Latest Shipment | 선적기한 |
| Credit No. | 신용장번호 |
| At sight | 일람불 |
| ALLOWED(PERMITTED) | 허용 |
| NOT ALLOWED(PROHIBITED) | 금지 |

# 신용장(LETTER OF CREDIT) 내용을 이해하자

**학습과제** SWIFT 신용장은 조금 어렵지만 확실하게 이해하자.

**27:** Sequence of Total : 1/1

**40A:** Form of Documentary Credit : irrevocable

**20:** Documentary Credit Number : E06315

**31C:** Date of Issue : 160328

**40E:** Applicable Rules : UCPURR LATEST VERSION

**31D:** Date and Place of Expiry : 160710 Republic of Korea

**50:** Applicant : KANJA CORPORATION

**59:** Beneficiary : SEINE TRADING CO., LTD.

**32B:** Currency Code, Amount : USD53100.00

**41D:** Available With ... By ... : ANY BANK IN REPUBLIC OF KOREA BY NEGOTIATION

**42C:** Drafts at ... : SIGHT

**42D:** Drawee : BANK OF JAPAN

**43P:** Partial Shipment : NOT ALLOWED

**43T:** Transshipment : ALLOWED

**44E:** Port of Loading/Airport of Departure : BUSAN PORT, KOREA

**44F :** Port of Discharge/Airport of Destination : YOKOHAMA PORT, JAPAN

**44C :** Latest Date of Shipment : 160630

**45A :** Description of Goods and/or Services :

Electric Drill ACT-100M 300sets

Electric Grinder PD-6K 300sets

**46A :** Documents Required :

+SIGNED COMMERCIAL INVOICE IN QUINTUPLICATE

+FULL SET OF CLEAN ON BOARD BILL OF LADING MADE OUT TO THE ORDER OF BANK AND BLANK ENDORSED FREIGHT PREPAID AND NOTIFY APPLICANT.

+INSURANCE POLICY IN DUPLICATE ENDORSED IN BLANK FOR 110 PCT OF THE INVOICE VALUES COVERING: THE INSTITUTE CARGO CLAUSES(ALL RISKS) INCLUDING WAR RISKS AND S.R.C.C.

+PACKING LIST IN TRIPLICATE

+CERTIFICATE OF ORIGIN

**47A :** Additional Conditions

+ALL DOCUMENTS MUST BEAR OUR CREDIT NUMBER.

+ALL DOCUMENTS REQUIRED UNDER THIS L/C MUST BE ISSUED IN ENGLISH LANGUAGE.

+ALL DRAFTS IN DUPLICATE MUST INDICATE THE L/C NUMBER, DATE OF ISSUE AND NAME :

+THIS CREDIT IS SUBJECT TO THE UNIFORM CUSTOMS AND PRACTICE FOR DOCUMENTARY CREDITS, 2007 REVISION, ICC PUBLICATION NO. 600.

**71B :** Charges : ALL BANK CHARGES OUTSIDE JAPAN INCLUDING REIMBURSING CHARGES ARE FOR ACCOUNT OF BENEFICIARY.

**49 :** Confirmation Instruction : WITHOUT

**48 :** PRESENTATION PERIOD : TRANSPORT DOCUMENTS MUST BE PRESENTED WITHIN 15 DAYS AFTER THE DATE OF SHIPMENT BUT WITHIN THE EXPIRY DATE OF THE CREDIT.

**53A :** Reimbursing Bank :

**78 :** Instruction to the Paying/Accepting/Negotiating Bank : DOCUMENTS TO BE FORWARDED TO US IN ONE LOT BY COURIER.

**57D :** 'Advise Through' Bank :

**72 :** Sender to Receiver Information : PLEASE ADVISE BENEFICIARY URGENTLY.

# 신용장 번역과 부연 설명

**27 :** Sequence of Total : 1/1

**40A :** Form of Documentary Credit : irrevocable

**20 :** Documentary Credit Number : E06315

**31C :** Date of Issue : 160328

**40E :** Applicable Rules : UCPURR LATEST VERSION

**31D :** Date and Place of Expiry : 160710 Republic of Korea

**50 :** Applicant : KANJA CORPORATION

**59 :** Beneficiary : SEINE TRADING CO., LTD.

**번역**

---

27 : 총 쪽수 : 총 1쪽

40A : 신용장의 종류 : 취소불능신용장

20 : 신용장번호(L/C No.) : E06315

31C : 신용장 발행일 : 160328

40E : 근거규정 : 신용장통일규칙 최신판

31D : 유효기일 및 장소 : 160710 대한민국

50 : 개설신청인(수입자) : 간자 코퍼레이션

59 : 수익자(수출자) : 세인상사(주)

**설명**

SWIFT 방식으로 개설된 신용장의 첫 부분이다. 신용장을 예를 들어 설명한다. 신용장을 수령하면 읽기 전에 확인해야 할 체크 포인트가 있다. 신용장의 번호는 그 이후 서류를 작성할 때 사용하기 때문에 확실히 기억해두자. 신용장의 유효기한도 기억하자.

**포인트**

1. 수익자의 명칭이나 주소가 정확하게 기재되었는지 확인하자.
2. 신용장 개설의뢰인의 명칭과 주소가 바른지 확인하자.
3. 신용장의 개설일과 신용장번호는 확실하게 기록해두자.
4. 신용장의 유효기한을 확실하게 기억하자.

**32B :** Currency Code, Amount : USD53100.00

**41D :** Available With ... By ... : ANY BANK IN REPUBLIC OF KOREA BY NEGOTIATION

**42C :** Drafts at ... : SIGHT

**42D :** Drawee : BANK OF JAPAN

**43P :** Partial Shipment : NOT ALLOWED

**43T :** Transshipment : ALLOWED

**44E :** Port of Loading/Airport of Departure : BUSAN PORT, KOREA

**44F :** Port of Discharge/Airport of Destination : YOKOHAMA PORT, JAPAN

**44C :** Latest Date of Shipment : 160630

### 번역

32B : 통화단위, 신용장 금액 : USD53,100.00

41D : 신용장 사용은행 및 사용방법 : 대한민국 어느 은행에서나 매입 가능

42C : 환어음의 결제기일 : 일람불

42D : 환어음의 지급인 : 일본은행

43P : 분할선적 : 금지

43T : 환적 : 허용

44E : 선적항 : 대한민국 부산항

44F : 도착항 : 일본 요코하마항

44C : 최종선적기일 : 160630

### 설명

신용장 금액은 계약서 등과 확인하고, 만일 금액에 차이가 있으면 즉시 Amend(변경)를 요구하자.

어음 지급인이 일본은행으로 해서 발행한 신용장으로 일람불어음의 매입에 관해서는 한국의 어느 은행에서도 가능하다. 분할선적, 환적 그리고 선적지와 도착지를 확인하고 최종선적기일을 확실하게 기억하자.

**포인트**

1. 어음의 수취인을 어떻게 표시하는지 확인하자.
2. 언제까지 선적해야 하는지 최종선적기일을 확인해두자.

**45A :** Description of Goods and/or Services :

Electric Drill ACT-100M 300sets

Electric Grinder PD-6K 300sets

**46A :** Documents Required :

+SIGNED COMMERCIAL INVOICE IN QUINTUPLICATE

+FULL SET OF CLEAN ON BOARD BILL OF LADING MADE OUT TO THE ORDER OF BANK AND BLANK ENDORSED FREIGHT PREPAID AND NOTIFY APPLICANT.

**번역**

45A : 상품 또는 서비스의 명세

Electric Drill ACT-100M 300sets

Electric Grinder PD-6K 300sets

46A : 요구서류 :

+서명된 상업송장 5부

+운임 선지급이라 표시되고, 개설신청인을 통지인으로 하며, 백지이서가 되어 있으며 은행 지시식으로 작성된 무사고 본선적재 해상선하증권 풀 세트(전통)

## 설명

상품의 명세와 상업송장, 선하증권에 관한 설명이다.

상품의 명세와 수량을 확인하고 잘못된 부분이 있으면 수정을 요구하자. 서명된 상업송장의 필요 부수는 5부이다.

수출자는 신용장에서 요구하는 선하증권을 준비한다.

MADE OUT TO THE ORDER라고 표시되어 있는데, 이는 선하증권의 수하인(受荷人, Consignee)란에 TO THE ORDER라고 기재한 지시식 선하증권을 요구하고 있다. 은행에 제출할 때 수출자는 백지이서를 한다. 선하증권에서 FULL SET라 함은 통상 3부이다.

### 포인트

1. 송장에 기재하는 상품명세의 문언 및 송장의 필요 부수를 확인한다.
2. 어떠한 선하증권을 요구하는지 확인한다.

+INSURANCE POLICY IN DUPLICATE ENDORSED IN BLANK FOR 110 PCT OF THE INVOICE VALUES COVERING: THE INSTITUTE CARGO CLAUSES(ALL RISKS) INCLUDING WAR RISKS AND S.R.C.C.

+PACKING LIST IN TRIPLICATE

+CERTIFICATE OF ORIGIN

## 번역

+전쟁위험과 동맹파업 위험을 포함한 전위험담보조건을 커버

하는 상업송장 금액의 110%를 부보하며, 백지이서된 보험증권 2부

+포장명세서 3부

+원산지증명서

**설명**

해상보험, 포장명세서, 원산지증명서에 관한 설명이다.

보험금액은 상업송장 금액의 110%로 되어 있다. 보험증권을 수령하면 보험금액을 반드시 확인하자. 보험조건은 전쟁위험과 동맹파업위험을 포함한 ALL RISKS이다. ICC(A)라고 표시되어 있는 경우도 있으므로 주의하자.

포장명세서는 3부가 필요하다.

원산지증명서는 수입국에서 관세혜택을 받으려면 반드시 필요하다.

**포인트**

1. 해상보험의 종류와 조건을 확인한다.
2. 해상보험증권의 날짜에도 주의가 필요하다.
3. 포장명세서의 필요 부수를 확인한다.
4. 원산지증명서의 종류를 사전에 확인해두자.

**47A :** Additional Conditions

+ALL DOCUMENTS MUST BEAR OUR CREDIT NUMBER.

+ALL DOCUMENTS REQUIRED UNDER THIS L/C MUST BE

ISSUED IN ENGLISH LANGUAGE.

+ALL DRAFTS IN DUPLICATE MUST INDICATE THE L/C NUMBER, DATE OF ISSUE AND NAME :

+THIS CREDIT IS SUBJECT TO THE UNIFORM CUSTOMS AND PRACTICE FOR DOCUMENTARY CREDITS, 2007 REVISION, ICC PUBLICATION NO. 600.

### 번역

47A : 추가조건

+모든 선적서류에는 신용장번호가 기재되어야 한다.

+이 신용장에서 요구하는 모든 서류는 영어로 작성되어야 한다.

+2통의 환어음에는 신용장번호, 발행일, 발행은행명이 기재되어야 한다.

+이 신용장은 2007년 개정 ICC 간행물 제600호 화환신용장통일규칙을 준거한다.

### 설명

추가조건 및 환어음 작성에 관한 설명이다.

신용장에서 요구하는 모든 서류는 영어로 작성하고 신용장번호를 기재하도록 지시하고 있음에 주의하자. 환어음은 2통 작성하고 신용장번호, 발행일, 발행은행명을 기재하도록 지시하고 있다. 신용장의 유효기한이 명기되어 있기 때문에 반드시 기한 내에 환어음 매입을 의뢰해야 한다. 신용장의 준거로 ICC 간행물 제600호를 명기하고 있다.

**포인트**

1. 모든 서류의 작성에 관한 지시사항을 확인하자.
2. 환어음 작성에서 기재항목도 확인하자.
3. 신용장의 준거문언을 확인하자.

**71B :** Charges : ALL BANK CHARGES OUTSIDE JAPAN INCLUDING REIMBURSING CHARGES ARE FOR ACCOUNT OF BENEFICIARY

**49 :** Confirmation Instruction : WITHOUT

**48 :** PRESENTATION PERIOD : TRANSPORT DOCUMENTS MUST BE PRESENTED WITHIN 15 DAYS AFTER THE DATE OF SHIPMENT BUT WITHIN THE EXPIRY DATE OF THE CREDIT.

**53A :** Reimbursing Bank :

**78 :** Instruction to the Paying/Accepting/Negotiating Bank : DOCUMENTS TO BE FORWARDED TO US IN ONE LOT BY COURIER.

**57D :** 'Advise Through' Bank :

**72 :** Sender to Receiver Information : PLEASE ADVISE BENEFICIARY URGENTLY.

**번역**

71B : 수수료 : 상환수수료를 포함해서 일본 밖에서 발생하는 모든 은

행 수수료는 수익자가 부담한다.

49 : 확인지시 : 확인하지 않는다.

48 : 서류제출기한 : 운송서류는 신용장의 유효기한 내에 선적 후 15일 내에 제출해야 한다.

53A : 상환은행 :

78 : 지급/인수/매입은행에 대한 지시 :

선적서류는 봉투 하나에 넣어서 국제특송편으로 개설은행에 보내야 한다.

57D : 통지은행 :

72 : 수신은행 정보사항 :

신속하게 수익자에게 통지해주십시오.

## 설명

모든 비용에 관해서 기재하고 있다. 이번의 신용장조건에서는 일본 밖에서 발생하는 모든 은행의 제 경비는 수익자 부담으로 되어 있다.

이번의 신용장조건에서는 선적서류의 제시는 선적 후 15일 이내에 제출해야 한다고 되어 있다. 그리고 이는 신용장의 유효기한 내가 되어야 한다.

**포인트**

1. 선적서류의 제출일은 언제까지인지 확실하게 파악해둔다.
2. 은행의 제 비용은 어느 측 부담으로 했는지를 확인한다.

# 인보이스(Invoice, 송장)는 어떻게 작성할까

**학습과제** **인보이스의 성격과 작성 시 주요 기재항목을 알아두자.**

인보이스는 수출자가 수출할 때 수입자 앞으로 작성하는 서류로 커머셜 인보이스(Commercial Invoice)를 말한다. 인보이스는 수출자가 수입자 앞으로 보내는 화물의 명세서인 동시에 수출대금 청구서, 수출화물 납품서의 성격도 가지고 있다. 특히 수입통관 시에는 관세 산정의 기초자료가 된다.

인보이스는 선적서류 중에서 수출자가 작성하는 중요 서류 중 하나이므로 작성할 때 주의할 필요가 있다. 특히 신용장 거래조건의 경우에는 신용장에 표시되어 있는 내용과 일치시키지 않으면 안 된다.

인보이스는 법적으로 정해진 양식은 없으며 자사에서 양식을 만들어 사용하면 된다. 주요 기재항목은 다음과 같다.

- **계약에 관한 정보**: 수출자와 수입자의 회사명과 주소, 계약번호, 계약일, 가격, 거래조건, 결제조건 등
- **상품명세**: 상품명, 규격/모델명, 개수 등
- **선적에 관한 정보**: 선명(항공기 편명), 선적항, 출항일, 도착항, 인도 장소 등
- **대금지불에 관한 정보**: 단가, 합계금액, 지불방법, 신용장번호 등

# INVOICE

## COMMERCIAL INVOICE

| Shipper/Exporter<br>SEINE TRADING CO., LTD.<br>43, NONHYEON-RO 2GIL, KANGNAM-KU,<br>SEOUL, KOREA | Invoice No. and Date<br>SE-627/2016 June 25, 2016<br><br>L/C No. and Date<br>E06315 March 28, 2016 |
|---|---|
| Consignee<br>TO THE ORDER OF BANK | Buyer(if other than consignee)<br>KANJA CORPORATION<br>4-10-7, SHINYOKOHAMA, KOHOKU-KU<br>YOKOHAMA, KANAGAWA, JAPAN |
| vessel or On or about<br>Pan Korea(Voyage No. 123) Jun. 27, 2016 | Other reference |
| From Via<br>Busan, Korea | Payment Terms<br>irrevocable L/C at sight |
| To<br>Yokohama port, Japan | Country of Origin<br>Republic of Korea |

| Marks and Nos. Description of Goods | Quantity | Unit Price | Amount |
|---|---|---|---|
| Electric Drill (ACT-100M) | 300sets | US$112.00 | US$33,600.00 |
| Electric Grinder (PD-6K) | 300sets | US$65.00 | US$19,500.00 |
| Total : CIF Yokohama port | | | US$53,100.00 |

KANJA

YOKOHAMA
C/NO. 1-600
KOREA

Seine Trading Co., Ltd.

Young K. Kwon
President

# 포장명세서(Packing List)에는 무엇을 기재할까

**학습과제** 패킹리스트 작성 시 주요 기재항목을 알아두자.

수출자가 작성하는 중요한 수출서류의 하나로 패킹리스트가 있다. 수출 화물의 명세를 기재한 것으로 인보이스 내용을 보완하는 것이기도 하다. 패킹리스트에는 포장 형태, 개수, 중량(화물중량: Net Weight, 총중량: Gross Weight), 용적(Measurement, 단위는 CBM) 등이 기재된다. 수출입 통관 시에 사용되는 중요 서류이다.

**Shipping Mark(荷印)에 관해서**

무역운송은 장거리이기 때문에 화물을 싣고 내리는 횟수가 많으므로 운송 중 충격에도 문제가 없을 정도로 포장을 확실하게 한 후 선적한다. 포장 외면에는 내용물이나 도착지를 판별할 수 있도록 하인(荷印, Shipping Mark)을 붙인다.

**Shipping Mark 표시 내용의 예**

| | |
|---|---|
| KANJA | Main Mark<br>수입자 또는 수출자를 표시하는 중요한 마크 |

YOKOHAMA　도착항 마크(도착항, 도착지 표시)

C/NO. 1-600　연속 케이스 번호(이것으로 한 묶음의 그룹 화물 중 하

# PACKING LIST

PACKING LIST

| Shipper/Exporter<br>SEINE TRADING CO., LTD.<br>43, NONHYEON-RO 2GIL, KANGNAM-KU,<br>SEOUL, KOREA | Invoice No. and Date<br>SE-627/2016 June 25, 2016<br><br>L/C No. and Date<br>E06315 March 28, 2016 |
|---|---|
| Consignee<br>TO THE ORDER OF BANK | Buyer(if other than consignee)<br>KANJA CORPORATION<br>4-10-7, SHINYOKOHAMA, KOHOKU-KU<br>YOKOHAMA, KANAGAWA, JAPAN |
| vessel or On or about<br>Pan Korea(Voyage No. 123) Jun. 27, 2016 | Other reference |
| From Via<br>Busan, Korea | Payment Terms<br>irrevocable L/C at sight |
| To<br>Yokohama port, Japan | Country of Origin<br>Republic of Korea |

| Marks and Nos. | Description of Goods | Quantity | Net Weight<br>Gross Weight | Measurement |
|---|---|---|---|---|
| C/NO. 1-300 | Electric Drill (ACT-100M) | 300sets | 450kg<br>600kg | 14.4 |
| C/NO. 301-600 | Electric Grinder (PD-6K) | 300sets | 390kg<br>540kg | 14.4 |
| Total | | | 840kg<br>1,140kg | 28.8CBM |

KANJA

YOKOHAMA
C/NO. 1-600
KOREA

Seine Trading Co., Ltd.

Young K. Kwon
President

| | |
|---|---|
| | 나라고 인식할 수 있도록 되어 있음) |
| Made in Korea | 원산지 마크(원산지가 한국이라는 것을 표시) |

한편 포장 외면에는 주의 마크도 붙인다.

**〈주의 마크의 예〉**

| | |
|---|---|
| HANDLE WITH CARE | 취급주의 |
| THIS SIDE UP | 이 면을 위로 할 것 |
| KEEP DRY | 누수주의 |

알아두자

## Shipping Mark의 기입항목

Shipping Mark는 하인(荷印) 또는 화인(貨印)이라 한다. 수입자가 정해서 알려주는 것이 일반적이지만 그렇지 않을 경우 수출자가 임의로 정하기도 한다. 다음의 여러 기입항목 중에서 주하인, 도착항구 표시, 박스번호, 원산지 표시는 필수 기재항목이다.

**주하인**(Main Mark): 다른 화물과의 식별을 용이하게 하기 위해 외장에 특정의 기호(Symbol)를 표시하고 그 안에 수입자 등의 회사명 약자를 삽입한다.

**부하인**(Counter Marks): 주하인만으로 다른 화물과 식별이 어렵다고 판단할 경우 생산자 또는 수출자의 약자를 보조적으로 표시한다.

**포장(박스)번호**(Care Number): 포장마다 일련번호(consecutive number)를 부여하고 인보이스나 포장명세서 또는 운송서류상의 포장과 대조 확인할 수 있도록 한다.

**(도착)항구표시**(Port Mark): 한 선박에 여러 나라로 운송되는 화물이 함께 선적되기 때문에 화물의 선적과 양하(하역)작업이 용이하도록, 또는 화물이 잘못 운송되는 일이 없도록 도착항이나 경유항, 예를 들어 파나마항이나 시에틀항을 경유할 경우 "New York via Panama" 또는 "New York overland via Seattle" 등으로 표시한다.

**품질 또는 중량표시**(Quality or Weight Mark): 내용물의 품질 또는 등급을 기호로써 표시하며 검사의 합격표시도 할 수 있다. 또한 운임계산, 통관, 하역작업 등을 용이하게 할 수 있도록 순중량과 총중량을 표시한다.

**원산지표시**(Origin Mark): 해당 물품의 생산국을 외장의 맨 아래에 표시한다.

**주의표시**(Care Mark, Caution Mark): 화물취급 시 주의할 점을 표시하는 것으로 외장의 측면에 도안이나 문자로 표시한다.

# 선하증권(Bill of Lading)의 역할은 무엇일까

**학습과제** **선하증권의 역할과 기재항목을 알아두자.**

선하증권은 선적서류 가운데 가장 중요한 서류다. 수출화물의 선적이 완료되면 선박회사가 수출자에게 발행해준다. 선하증권의 역할은 다음과 같다.

- 화물수취증: 선박회사가 화물을 수령한 것을 가리킨다.
- 운송계약서: 선박회사와 화주 간의 운송계약을 가리킨다.
- 유가증권: 이서(배서)*에 의해서 전매가 가능하다.
- 화물인수증: 화물의 하역항에서 화물을 인수할 때 필요한 권리증권이다.

B/L은 발행하는 선박회사에 따라 서식이 다르지만 다음의 중요한 항목은 거의 공통이다. B/L의 주요 기재항목은 다음과 같다.

- 선박회사명
- 선하증권 번호(B/L No.)
- 송하인(Shipper) ※ **수출자를 말함**
- 수하인(Consignee) ※ **수입자를 말함**

WORD ▶ 이서: 지시식 증권의 양도를 위해 증권 소지인이 증권 이면에 서명 등을 기입하는 것

# 선하증권

| | |
|---|---|
| Shipper<br>SEINE TRADING CO., LTD.<br>43, NONHYEON-RO 2GIL, KANGNAM-KU,<br>SEOUL, KOREA | B/L No. XYZ-BUS06272016SK |
| Consignee<br>TO THE ORDER OF BANK | XYZ SHIPPING CO., LTD.<br><br>BILL OF LADING |
| Notify Party<br>KANJA CORPORATION<br>4-10-7, SHINYOKOHAMA, KOHOKU-KU<br>YOKOHAMA, KANAGAWA, JAPAN | RECEIVED in apparent order and condition<br><br>Flag<br>KOREA |
| Pre-carriage by / Place of Receipt<br>Yokohama port, Japan | |
| Vessel/Voyage No. Pan Korea/123 | SEE TERMS ON REVERSE |

| Port of Loading | Port of Discharge | Place of Delivery | Final Destination |
|---|---|---|---|
| Busan port, Korea | Yokohama port, Japan | Yokohama port, Japan | |

| Container. No. | Seal No. | No. of Package | Description of Goods | gross weight | measurement |
|---|---|---|---|---|---|
| XSCL 2016827 | 14379 | 300CTNS | Electric Drill 300sets (ACT-100M) | 600kg | 14.4CBM |
| | | 300CTNS | Electric Grinder 300sets (PD-6K) | 540kg | 14.4CBM |
| | Total : | 600CTNS | | 1,140kg | 28.8CBM |

| Freight and charges | Revenue tons | Rate Per | Prepad | Collect |
|---|---|---|---|---|
| | | | | |

| | | |
|---|---|---|
| Freight Prepaid at<br>SEOUL, KOREA | Freight Payable at | Place of issue<br>SEOUL, KOREA |
| Total prepaid in | No. of Original B/L<br>THREE(3) | Date of Issue<br>Jun. 27, 2016 |

| | |
|---|---|
| Laden on Board the Vessel<br>Date : Jun. 27, 2016<br>By ______________________ | XYZ SHIPPING CO., LTD.<br>By ______________________<br>as Carrier |

- 도착통지처(Notify Party)
- 화물수취장소(Place of Receipt)
- 본선명(Ocean Vessel)
- 선적항(Port of Loading)
- 양륙항(Port of Discharge)
- 도착지(Place of Delivery)
- 상품명세(Description of Goods)

  **※ 품명, 수량, 중량, 컨테이너 개수, 하자(荷姿) 등**

- B/L 발행매수 **※ 통상은 3부**
- B/L 발행지 장소와 발행일(Place and Date of B/L issue)
- 운송인 선박회사의 사인(Signature)
- 선적 연월일과 본선의 서명(Laden on Board the Vessel)

  **※ On Board Notation: 수취선하증권에 선적 후 〈Laden on Board the Vessel〉 칸에 선적일을 기재하는 선적확인문구를 말하며, On Board Notation이 있는 수취선하증권은 선적선하증권이 된다.**

## 선하증권 발행과 그 흐름

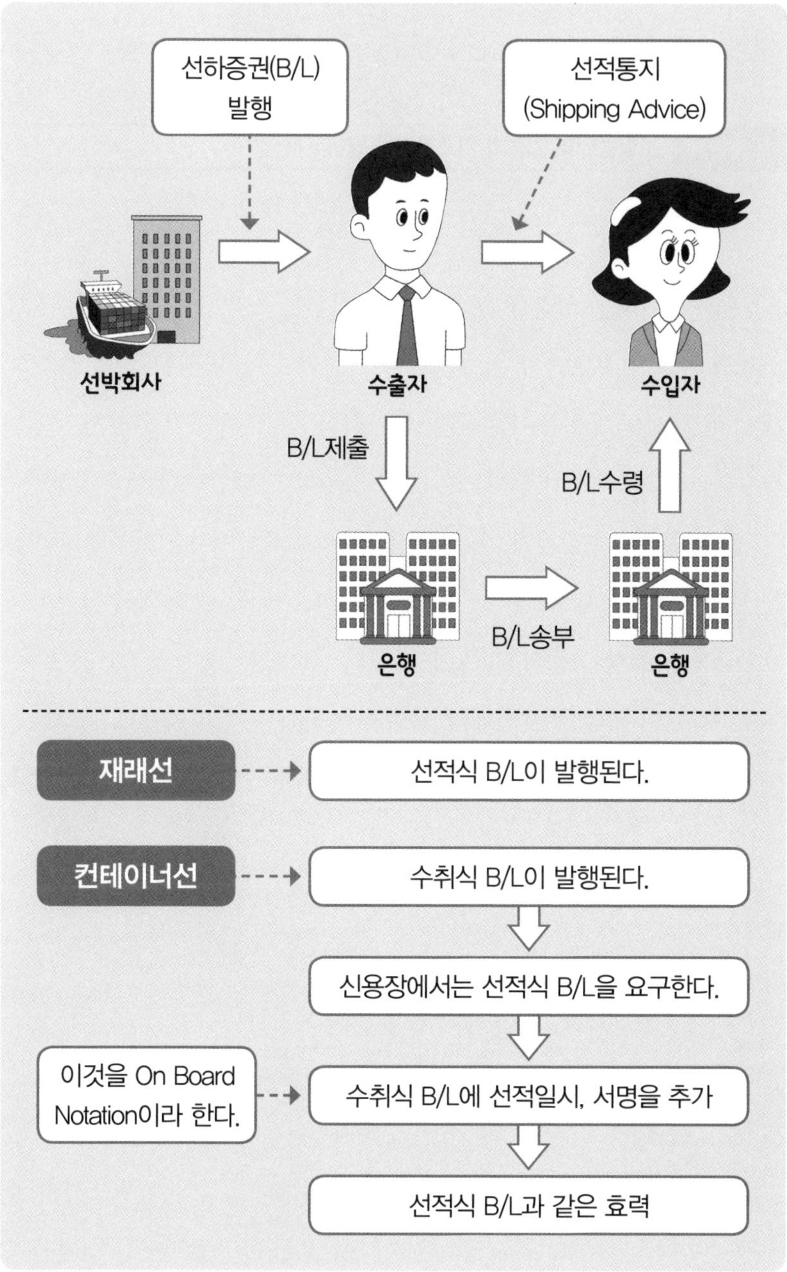

선하증권(B/L) 발행
선적통지 (Shipping Advice)
선박회사
수출자
수입자
B/L제출
B/L수령
B/L송부
은행
은행
재래선
선적식 B/L이 발행된다.
컨테이너선
수취식 B/L이 발행된다.
신용장에서는 선적식 B/L을 요구한다.
이것을 On Board Notation이라 한다.
수취식 B/L에 선적일시, 서명을 추가
선적식 B/L과 같은 효력

# 보험증권(Insurance Policy)은 어떤 기능을 할까

**학습과제** 보험증권의 기능과 기재항목을 알아두자.

무역거래에서는 상품을 장기간·장거리 이동시키고 운송하기 때문에 화물의 손실이나 도난, 유실, 화재, 사고, 선박 침몰, 비행기 추락, 해충 피해 등 운송 도중에 상품이 손해를 받는 위험성을 커버하기 위해서 보험이 필수다. 이것이 해상보험(Marine Insurance)이다. 해상보험은 거래조건이 CIF일 경우에는 수출자가 가입하게 된다. 보험계약자가 지불하는 보험료는 보험금액에 보험요율(Rate of Insurance Premium)을 곱해서 산정한다. 보험금액은 통상 상품의 CIF/CIP 가격의 110%다.

보험증권의 기능은 보험계약 성립의 증거서류, 선적서류의 구성요소, 보험클레임 시 제출서류 등이며, 보험증권에서 기재항목은 다음과 같다.

**기재항목**

- 피보험자에 관한 정보 ·········· 피보험자나 인보이스 번호
- 보험의 대상물에 관한 정보 ····· 상품명, 포장상태
- 운송수단에 관한 정보 ·········· 선명(항공기 편명), 선적항, 선적일, 도착지
- 보험조건에 관한 정보 ·········· 보험기본조건, 전쟁약관 등의 특약, 보험금액, 보험구간, 보험구상 대리인 등

# 보험증권

## GLOBAL MARINE INSURANCE CO., LTD

73Gil 13, SEOCHODAERO, SEOCHO-KU, SEOUL, KOREA
Tel : (02)574-7896 e-mail : global@gminsurance.co.kr

## MARINE CARGO INSURANCE POLICY

<table>
<tr><td colspan="3">Assured(s), etc. SEINE TRADING CO., LTD.</td></tr>
<tr><td colspan="2">Policy No.<br>UV987124</td><td>Ref. No. INVOICE NO. SE627/2016<br>L/C NO. E06315</td></tr>
<tr><td colspan="2">⑤Claim, if any, payable at :<br>KANJA CORPORATION<br>4-10-7, SHINYOKOHAMA, KOHOKU-KU<br>YOKOHAMA, KANAGAWA, JAPAN<br><br>⑥Claim are payable in the USD CURRENCY</td><td>Amount insured<br>USD ********** 58,410.00<br>INVOICE<br>USD ************* 53,100.00 x<br>110.0000%</td></tr>
<tr><td colspan="2">⑧Survey should be approved by :</td><td rowspan="5">Conditions Subject to the following Clauses as per back hereof or as attached<br><br>Institute Cargo Clauses A/R<br>Institute War Clauses<br>Institute SRCC Clauses (Institute Strike Clauses for use only with New Marine Policy Form)<br>Special Replacement Clause (applying to machinery)<br>On Deck Clause<br>Institute Radioactive Contamination Exclusion Clause<br>INSTITUTE WAR CLAUSES (CARGO)<br>INSTITUTE STRIKES, RIOTS & CIVIL COMMOTIONS CLAUSES<br>COMPUTER MILLENIUM CLAUSE<br>-WITH NAMED PERIL EXTENTION CLAIMS TO BE PAYABLE IN JAPAN IN THE CURRENCY OF THE DRAFT(S).</td></tr>
<tr><td>Local Vessel or Conveyance</td><td>From(interior port or place of loading</td></tr>
<tr><td>Ship or Vessel called the<br>Pan Korea<br>(voyage No. 123)</td><td>Sailing on or about<br>June 27, 2016</td></tr>
<tr><td>at and from<br>KOREA (BUSAN)</td><td>Transhipped at</td></tr>
<tr><td>arrived at<br>YOKOHAMA PORT, JAPAN</td><td>thence to</td></tr>
<tr><td colspan="3">Goods and Merchandises<br>ATTACHED : INVOICE<br>C/NO. 1-300 Electric Drill (ACT-100M) 300sets<br>C/NO.301-600 Electric Grinder (PD-6K) 300sets</td></tr>
<tr><td colspan="3">JUNE 27, 2016 NO. OF POLICES ISSUED TWO</td></tr>
</table>

# 환어음(Bill of Exchange)은 무엇일까

**학습과제** **환어음의 중요도 및 작성에 관해 이해하자.**

수출자는 선적이 완료되면 수출대금을 회수하기 위해 매입(Negotiation) 서류를 작성한다. 신용장 거래의 경우는 신용장의 지시에 따라 환어음을 비롯해 신용장에서 요구하는 다른 서류를 필요 부수대로 작성한다.

환어음은 수출자가 매입을 의뢰할 때 작성하는 중요한 서류다. 환어음은 실수를 허용하지 않는다. 특히 L/C거래일 때는 L/C와 대조해서 완벽하게 작성해야 한다. 통상 환어음은 같은 내용으로 2부를 작성한다. 작성한 후에는 금액이나 철자에 잘못이 없는지 확인한 뒤 은행에 제출한다. 이 은행을 매입은행이라 한다.

**환어음의 기재사항**

- 어음번호
- 어음금액
- 어음발행지
- 어음발행일
- 어음의 수취인
- 수입자명
- 신용장번호 및 발행일
- 신용장발행은행명
- 지급인
- 수출자명(발행인)

# 환어음

## BILL OF EXCHANGE

NO. XXXX **BILL OF EXCHANGE** JUNE 28, 2016, SEOUL, KOREA
FOR US$53,100.00

AT XXX SIGHT OF THIS FIRST BILL OF EXCHANGE (SECOND OF THE SAME TENOR AND DATE BEING UNPAID) PAY TO SEOUL BANK, OR ORDER THE SUM OF US DOLLARS FIFTY THREE THOUSAND ONE HUNDRED ONLY

VALUE RECEIVED AND CHARGE THE SAME TO ACCOUNT OF KANJA CORPORATION, 4-10-7, SHINYOKOHAMA, KOHOKU-KU, YOKOHAMA, KANAGAWA, JAPAN

DRAWN UNDER BANK OF JAPAN
L/C NO. E06315 DATE MARCH 28, 2016

TO BANK OF JAPAN
4, YOTSUYA 3-CHOME,
SHINJUKU-KU, TOKYO, JAPAN

SEINE TRADING CO., LTD.
발행인 서명

# 신용장 내용을 바탕으로 필요서류 작성하기

| 학습과제 | 신용장조건 거래에서 환어음 매입서류는 신용장 내용과 일치해야 하므로 서류작성에 유의하자. |
| --- | --- |

## 신용장 내용을 바탕으로 인보이스 작성

**주의점**

수출자는 신용장의 내용에 따라 인보이스를 작성한다. 작성할 때 포인트를 알아두자.

상품명세의 명기에 관해서

인보이스를 작성할 때 상품명세는 신용장에 명기된 대로 기재하는 것이 중요하다. 신용장에는 Electric Drill ACT-100M 300sets, Electric Grinder PD-6K 300sets로 되어 있으므로 이대로 기재한다.

L/C No. 기재

신용장에는 ALL DOCUMENTS MUST BEAR OUR CREDIT NUMBER.로 명기되어 있으므로 인보이스에 신용장번호인 E06315를 반드시 기재한다.

## 신용장 내용에 따라 인보이스 작성

+SIGNED COMMERCIAL INVOICE IN QUINTUPLICATE
45A : Description of Goods and/or Services :
Electric Drill ACT-100M 300sets
Electric Grinder PD-6K 300sets
47A : Additional Conditions
+ALL DOCUMENTS MUST BEAR OUR CREDIT NUMBER.
+ALL DOCUMENTS REQUIRED UNDER THIS L/C MUST BE ISSUED IN ENGLISH LANGUAGE.

COMMERCIAL INVOICE

| | |
|---|---|
| Shipper/Exporter<br>SEINE TRADING CO., LTD.<br>43, NONHYEON-RO 2GIL, KANGNAM-KU, SEOUL, KOREA | Invoice No. and Date<br>SE-627/2016 June 25, 2016<br>L/C No. and Date<br>E06315 March 28, 2016 |
| Consignee<br>TO THE ORDER OF BANK | Buyer(if other than consignee)<br>KANJA CORPORATION<br>4-10-7, SHINYOKOHAMA, KOHOKU-KU<br>YOKOHAMA, KANAGAWA, JAPAN |
| vessel or On or about<br>Pan Korea(Voyage No. 123) Jun. 27, 2016 | Other reference |
| From Via<br>Busan, Korea | Payment Terms<br>irrevocable L/C at sight |
| To<br>Yokohama port, Japan | Country of Origin<br>Republic of Korea |

| Marks and Nos. | Description of Goods | Quantity | Unit Price | Amount |
|---|---|---|---|---|
| | Electric Drill (ACT-100M) | 300sets | US$112.00 | US$33,600.00 |
| | Electric Grinder (PD-6K) | 300sets | US$65.00 | US$19,500.00 |
| | Total : CIF Yokohama port | | | US$53,100.00 |

KANJA
YOKOHAMA
C/NO. 1-600
KOREA

Seine Trading Co., Ltd.

Young K. Kwon
President

필요 부수

신용장에는 SIGNED COMMERCIAL INVOICE IN QUINTUPLICATE로 되어 있으므로 수출자는 은행에 매입의뢰 서류를 작성할 때 인보이스를 5부 작성해야 한다.

기타 주의사항

인보이스의 금액은 신용장 금액을 초과할 수 없으므로 바르게 기재되었는지, 통화단위나 금액표시·철자에 오류는 없는지 확인한다. 그 외에도 신용장에서 요구하는 사항은 없는지 확인한 후 작성한다. 이번 신용장에는 ALL DOCUMENTS REQUIRED UNDER THIS L/C MUST BE ISSUED IN ENGLISH LANGUAGE.로 되어 있으므로 인보이스도 당연히 영어로 작성해야 한다.

**알아두자**

## 수출통관은 관세사에게 의뢰하는 것이 일반적

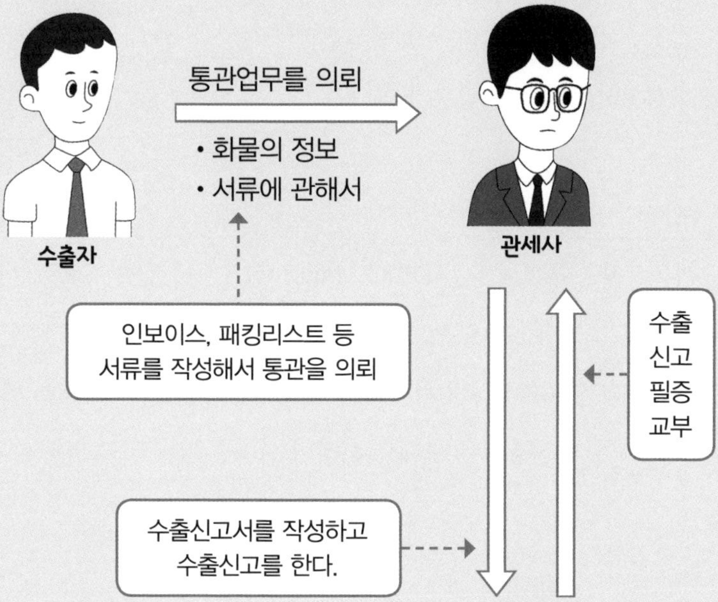

### 수출신고 수속의 흐름

□ 관세청 전자통관시스템인 UNI-PASS를 이용해서 통관수속이 이루어진다.

⇩

□ 유니패스 단말에 수출신고 내용을 신고

⇩

□ 세관은 유니패스 단말에서 수출신고를 수리한다.

## 선하증권이 신용장 내용대로 작성되었는지 확인

### 주의점

수출자는 선박회사로부터 선하증권을 받으면 신용장 내용대로 작성되었는지 신속하게 확인할 필요가 있다.

CONSIGNEE

신용장에는 BILL OF LADING MADE OUT TO THE ORDER OF BANK로 명기되어 있으므로 B/L의 Consignee 칸에는 TO THE ORDER OF BANK라고 기재하는 지시식 선하증권을 작성하도록 요구하고 있다. 신용장 요구대로 지시식 선하증권이 필요하다.

NOTIFY

신용장에는 NOTIFY APPLICANT.로 명기되어 있으므로 Notify Party(도착화물 통지처) 칸에 신용장 개설의뢰인(Applicant)인 KANJA CORPORATION을 기재한다. 주소도 신용장에 명기된 대로 기재하는 것이 중요하다.

B/L 부수

신용장에는 FULL SET OF CLEAN ON BOARD BILL OF LADING으로 되어 있으므로 신용장 요구대로 선하증권이 발행되었는지 확인한다. FULL SET란 통상 3부를 말한다.

# 신용장 내용과 대조해서 선하증권 확인

+FULL SET OF CLEAN ON BOARD BILL OF LADING MADE OUT TO THE ORDER OF BANK AND BLANK ENDORSED FREIGHT PREPAID AND NOTIFY APPLICANT.

| | |
|---|---|
| Shipper<br>SEINE TRADING CO., LTD.<br>43, NONHYEON-RO 2GIL, KANGNAM-KU,<br>SEOUL, KOREA | B/L No. XYZ-BUS06272016SK |
| Consignee<br>TO THE ORDER OF BANK | XYZ SHIPPING CO., LTD.<br><br>BILL OF LADING |
| Notify Party<br>KANJA CORPORATION<br>4-10-7, SHINYOKOHAMA, KOHOKU-KU<br>YOKOHAMA, KANAGAWA, JAPAN | RECEIVED in apparent order and condition<br><br>Flag<br>KOREA |
| Pre-carriage by / Place of Receipt: Yokohama port, Japan<br>Vessel/Voyage No. Pan Korea/123 | SEE TERMS ON REVERSE |

| Port of Loading | Port of Discharge | Place of Delivery | Final Destination |
|---|---|---|---|
| Busan port, Korea | Yokohama port, Japan | Yokohama port, Japan | |

| Container. No. | Seal No. | No. of Package | Description of Goods | gross weight | measurement |
|---|---|---|---|---|---|
| XSCL 2016827 | 14379 | 300CTNS | Electric Drill 300sets (ACT-100M) | 600kg | 14.4CBM |
| | | 300CTNS | Electric Grinder 300sets (PD-6K) | 540kg | 14.4CBM |
| | Total : | 600CTNS | | 1,140kg | 28.8CBM |

| Freight and charges | Revenue tons | Rate | Per | Prepad | Collect |
|---|---|---|---|---|---|
| | | | | | |

| Freight Prepaid at | Freight Payable at | Place of issue |
|---|---|---|
| SEOUL, KOREA | | SEOUL, KOREA |
| **Total prepaid in** | **No. of Original B/L** | **Date of Issue** |
| | THREE(3) | Jun. 27, 2016 |

| | |
|---|---|
| Laden on Board the Vessel<br>Date : Jun. 27, 2016<br>By ______________________ | XYZ SHIPPING CO., LTD.<br>By ______________________<br>as Carrier |

백지이서(백지배서)

신용장에는 BLANK ENDORSED로 되어 있으므로 수출자는 선하증권의 이면에 백지이서를 한다.

B/L DATE

신용장에는 B/L DATE에 대한 언급이 없으므로 선적일을 B/L DATE로 하는 것이 일반적이다.

알아두자

## 선복예약 방법과 배의 종류

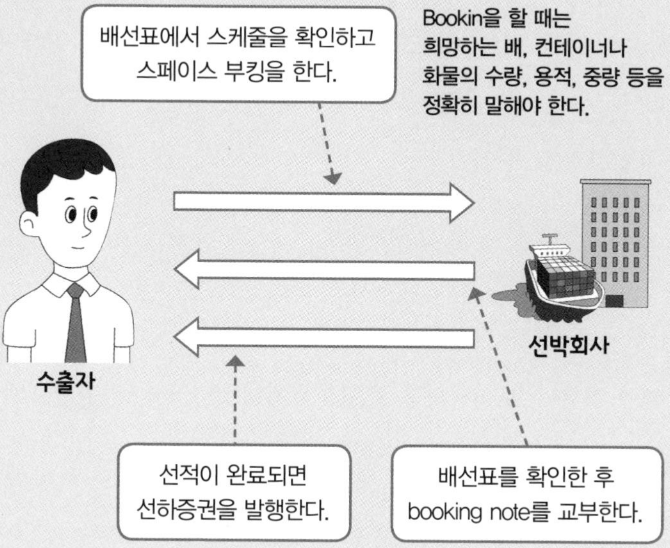


### 정기선과 부정기선의 특징

| | 정기선 | 부정기선 |
|---|---|---|
| 형식의 특징 | 소형으로 고속 | 대형으로 저속 |
| 배의 형태 | 컨테이너선 | Tanker 등의 전용선이 많다. |
| 스케줄 | 배선표의 스케줄에 따라 운항 | 배선표의 스케줄에 따르지 않는다. |
| 운임 | 기본적으로 해운동맹이 정한 운임률에 따른다. | 상시 변동 |
| 주요 화물의 종류 | 소량화물 | 대량화물 |

※ 정기선(Liner)은 1회의 거래수량이 100톤과 같은 소량화물에 이용되고, 부정기선(Tramper)은 대량화물이나 광석, 석탄, 곡물 등의 화물에 이용된다.

## 보험증권이 신용장 내용대로 작성되었는지 확인

### 주의점

수출자는 거래조건이 CIF인 경우 선적 전에 해상보험에 가입해야 한다. 보험회사로부터 보험증권을 받으면 신용장 내용대로 작성되었는지 신속하게 확인할 필요가 있다.

보험금액

L/C에는 110 PCT OF THE INVOICE VALUES로 되어 있으므로 이를 확인한다. 보험금액은 보험회사에서 보상하는 최고한도액이다.

보험커버 범위

L/C에는 COVERING: THE INSTITUTE CARGO CLAUSES(ALL RISKS) INCLUDING WAR RISKS AND S.R.C.C.로 되어 있다. 전쟁위험과 동맹파업위험을 포함한 전위험담보조건을 커버하는지 확인한다.

백지이서(백지배서)

L/C에는 ENDORSED IN BLANK로 되어 있으므로 수출자는 보험증권의 이면에 백지이서를 한다.

그 밖에 주의점

보험기간(Duration of coverage), 보험계약자(Applicant, policy holder), 피보험자(Insurerd) 등에 관해 확인한다.

## 신용장 내용을 바탕으로 보험증권 확인

INSURANCE POLICY IN DUPLICATE ENDORSED IN BLANK FOR 110 PCT OF THE INVOICE VALUES COVERING: THE INSTITUTE CARGO CLAUSES(ALL RISKS) INCLUDING WAR RISKS AND S.R.C.C.

**GLOBAL MARINE INSURANCE CO., LTD**
73Gil 13, SEOCHODAERO, SEOCHO-KU, SEOUL, KOREA
Tel : (02)574-7896  e-mail : global@gminsurance.co.kr

**MARINE CARGO INSURANCE POLICY**

| | | | |
|---|---|---|---|
| Assured(s), etc. SEINE TRADING CO., LTD. | | | |
| Policy No.<br>UV987124 | | Ref. No. INVOICE NO. SE627/2016<br>L/C NO. E06315 | |
| ⑤Claim, if any, payable at :<br>KANJA CORPORATION<br>4-10-7, SHINYOKOHAMA, KOHOKU-KU<br>YOKOHAMA, KANAGAWA, JAPAN<br><br>⑥Claim are payable in the USD CURRENCY | | Amount insured<br>USD ********** 58,410.00<br>INVOICE<br>USD ************* 53,100.00 x<br>110.0000% | |
| ⑧Survey should be approved by : | | Conditions Subject to the following Clauses as per back hereof or as attached<br><br>Institute Cargo Clauses A/R<br>Institute War Clauses<br>Institute SRCC Clauses (Institute Strike Clauses for use only with New Marine Policy Form)<br>Special Replacement Clause (applying to machinery)<br>On Deck Clause<br>Institute Radioactive Contamination Exclusion Clause<br>INSTITUTE WAR CLAUSES (CARGO)<br>INSTITUTE STRIKES, RIOTS & CIVIL COMMOTIONS CLAUSES<br>COMPUTER MILLENIUM CLAUSE<br>-WITH NAMED PERIL EXTENTION CLAIMS TO BE PAYABLE IN JAPAN IN THE CURRENCY OF THE DRAFT(S). | |
| Local Vessel or Conveyance | From(interior port or place of loading | | |
| Ship or Vessel called the<br>Pan Korea<br>(voyage No. 123) | Sailing on or about<br>June 27, 2016 | | |
| at and from<br>KOREA (BUSAN) | Transhipped at | | |
| arrived at<br>YOKOHAMA PORT, JAPAN | thence to | | |
| Goods and Merchandises<br>ATTACHED : INVOICE<br>C/NO. 1-300 Electric Drill (ACT-100M) 300sets<br>C/NO.301-600 Electric Grinder (PD-6K) 300sets | | | |
| JUNE 27, 2016 | NO. OF POLICES ISSUED TWO | | |

## 신용장 내용대로 환어음 작성

### 주의점

수출자는 선적이 완료되면 수출대금을 회수하기 위해 은행에 매입의뢰할 서류를 작성한다. 환어음은 신용장 내용을 확인한 후 작성해야 한다.

어음금액

L/C에는 별도 언급이 없으므로 어음금액은 인보이스 금액인 USD 53,100.00라고 기재한다. 환어음 중앙부의 the sum of 다음에 이 금액을 영문으로 기재한다. 이것이 가장 중요하며, 영문 철자에 실수가 없도록 유의해야 한다.

지불기일

L/C에는 'Drafts at ... : SIGHT'로 되어 있으므로 환어음의 AT와 SIGHT 사이의 빈 공간을 xxxx로 하면 AT SIGHT가 된다.

수취인

L/C에는 'Drawee : BANK OF JAPAN'으로 되어 있으므로 환어음 하단의 TO가 있는 부분에 BANK OF JAPAN이라 기재한다.

발행인

환어음을 발행하는 사람은 통상 수출자가 된다. 환어음 오른쪽 하단에 SEINE TRADING CO., LTD.라고 기재한다.

## 신용장 내용대로 환어음 작성

32B : Currency Code, Amount : USD53100.00
41D : Available With ... By ... : ANY BANK IN REPUBLIC OF KOREA
BY NEGOTIATION
42C : Drafts at ... : SIGHT
42D : Drawee : BANK OF JAPAN

**BILL OF EXCHANGE**

NO. XXXX **BILL OF EXCHANGE** JUNE 28, 2016, SEOUL, KOREA
FOR US$53,100.00

AT XXX SIGHT OF THIS FIRST BILL OF EXCHANGE (SECOND OF THE SAME TENOR AND DATE BEING UNPAID) PAY TO SEOUL BANK, OR ORDER THE SUM OF US DOLLARS FIFTY THREE THOUSAND ONE HUNDRED ONLY

VALUE RECEIVED AND CHARGE THE SAME TO ACCOUNT OF KANJA CORPORATION, 4-10-7, SHINYOKOHAMA, KOHOKU-KU, YOKOHAMA, KANAGAWA, JAPAN

DRAWN UNDER BANK OF JAPAN
L/C NO. E06315 DATE MARCH 28, 2016

TO BANK OF JAPAN
4, YOTSUYA 3-CHOME,
SHINJUKU-KU, TOKYO, JAPAN

SEINE TRADING CO., LTD.
발행인 서명

# 원산지증명서(Certificate of Origin)는 어디서 발급받을까

**학습과제** **원산지증명서의 종류와 발급기관을 알아두자.**

원산지증명서는 수출입품의 국적을 증명하는 서류로 수출지의 상공회의소나 관청, 수출국 소재 수입국영사관 등에서 발행한다. 원산지증명서는 수입국의 법률이나 규칙에 근거해서 필요한 경우가 있으며, 수입관세율 확정 등의 역할이 있다. 원산지증명서의 종류로는 일반용 원산지증명서, 관세양허 원산지증명서, FTA 원산지증명서 등이 있다.

**일반용 원산지증명서**: 상공회의소에서 웹 인증시스템이나 EDI를 이용해 전자문서로 발급한다.

**관세양허 원산지증명서**: 상공회의소와 세관에서 웹 인증시스템으로 발급한다. 종류로는 GSP, GSTP, GATT, APTA 등이 있다.

**FTA 원산지증명서**: FTA에 따라 발급되는 원산지증명서로 협정국 간의 저율관세 및 무관세 혜택을 적용받는 특혜관세 원산지증명서다. 협정국별 발급방식 및 양식이 상이하므로 전문가에게 문의하거나 웹 인증시스템을 이용하여 협정에서 정해진 발급방식에 따라 기관발급을 받거나 자율발급을 해서 사용한다.

# 원산지증명서

| | |
|---|---|
| 1. Seller | ORIGINAL<br>CERTIFICATE OF ORIGIN<br>issued by<br>THE KOREA CHAMBER OF<br>COMMERCE & INDUSTRY<br>Seoul, Republic of Korea<br><br>원 산 지 증 명 서<br>대한상공회의소 |
| 2. Consignee | |
| | 4. Buyer (if other than consignee) |
| 3. Particulars of Transport<br>(where required) | 5. Country of Origin |
| | 6. Invoice Number and Date |

| 7. Shipping Marks | 8. Number and kind of Packages | Description of Goods | 9. Gross weight or Other Quantity |
|---|---|---|---|
| | | | |

| | |
|---|---|
| 10. Other Information | The Korea Chamber of Commerce &Industry hereby certifies, on the basis of relevant invoice and other documents, that the above mentioned goods originate in the country shown in column 5.<br><br>THE KOREA CHAMBER OF COMMERCE & INDUSTRY |

# 그 밖에 수출입에 관련된 서류를 알아두자

**학습과제** **선적에 관련된 서류들을 알아두자.**

Delivery Order(D/O, 화물인도지시서)

선박회사 또는 그 대리인이 화물의 인도를 지시하기 위하여 본선의 선장 앞으로 발행하는 서류를 말한다. 수입자가 은행에서 수령한 선적서류를 선박회사에 제시하면 적하목록이나 운임표 등이 정확한지 대조하고, 운임 후지급인 경우에는 운임을 정산한 후 발급하게 된다. 컨테이너의 경우 선사가 화물보관인 CY, CFS 운영업체(Operatior)에 D/O 지참인에게 화물을 인도할 것을 지시하는 서류다.

Shipping Order(S/O, 선적지시서)

선박회사가 선적 예정인 본선 선장 앞으로 선적을 지시하는 서류다. 재래선에서만 적용되는 서류로 송하인(수출자)의 대행인 포워더가 작성해서 선박회사에 제출한다. 제출받은 선박회사는 부킹과 대조 등 일정 사항을 확인한 후 서명해서 포워더에게 되돌려준다. 포워더는 서명된 선적지시서를 화물과 같이 본선으로 가져간다.

Mate's Receipt(본선수취증)

수출화물을 재래선에 선적할 때의 서류로, 화물이 문제없이 선적된 후에 본선의 선장(Mate)이 발행하는 화물수령증이다. 컨테이너선의 Dock Receipt(부두수취증)에 상당하는 서류다. 본선화물수령증이라고도 한다.

### Dock Receipt(D/R, 부두수취증)

재래선의 본선수취증에 해당하는 서류로 컨테이너 운항선사가 화물 수령증으로 발행하는 서류다. 선박회사나 선박회사의 대리인이 선사의 규정 양식을 사용하여 화물이 CY나 CFS에 반입될 때 발급한다. 수취한 화물에 과부족, 손상 등이 있을 때는 Dock Receipt 적요란에 그 사실을 기재한다. 부두수령증이라고도 한다.

### Cargo Boat Note

재래식 운송에서 본선으로부터 화물을 내릴 때 화주가 본선에 제출하는 화물수취증의 일종을 가리키는 말이다. 여기에는 화물의 명세, 양륙일, 하인(荷印), 개수, 물품명, 선박명, 화물 상태 등이 기재된다.

### Shipping Advice(S/A, 선적통지)

선적 완료 후 수출자가 수입자에게 선적을 알리는 서류의 하나로 주문번호, 품명, 수량, 금액, 선명, 출항일, 도착예정일, B/L No. 등 선적의 명세를 기재한다. 선적안내서(Shipping information)라고도 한다. 선적통지를 보내는 시점은 출항일이 정해지면 바로 보내는 것이 좋다.

### Arrival Notice(A/N, 화물도착안내서)

해상운송에서 본선이 도착하면 선박회사나 대리점이 수하인(Consignee)

또는 화물도착통지처(Notify Party) 앞으로 화물의 도착을 통지하는 서류를 말한다. 화물도착안내서를 수하인이 수령하면 그때부터 관세사와 포워더에게 수입통관과 화물인수를 각각 의뢰한다.

**Shipping Request(S/R, 선적요청서)**

수출자가 화물의 선적을 예약하기 위해 선박회사에 보내는 서류다. 수출자는 선박회사와 일단 전화 등으로 선복예약(Space booking)을 한 후 해당 선박회사의 선적신청서(S/R) 양식에 선적사항을 기재한 다음 이를 선사에 송부하여 서명을 받는다. 이와 같은 선적요청서는 통상 무역운송실무상 운송계약에 갈음하여 사용한다. 한편 Shipping Instruction(S/I, 선적의뢰서)은 수출자가 화물의 선적업무를 항만업체에 대행시킬 때 제출하는 화물 반출·선적사항을 기재한 의뢰서를 말한다.

**수출환어음매입신청서(Application for Negotiation)**

수출자가 은행에 환어음 매입을 의뢰할 때 제출하는 서류 중 하나다. 매입의뢰의 내용, 제출하는 서류의 종류와 부수를 기입한 것이다. 수출자는 매입은행* 소정의 환어음을 작성하고 동시에 이 매입신청서도 작성해야 한다.

**용적중량증명서(Certificate and List of Measurement and/or Weight)**

상업송장(Commercial Invoice)의 부속서류로 각 포장당 용적과 총중량의 명세서다. 검량기관의 검량 결과에 따라 작성된다. 이 검량된 용적과 중량은 해상운임 산정의 기초가 된다.

알아두자

## 보험 구약관(ICC)에 의한 기본적인 보험조건과 전보되는 손해

전보(塡補)범위는 FPA → WA → A/R의 순으로 넓어진다. 전쟁이나 스트라이크 등의 비상시를 커버하는 것으로는 추가담보로서 별도 신청을 해야 한다.

| | | | 분손부담보 (FPA) | 분손담보 (WA) | 전위험담보 (A/R) |
|---|---|---|---|---|---|
| 공동해손 | | | 이 범위까지 커버 | 단독해손은 전부 커버 | 모든 리스크를 커버 |
| 단독해손 | 비용손해 | | | | |
| | 전손 | 현실전손 | | | |
| | | 추정전손 | | | |
| | 분손 | 특정분손 | | | |
| | | 그 외의 분손 | × | | |
| 추가담보 | 평상시 | 각종 부가위험 | ◎ | ◎ | |
| | 비상시 | 전쟁위험 | ◎ | ◎ | ◎ |
| | | 스트라이크 위험 | ◎ | ◎ | ◎ |

# 신용장 거래의 흐름을 자세히 알자

**학습과제** **수출대금 지불조건이 신용장이면 그 흐름을 구체적으로 이해하자.**

신용장 조건 거래에서 비즈니스의 흐름을 구체적으로 이해하는 것이 중요하다. 그 흐름은 다음과 같다.

❶ SEINE TRADING CO., LTD.와 일본의 KANJA CORPORATION 사이에 수출입 계약이 체결된다.
❷ KANJA CORPORATION은 거래은행인 BANK OF JAPAN에 신용장 개설을 의뢰한다.
❸ BANK OF JAPAN은 신용장을 개설하고 SEOUL BANK 앞으로 송부한다.
❹ SEOUL BANK는 신용장 수익자인 SEINE TRADING CO., LTD.에 신용장의 도착을 통지한다.
❺ 신용장을 수령한 SEINE TRADING CO., LTD.는 신용장 내용을 확인한 후 수출상품 확보에 들어간다. 아울러 선박회사에 선복예약을 하는 등 선적준비를 한다.
❻ SEINE TRADING CO., LTD.는 선적이 완료되면 선박회사로부터 선하증권을 수령한다. 환어음 및 수출환어음 매입신청서를 작성하여 SEOUL BANK에 환어음 매입을 의뢰한다.

## 신용장 거래의 구체적 흐름

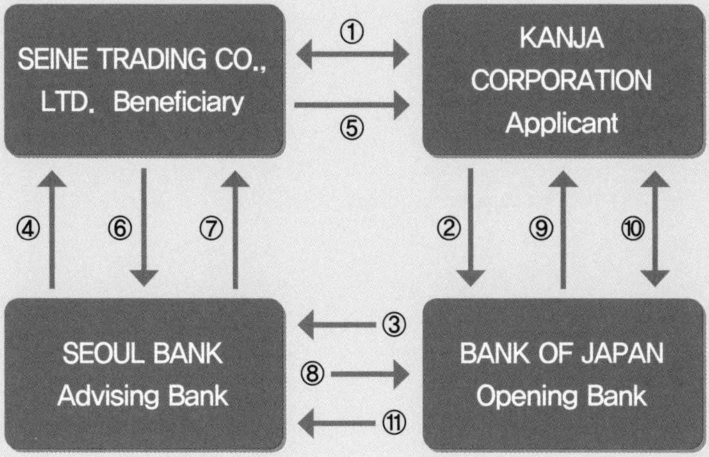


① 수출입 매매계약
② 신용장 개설의뢰
③ 신용장 송부
④ 신용장 도착 통지
⑤ 선적
⑥ 환어음 매입의뢰
⑦ 수출대금 수령
⑧ 환어음 및 선적서류 송부
⑨ 선적서류 도착 통지
⑩ 수입대금(환어음) 결제 및 선적서류 수령
⑪ 환어음 대금지불

❼ SEOUL BANK는 환어음과 선적서류의 내용을 신용장과 대조 확인하고 SEINE TRADING CO., LTD.에 어음대금을 지급한다.

❽ SEOUL BANK는 환어음과 선적서류를 BANK OF JAPAN으로 송부한다.

❾ 선적서류를 수령한 BANK OF JAPAN은 검토한 다음 문제가 없으면 수입자인 KANJA CORPORATION에 선적서류가 도착했다고 알린다.

❿ KANJA CORPORATION은 환어음(수입대금)을 결제한 후 선적서류를 수령한다.

⓫ BANK OF JAPAN은 SEOUL BANK에 어음대금을 지불한다.

⓬ KANJA CORPORATION은 선하증권 등 선적서류를 선박회사에 제출하고 수입상품을 수령한다.

알아두자

## 신용장 종류 및 신용장의 메리트

### 신용장의 종류

취소불능신용장(Irrevocable L/C): 한번 개설되면 그 유효기간 중에는 관계 당사자 전원의 합의가 없는 한 취소할 수 없는 신용장. 취소가능신용장은 Revocable L/C이다.

확인신용장(Confirmed L/C): 신용장의 신용을 높일 목적으로 신용장 발행은행 외에 국제적으로 신용도가 높은 은행의 지불 확약도 받은 신용장

매입은행지정신용장(Restricted L/C): 신용장의 매입은행이 지정된 신용장. 지정되어 있지 않은 신용장은 Non-restricted L/C라 한다.

회전신용장(Revolving L/C): 어음을 결제하면 같은 금액의 신용장이 자동적으로 갱신되는 신용장. 계속적인 거래 등에 사용된다.

신용장은 상기 이외에도 여러 종류가 있다.

### 신용장의 메리트

신용장은 수출자, 수입자 쌍방에 각각 다음과 같은 메리트가 있다.

| 수출자의 메리트 |
|---|

① 대금회수 리스크를 피할 수 있다.
- 신용장 조건대로 서류를 제출하면 대금지불이 확약된다.

② 자금부담 리스크를 피할 수 있다.
- 선적과 거의 동시에 대금을 회수하는 것이 가능하다.

| 수입자의 메리트 |
|---|

① 자금부담 리스크를 덜 수 있다.
- 선불로 하는 것보다도 자금 부담이 경감된다.
- 먼저 상품을 매각하고 그 대금으로 은행 결제를 하는 것도 가능하다.

② 상품 수령 리스크를 덜 수 있다.
- 수출자에게 신용장 조건에 맞는 서류의 제출을 요구하고 계약대로 거래할 것을 의무화하게 된다.

# 서류 작성자와
# 서류의 종류를 이해하자

**수출자가 작성하는 서류**

- 선적 및 통관을 의뢰할 때 작성하는 서류

**포인트**

신용장 거래의 경우 신용장 내용에 따라 서류를 정확하게 작성하는 것이 중요하다.

## 수출자가 작성하는 서류

– 선적 완료 후 대금회수를 위해 작성하는 서류

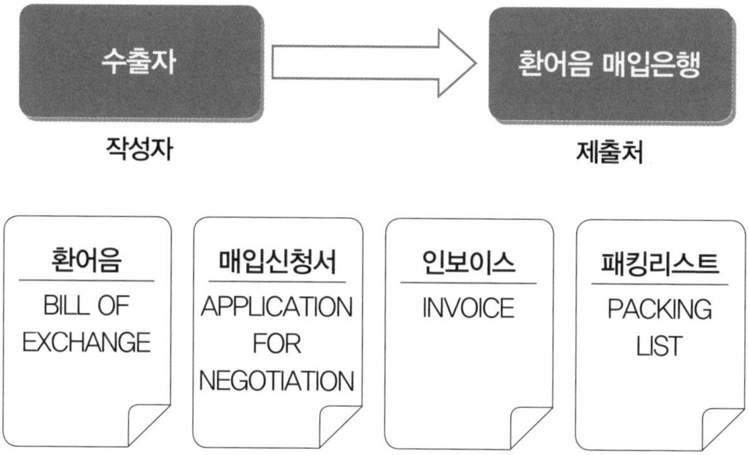


**포인트**

은행에 환어음 매입을 의뢰할 때에는 상기 서류 이외에 선하증권 등 신용장에서 요구하는 서류를 모두 준비해서 신용장 원본과 함께 은행에 제출한다.

**이것이 궁금해요!**

**Q 환어음과 화환어음의 차이는?**

A 환어음은 수출자가 수입자에게 일정 금액을 은행에 지불할 것을 의뢰하는 증권이고, 화환어음은 환어음에 은행매입서류(선적서류 포함)를 첨부한 것을 말한다.

## 관세사가 작성하는 서류

- 수출신고, 수입신고를 할 때 필요한 서류

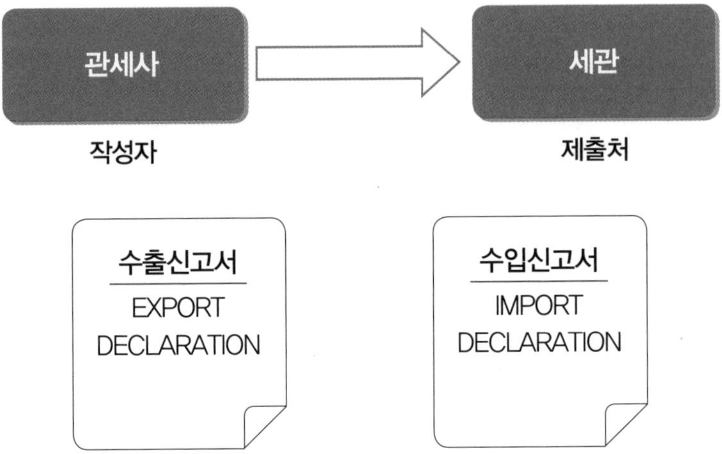


**포인트**
수출입 통관은 통관 전문가인 관세사에게 의뢰하는 것이 일반적이다.

**이것이 궁금해요!**

**Q 유니패스(UNI-PASS)란?**

A 관세청의 전자통관시스템으로, 모든 세관신고 업무를 통합하여 원스톱 처리가 가능한 통합 서비스 시스템이다. 관세청 통관망과 관세사, 운송업체, 은행, 무역업체 및 관련기관 등이 연계되어 있어 신고인은 세관에 '서류 제출 없이' 신고하고 수리결과를 확인해볼 수 있는 시스템이다.

## 포워더가 작성하는 서류
### - 선적수속을 위해 작성하는 서류

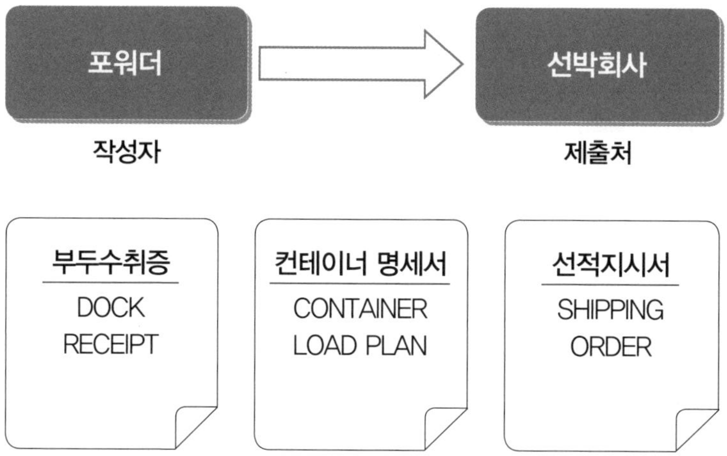


**포인트**

컨테이너선에 선적할 경우에는 부두수취증을 작성하고, 재래선에 선적할 때는 선적지시서를 작성한다.

**이것이 궁금해요!**

**Q 전용선(專用船)의 종류에는 어떤 배가 있나?**

**A** 화물선은 용도에 따라서 다른데, 다음과 같은 종류가 있다.

- **벌크선**: 포장하지 않은 곡물이나 석탄 등을 대량으로 수송한다.
- **오일 탱커(Oil Tanker)**: 내부 탱크에 원유를 저장해서 수송한다.
- **자동차전용선**: 자동차를 운반하기 위해 주차장이 층층으로 되어 있는 배
- **LNG선**: 초저온화한 천연가스를 운반하는 배
- **컨테이너선**: 화물이 실린 컨테이너를 운반하는 배

## 선박회사가 작성하는 서류

### - 수출업무 시, 수입업무 시에 각각 작성하는 서류

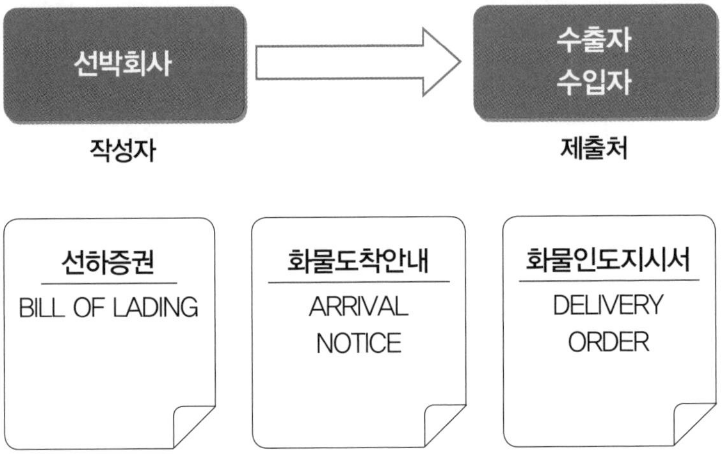


**포인트**

선박회사는 수출자에게 선하증권을 발행한다. 수입자에게는 화물도착안내서를 발행한다. 또 수입자에게 선하증권과 교환으로 화물인도지시서를 발행한다.

**이것이 궁금해요!**

**Q 재래선이라는 명칭의 유래는?**

A 재래선(在來船)은 영어로 〈Conventional Vessel〉이라 한다. 컨테이너에 실을 수 없는 대형 화물이나 중량 화물 등을 싣는 배이다. 컨테이너선이 나오기 전부터 일반적으로 사용되어 왔으며 〈처음부터 있었던 배〉라는 의미에서 재래선이라 부르게 되었다. 크레인으로 화물을 싣고 내리는데, 일반 잡화에서부터 벌크 화물, 플랜트 화물, 차 등 다양한 화물을 운반한다.

## 수입자가 작성하는 서류

### - 신용장 개설을 의뢰할 때 작성하는 서류

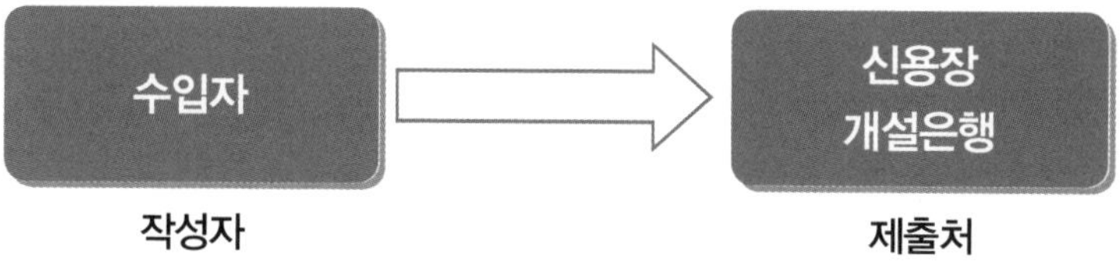


**신용장 개설의뢰신청서**

APPLICATION FOR IRREVOCABLE
DOCUMENTARY CREDIT

**포인트**

수입자는 계약내용을 확실하게 이해한 뒤 신용장 개설의뢰신청서를 작성하여 은행에 제출하고 신용장 개설을 의뢰한다.

**이것이 궁금해요!**

**Q 취소 가능한 신용장도 있는가?**

A 신용장 발행은행이 일방적으로 취소나 변경을 할 수 있는 신용장을 취소 가능 신용장이라 한다. 취소 가능 신용장은 리스크가 높기 때문에 실제 무역거래에서는 사용되지 않는다. 한편 신용장통일규칙(UCP600)에서는 모든 신용장은 '취소불능신용장'이어야 한다고 되어 있다.

## 소자본 무역업 창업과 세금

무역업과 관련한 세금으로는 소득세와 부가가치세가 있다.

**소득세**

소득세에는 개인사업자에게는 (개인)소득세가, 법인(주식회사)사업자에게는 법인(소득)세가 있다.

○ 소득세

개인사업자의 경우 확정신고 기한은 다음 해 5월 말까지, 중간예납기한은 해당 연도 11월 말까지다. 주민세(소득세액의 10%)는 별도다.

○ 법인세

확정신고 및 납부는 12월 말 결산법인인 경우 다음 해 3월 말까지이며 중간예납은 해당 연도 8월 말까지다. 법인의 경우 결산기일을 최초에 1월부터 12월까지 중 임의로 선택할 수 있다. 주민세(법인세액의 10%)는 별도다.

**부가가치세**

부가가치세는 간접세로 세율은 10%다. 기업이 최종적으로 납부할 부가가치세는 매출세액에서 매입세액을 차감공제한 부분이다.

○ 신고기한

부가가치세의 1과세기간은 각 6개월이나 신고 및 납부방식은 분기별로 예정과 확정으로 나누어 한 과세기간에 두 번 신고하도록 다음과 같이 규정되어 있다.

*** 1~3월까지는 1기 예정신고기간이며 신고기한은 4월 25일**
*** 4~6월까지는 1기 확정신고기간이며 신고기한은 7월 25일**
*** 7~9월까지는 2기 예정신고기간이며 신고기한은 10월 25일**
*** 10~12월까지는 2기 확정신고기간이며 신고기한은 다음 해 1월 25일**

※ 다만, 개인사업자의 경우 예정신고기간에는 별도 신고가 필요 없으며 전기납부액의 50% 금액이 고지된다. 예정고지로 납부된 금액은 확정신고 시점에 최종 정산된다. 단, 예정신고기간의 공급가액 또는 납부세액이 직전 과세기간의 공급가액 또는 납부세액의 1/3에 미달하는 자와 조기환급을 받고자 하는 자는 예정신고를 할 수 있다.

※ 세금과 관련해서는 세무서, 세무사(또는 회계사) 사무실에 문의하면 도움을 받을 수 있다.

# 4장

# 무역실무 포인트

수출입을 하는 과정에는 해외시장조사에서부터 해외거래처 발굴, 대금결제 관련 실무에 이르기까지 다양한 실무가 있다. 무역을 하려면 이들 각 실무에 대해 기초적인 지식 정도는 알아야 한다.

무역을 시작할 때 기본적으로 알아야 할 무역실무의 포인트를 현장에서 효과적으로 활용할 수 있도록 확실하게 이해하는 것이 중요하다.

# 해외시장조사는 어떻게 할까

**학습과제** **해외시장조사 항목과 방법을 알아두자.**

해외시장조사는 해외시장 진출에 성공하기 위해 필요한 정보를 수집하는 것을 말한다. 인 바운드 대책, 아웃 바운드 대책 등을 세울 때 필요한 정보를 입수하기 위한 조사다.

## 해외시장조사에 필요한 항목

- 수출하는 국가의 정보 → 정치, 경제, 사회정세, 법규제, 세제, 지적재산권, 무역관리제도 등
- 현지 유통망 파악 → 유통경로, 시장의 특성, 거래관습, 유통단계별 마진율 등
- 경쟁사 존재 여부 및 정보 → 유통가격, 경쟁력, 판매적격성 등
- 현지인의 습관 → 식생활, 물가, 인구, 임금, 의식구조, 인터넷 및 SNS 활용 등

인터넷에서 검색해 정보를 수집하든가, 해외 현지에 있는 사람에게 직접 해외시장조사를 의뢰하면 비용을 절약할 수 있으며, 간단하고 빠르게 해외시장조사를 할 수 있다.

## 해외시장조사

| 구분 | 내용 |
| --- | --- |
| 조사항목 | 국가 정보 → 정치, 경제, 사회정세, 법규제, 세제, 지적재산권, 무역관리제도 등 |
| | 유통망 파악 → 유통경로, 시장의 특성, 거래관습, 유통단계별 마진율 등 |
| | 경쟁사 존재 여부 및 정보 → 유통가격, 경쟁력, 판매적격성 등 |
| | 현지인의 습관 → 식생활, 물가, 인구, 임금, 의식구조, 인터넷 및 SNS 활용 등 |
| 조사방법 | 인터넷 검색 |
| | 현지인에게 직접 의뢰 |
| | 나라별 자료 이용 |
| | 직접 현지 방문조사 |
| | 전문기관에 의뢰 → 한국무역협회, kotra, 중소기업진흥공단 |

또한, 해외시장조사 방법으로 무역 관련 기관에 비치된 나라별 자료를 이용하거나 직접 현지를 방문하여 정보를 수집하거나 시장조사 전문기관에 의뢰하는 방법 등이 있다.

# 현지 인증제도의 확인은 수출의 전제조건이다

**학습과제** **인증제도에 관해서 확실하게 이해하자.**

국내기업들이 해외시장을 개척할 때 처음 만나는 무역장벽이 바로 '현지 인증제도'다. 아무리 좋은 제품이나 서비스라도 현지 인증제도를 충족하지 못하면 수출이 불가능하다.

따라서 해외시장 진출을 계획한다면 가장 먼저 해당 국가의 인증제도를 확인해야 한다. 해당 국가에서 요구하는 인증을 취득하는 절차와 취득할 수 있을지를 확인한 후 상품에 대한 해외시장조사 등을 실시해야 한다.

국가별 인증제도에 관한 정보는 해외인증정보시스템(Certification Information Center) 홈페이지(www.certinfo.kr)를 방문하면 입수할 수 있다.

중견·중소기업의 경우 개별 기업이 국가별 인증제도와 지원정책, 정보를 일일이 취득하기는 어렵다. 안다고 해도 시험, 인증 등의 절차를 밟는 데는 비용과 시간의 부담이 클 수밖에 없다. 이 같은 비관세 무역장벽을 해소하기 위해 한국화학융합시험연구원(KTR, www.ktr.or.kr), 한국산업기술시험원(KTL, www.ktl.re.kr), (주)한국중앙인증원(KJC) 등이 국내 중견·중소기업의 해외인증과 기술규제 장벽 극복을 지원하므로 상담하면 도움을 받을 수 있다.

# 취급할 상품과 공급처는 어떻게 찾을까

**학습과제** **취급할 상품과 공급처를 찾는 방법을 알아두자.**

제조회사이면 자사의 제품을 취급하면 되지만 무역 전문회사같이 자사의 제품이 없는 경우는 취급상품과 공급처를 찾아야 한다. 상품은 가능하면 자신이 아는 분야의 것이면 좋고, 공급처는 제품의 품질, 가격, 납기 등에서 안정적으로 공급받을 수 있을지를 고려해서 찾아야 한다.

먼저 인터넷 검색이나 다른 방법을 통해서 해외시장에 대한 정보를 입수할 필요가 있다. 자신이 수출하고자 하는 국가에 대한 시장정보를 바탕으로 취급상품과 공급처를 찾으면 좀 더 효과적일 수 있다.

취급할 상품과 공급처를 찾는 방법으로는 다음과 같은 다양한 방법이 있다.

### 인터넷 검색

대부분의 기업들은 홈페이지를 가지고 있다. 인터넷에 접속하여 해외시장 정보를 바탕으로 검색하면 쉽게 찾을 수 있다. 인터넷 쇼핑몰에 접속하여 상품을 찾는 방법도 있다.

### 상품정보지 또는 해외광고 활용

상품정보지에는 신제품을 비롯해서 다양한 상품을 소개하고 있다. 언론매체에서도 신제품이나 유망 상품을 소개하고 있다. 이들 정보를 잘 활용하면 좋은 상품과 공급처를 만날 수 있다. 해외광고지에 실린 광고를 참고로 해서 찾기도 한다.

### 각종 전시회 이용

국내에서 개최되는 각종 전시회에는 신제품을 포함해서 다양한 상품이 출품되고 있다. 특히 국제전시회에 참가하는 회사들은 수출을 희망하고 있으므로 상품 및 공급처 물색을 위한 정보를 입수하기에는 대단히 좋은 기회라 할 수 있다.

### 지인 추천

해외비즈니스 전문가나 사업을 하는 지인을 만나서 대화를 하다 보면 그들로부터 추천을 받을 수도 있다. 특히 외국의 지인으로부터 추천받은 상품은 공급처만 잘 찾으면 성공확률이 높다.

### 각 업종별 디렉토리

각 업종별로 협회나 조합 또는 언론에서 발간하는 업종별 디렉토리를 활용해서 상품과 공급처를 찾는 방법도 있다.

한편 상품은 있고 공급처만 찾을 경우에는 그 상품 관련 협회나 조합을 통해서도 찾을 수 있다.

## 취급상품과 공급처 찾기

인터넷 검색

상품정보지 또는 해외광고 활용

각종 전시회 이용

지인 추천

업종별 디렉토리 활용

# 해외거래처는 어떻게 발굴할까

**학습과제** 해외거래처 찾는 방법을 알아두자.

수출입 비즈니스를 성공적으로 하려면 좋은 비즈니스 파트너를 만나야 한다. 어떻게 하면 유능한 비즈니스 파트너를 발굴할 수 있을지가 중요한 포인트다. 그 대표적인 방법으로는 다음과 같은 것이 있다.

### 대표적인 해외거래처 발굴 방법

- 인터넷을 활용하는 방법이다. 무역 관련 홈페이지나 거래알선사이트를 활용한다.
- 한국무역협회, kotra 등과 같은 무역 관련 지원기관이나 주한 외국대사관(또는 영사관)을 이용해서 정보를 얻는 방법이다.
- 국내외 전시회, 해외광고/해외홍보지를 활용하는 방법이다. 전시회는 거래처 발굴 방법 중 효과적인 방법의 하나다.
- 무역사절단이나 수출상담회에 참가하는 방법이다.
- 해당국 상업(공)회의소, 무역 관련 지원기관을 활용한다.
- 직접 현지를 방문하는 방법이다. 이 경우 비용은 들지만 잘만 하면 주문을 받을 수도 있다.

**※ 상기 외에도 상공인 명단이나 전문잡지를 이용하는 방법도 있다.**

## 해외거래처 발굴 방법

- 인터넷 활용
- 무역 관련 지원기관의 소개
- 전시회, 해외광고/해외홍보지 활용
- 무역사절단이나 수출상담회 참가
- 해당국 상업(공)회의소, 무역 관련 지원기관 활용
- 직접 해외 현지 방문

# 해외거래처의 신용조사는 어떤 식으로 할까

**학습과제** **해외거래처에 대한 신용조사를 해야 하는 이유를 이해하자.**

무역거래는 수출자가 상품을 수입자에게 판매하고 대금을 회수하거나 지불하는 것이다. 기본적으로는 상호 신뢰관계로 이루어지지만 국내거래와 달리 비즈니스 환경이 다른 해외 상대방의 사정(상대국의 정치경제 상태나 상대방의 신용상태 등)을 알기가 어렵기 때문에 반드시 객관적인 신용조사가 필요하게 된다.

신용조사 내용으로는 Capital(자본), Capacity(영업능력), Character(경영자의 능력이나 성격)가 중심이지만 여기에 Conditions(정치·경제 정세)가 추가되는데, 이를 4C라고 한다.

신용조사방법으로는 다음과 같은 것이 있다.

- 은행신용조회(Bank Reference): 거래은행에 상대방의 신용상태를 조사 의뢰하는 방법
- 동업자신용조회(Trade Reference): 관련 업자에게 조회를 의뢰하는 방법
- 신용조사 전문기관에 의뢰하는 방법(Credit Bureau): 국내 대표적인 해외신용조사기관으로는 한국무역보험공사가 있다.

## 해외신용조사

| 구분 | 내용 |
| --- | --- |
| 신용조사항목 | Capital(자본) |
| | Capacity(영업능력) |
| | Character(경영자의 능력이나 성격) |
| | Conditions(정치 · 경제 정세) |
| 신용조사방법 | 은행신용조회(Bank Reference) |
| | 동업자신용조회(Trade Reference) |
| | 신용조사 전문기관에 의뢰하는 방법 (Credit Bureau) |
| 전문회사 | 국내: 한국무역보험공사 |
| | 해외: DUN & BRADSTREET<br>INTERNATIONAL MARKET GUIDE |

이 밖에도 인터넷에서 신용조사를 하기 위한 정보를 수집하거나 상대국의 상공회의소 등을 통해서도 상대방 신용상태를 알아볼 수 있다. 이 같은 신용조사는 한 번으로 끝날 것이 아니라 비즈니스가 계속된다면 정기적으로 할 필요가 있다.

# 오퍼에는 무엇을 기재할까

**학습과제** 오퍼에 기재해야 하는 사항을 알아두자.

오퍼는 수출자가 수입자에게 거래하고 싶은 일정한 조건을 제시하는 것을 말한다. 오퍼 양식은 특별히 정해진 것은 없으며 자사에서 양식을 만들어 사용하면 된다. 오퍼에 기재해야 할 항목은 다음과 같다.

- 상품명(commodity name)
- 규격(grade or specification)
- 수량(quantity)
- 가격(price)
- 발행일자(offer date)
- 유효기간(validity)
- 선적일(shipping date)
- 포장방법(packing method)
- 대금결제조건(payment condition)
- 검사방법(inspection)
- 인도조건(delivery terms)
- 원산지(origin)
- Special Conditions
- Remarks

무역거래에서 계약의 성립은 쌍방의 의사교환의 합치로 이루어지는데, 의사표시는 오퍼(Offer)와 승낙(Acceptance)의 형태이다. 수출자가 제시하는 오퍼를 셀링오퍼(Selling Offer), 수입자가 제시하는 오퍼를 바잉오퍼(Buying Offer)라 하며, 오퍼라 하면 셀링오퍼를 가리키는 것이 일반적이다.

# 오퍼 샘플

**SEINE**
Trading Co., Ltd.

43, NONHYEON-RO 2GIL,
KANGNAM-KU, SEOUL, KOREA
Tel. : +82-10-3XXX-5XXX,
e-mail : seime@seine.co.kr

## OFFER

Messrs
KANJA CORPORATION
Yokohama, Japan

Date : February 10, 2016
Offer No. : SEIKA 0210
Ref. No. :

Gentlemen;

We have the pleasure offer you the following goods on the terms and conditions hereinafter set forth.

**Origin** :
**Payment** : By an irrevocable Letter of Credit at sight in favor of the Seller.
**Shipment** : Within three(3) months after Seller's receipt of L/C.
**Packing** : Export standard packing
**Validity** : Until April 30, 2016
**Remarks** : Manufacturer's inspection to be final.

| Item No. | Commodity & Description | Quantity | Unit Price | Amount |
|---|---|---|---|---|
| | | | | CIF Yokohama port in U.S.Dollars |
| | Electric Drill ACT-100M | 300sets | US$112.00 | US$33,600.00 |
| | Electric Grinder PD-6K | 300sets | US$65.00 | US$19,500.00 |
| | Total : CIF Yokohama port, Japan | | | US$53,100.00 |

Very true yours,

Seine Trading Co., Ltd.
(signature)
Young K. Kwon
President

## 오퍼의 종류

| 종류 | 설명 |
| --- | --- |
| Selling Offer | 가격, 수량, 품질, 납기, 지불조건 등을 수출자가 수입자에게 제시하는 오퍼이다. |
| Counter Offer | 매도인(수출자)의 확정오퍼에 대하여 매수인(수입자)이 가격, 수량, 선적일 등 기타 조건을 수정해 제시하는 오퍼이다. |
| Firm Offer (확정오퍼) | 수출자가 승낙기간을 지정하고, 수입자가 그 기간 내에 승낙, 회답할 것을 조건으로 하는 오퍼를 말한다. 그 기간이 지나면 오퍼의 효력은 없어진다. |
| Free Offer (미확정오퍼) | 유효기간이 정해져 있지 않은 오퍼를 말한다. 불확정 오퍼라고도 한다. |
| Conditional Offer (조건부 오퍼) | 조건을 붙여서 제시하는 오퍼로 대표적으로 다음 세 종류가 있다.<br>* Offer Subject to Confirmation(**확인조건부 오퍼**)<br>수입자가 수락해도 수출자의 최종 확인이 필요한 조건부 오퍼를 말한다.<br>* Offer Sbject to Prior Sale(**선착순 판매조건부 오퍼**)<br>한정된 상품을 선착순으로 판매하고 매진과 동시에 오퍼의 효력이 소멸된다는 조건부 오퍼를 말한다.<br>* Offer Subject to Market Fluctuations(**가격불확정 오퍼**)<br>시장상황에 변화가 있을 때 가격을 변경할 수 있는 조건부 오퍼를 말한다. 무역상품의 경우 시가변동이 격심할 것으로 예상될 때 오퍼 조건에 “The Prices are subject to market fluctuations”(가격은 시가변동 조건부이다)와 같은 취지를 명시한다. |

**알아두자**

## 마케팅의 흐름

수출과 수입에서 전략을 세우는 법이 다음과 같이 다르다.

**수출자**

**수입자**

**수출자:** 인터넷이나 현지에서 조사 → **시장조사** ← **수입자:** 상품의 니즈나 국내시장조사

⇩

**전략을 세운다**

⇩

**수출자:** 거래처 선정, 법 관련 체크 → **검 토** ← **수입자:** 거래처 선정, 법 관련 체크, 국내시장에 적합화

⇩

**실행**

수출자:

- 일반적 정보
- 상품특유의 정보
- 마케팅 믹스(4P)
- 거래처 선정
- 법 관련 체크

수입자:

- 상품의 니즈와 시장 조사
- 마케팅 믹스(4P)
- 거래처 선정
- 법 관련 체크
- 국내시장에 적합화

**마케팅 믹스에 관해서**

마케팅 전략에서는 기본적으로 다음의 4가지 요소를 검토한다.

- 상품계획(Product)
- 가격설정(Price)
- 유통시스템(Place)
- 판촉활동(Promotion)

이 4가지 요소를 마케팅의 4P라 하고, 시장에 맞춰서 효과적으로 조합하는 것을 '마케팅 믹스(Marketing Mix)'라 한다.

# 수출입계약에서 기본조건은 무엇인가

**학습과제** **기본조건의 종류와 그 내용을 알아두자.**

1. **품질조건**(Terms of Quality)

무역거래에서 상품의 품질은 대단히 중요하다. 상품의 품질을 정하는 대표적인 품질조건을 알아본다.

품질결정방법

① 견본매매(Sale by Sample)

견본을 기준으로 품질을 결정한다. 가장 일반적인 품질조건으로 수출자는 견본과 같은 제품을 제공할 의무를 지고, 견본과 다를 경우에는 계약 위반이 된다.

② 사양서매매(Sale by Specification)

기계류 등의 거래에 사용되는 조건으로 설계도나 사양서에 따라 품질을 정하는 방법이다.

③ 상표매매(Sale by Trade Mark or Brand)

상표나 브랜드를 품질의 기준으로 하는 것으로, 세계적으로 잘 알려진 유명 브랜드명 등의 거래에서 가능한 조건이다.

④ 규격매매(Sale by Grade or Type)

ISO 등과 같은 국제규격에 따라 품질을 결정하는 방법으로, 국제규격이 확립되어 있는 공업제품 등에 사용된다. 한국의 KS, 일본의 JIS와 같이 나라마다 가지고 있는 규격을 이용해서 거래하는 경우도 있다.

⑤ 표준품매매(Sale by Standard)

농작물이나 수산물, 광업품, 목제품 등과 같이 품질이 자연에 좌우되는 상품 등에는 '표준적인 품질'을 당사자 쌍방이 조건을 정해서 거래하는 방법이다.

품질결정시기

품질결정시점을 수출국의 선적 시점으로 하는 선적품질조건(Shipped Quality Terms)과 수입국에서 하역하는 시점으로 하는 양륙품질조건(Landed Quality Terms)이 있다.

### 2. 수량조건(Terms of Quantity)

수출입거래에서 상품을 어떤 수량의 단위로 카운트하는가는 대단히 중요하다. 그래서 계약 시에 수출자와 수입자는 해당 상품에 통상 사용되는 단위를 바탕으로 협의해서 정한다.

다양한 수량 단위

**개수:** 개(piece = pc, each = ea), 타스(dozen = doz) 등

**포장:** 포(bag), 드럼(drum), 케이스(case, carton), 베일(bale) 등
타스(dozen = doz)

**중량:** 메트릭 톤(metric ton = kilo ton = M/T)
그램, 킬로그램, 파운드(pound = lb) 등

**용적:** 입방미터($m^3$ = cubic meter = CBM)
입방피트($ft^3$ = cubic feet = cft) 등

**길이:** 센티미터, 미터, 인치(inch = in), 피트(feet = ft)

수량결정시점

수출항에서 선적 시 수량을 기준으로 하는 선적수량조건(Shipped Weight Terms)과 도착항에서 하역 시 수량을 기준으로 하는 양륙수량조건(Landed Weight Terms)이 있다. 어느 조건이라도 검량에 관한 증명서가 중요하므로 쌍방이 어느 검정기관에서 어떤 방법으로 검량받을지 사전에 정해두는 것이 중요하다.

한편 운송 중에 과부족이 발생할 가능성이 높은 상품에 대해서는 '일정한 범위에서 과부족을 인정한다'는 조건을 쌍방이 주고받는 경우가 많다. 이 조건을 수량과부족 용인조건(More or Less Terms)이라고 한다.

### 3. 가격조건(Terms of Price)

가격조건은 수출입계약 시 결제통화를 무엇으로 하느냐는 것과 가격을 구성하는 여러 가지 비용을 누가 부담하느냐를 정하는 문제다.

결제통화 문제는 환율 변동의 위험을 부담하는 것과 관련되기 때문에 중요하다.

수출가격 구성요소와 관련해서는 물품의 인도 장소, 비용부담의 한계, 위험이전의 시기 등에 관한 조건이 포함된다. 이것들을 어떻게 하느냐에 따라 가격이 달라진다. 따라서 가격을 제시할 때에는 인코텀즈의 규칙을 반드시 표시해야 한다. 다른 거래조건이 있을 경우 함께 제시해서 명확히 할 필요가 있다.

### 4. 포장조건(Terms of Packing)

수출물품의 하역, 수송, 보관 및 매매에서 그 질적·양적 보호를 하기 위하여 상품의 포장방법(포장단위와 포장재 등)을 약정한다. 또 상품을 외관상 쉽게 구별하고 확인할 수 있게 하는 화인(貨印, Shipping Mark)도 결정한다.

### 5. 선적조건(Terms of Shipment)

선적조건에서는 선적시기, 분할선적, 환적, 선적지연 및 선적일의 증명 등에 관해 쌍방이 합의해두어야 한다.

선적시기

구체적 월(月)이나 일(日)을 제시하는 것이 일반적이다. 구체성이 결여된 표현은 피하는 것이 좋다.

분할선적 및 환적

수출자와 수입자 쌍방이 분할선적 및 환적의 허용 여부를 합의한다. 신용장 거래의 경우는 허용 여부가 확실하게 표시되어 있다.

선적지연 및 선적일의 증명

선적지연(Delayed Shipment)에 관해서도 어떻게 할지 쌍방의 합의가 필요하다. 불가항력으로 인한 경우 수출자는 면책되지만 불가항력의 발생을 공인기관으로부터 문서로 확인받아 수입자에게 통지해야 한다.

선적일의 증명에 관해서 무역거래에서는 일반적으로 B/L Date를 선적일로 규정하고 있다.

### 6. 결제조건(Terms of Payment)

결제조건은 결제방법, 결제시기, 결제수단, 결제통화를 정하는 것이다. 거래하는 물품의 결제수단을 신용장조건으로 할지 무신용장조건으로 할지, 무신용장이라면 현금으로 할지 전신환송금으로 할지 등을 결정한다.

결제시기는 선지급(Advance), 동시지급(Concurrent), 후지급(Deferred) 중 무엇으로 할지 결정한다. 수출자 입장에서 보면 선지급이 가장 안전한 조건이다.

### 7. 보험조건(Terms of Insurance)

FOB와 CFR의 가격조건으로 합의했으면 수입상이 자신의 판단에 따라 해상보험에 들어야 한다. 수출자는 보험가입에 필요한 선적 관련 상세

정보를 제때 알려줘야 할 의무가 생긴다.

CIF의 가격조건에서는 수출자가 해상보험에 들어야 하나 어떤 보험조건으로 할지 수입자와 사전에 협의하여 결정한다.

### 8. 기타 조건

이 밖에도 계약조건에 쌍방 합의에 따라 클레임 해결조건 등 여러 가지 무역조건을 포함시키기도 한다.

**무역계약의 기본조건의 종류**

| 구분 | 내용 |
|---|---|
| 품질조건 | 품질결정방법: 견본매매, 사양서매매, 상표매매, 규격매매, 표준품매매<br>품질결정시기: 선적품질조건, 양륙품질조건 |
| 수량조건 | 수량단위, 수량표시방법, 수량결정시기 |
| 가격조건 | 가격책정기준, 결제통화 |
| 포장조건 | 포장재와 포장단위, Shipping Mark |
| 선적조건 | 선적시기, 선적방법, 선적항, 도착항<br>→ 물품인도: 운송계약 |
| 결제조건 | 결제방법, 결제시기, 결제수단, 결제통화<br>→ 대금결제: 환계약 |
| 보험조건 | 보험금액, 보험조건, 부보통화, 지급지<br>→ 선적 후 위험담보: 보험계약 |
| 기타조건 | 계약불이행사항: 불가항력 조항, 클레임조항<br>기타사항: Trade Terms, 계약체결일자, 당사자 등 |

*** 품질조건, 수량조건, 가격조건, 선적조건, 결제조건을 무역계약의 5대 조건이라 한다.**

# 수출입계약서는 어떻게 작성할까

**학습과제** **계약서 작성 방식을 이해하자.**

수출입계약은 수출입 양자 간에 상호 권리와 의무를 확인하고 실행을 약속하는 것이다. 통상 수출입계약은 당사자 간의 사적인 행위이고 형식이나 내용이 법률 등에 의해 정해진 것이 없는 국제간 계약이기 때문에 상황에 맞춰 충분히 검토한 후 계약하면 된다.

계약서도 법적으로 정해진 매매계약의 서식(書式)은 없으며, 무역계약이 간소화되는 경향이 있어 정형화된 계약서 서식을 많이 사용한다.

정형화된 계약서에는 앞면과 뒷면이 있다. 앞면에는 상품명, 수량, 가격, 납기, 결제조건 등과 같은 중요한 사항을 기재하고 뒷면에는 일반적인 사항(선적조건, 클레임조항, 중재조항, 불가항력조항 등)을 기재한다.

앞면과 뒷면은 법적 효력이 같으므로 계약서를 검토할 때는 앞면에 기재된 사항만이 아니라 뒷면에 기재된 사항도 소홀히 해서는 안 된다. 앞면과 뒷면의 내용이 서로 다를 경우에는 앞면 내용이 우선하고 특수조항이 일반조항에 우선한다.

계약금액이 소액이거나 상대방을 신뢰할 수 있을 때에는 계약서를 작성하지 않고 수출자가 발행한 Offer Sheet에 수입자가 Acceptance 사인을 하는 방식 또는 수입자가 발행한 Purchase Order(구매주문서)에 수출자가 Acknowledgement 사인을 하는 방식으로 하여 계약서를 대신하

수출계약서 샘플

# SALES CONTRACT

| | |
|---|---|
| **Seller**<br>SEINE TRADING CO., LTD.<br>43, NONHYEON-RO 2GIL, KANGNAM-KU,<br>SEOUL, KOREA | **Contract No.** SK-0627    **Date** March 10, 2016<br>**Reference No. or**<br>Order No : KAN-0302 |
| **Buyer**<br>KANJA CORPORATION<br>4-10-7, SHINYOKOHAMA, KOHOKU-KU<br>YOKOHAMA, KANAGAWA, JAPAN | **(Remarks)**<br>L/C No. : E06315<br>**Trade Terms(Shipping Terms)**<br>CIF Yokohama port, Japan |
| **Time of Shipment**<br>within three(3) months after receipt of L/C<br>**Place of Shipment**<br>Busan port, Korea<br>**Destination**<br>Yokohama port, Japan | **Payment Terms**<br>irrevocable L/C at sight |

| DESCRIPTION OF GOODS | QUANTITY | UNIT PRICE | AMOUNT |
|---|---|---|---|
| Electric Drill ACT-100M | 300sets | US$112.00 | US$33,600.00 |
| Electric Grinder PD-6K | 300sets | US$65.00 | US$19,500.00 |
| Total : CIF Yokohama port, Japan | | | US$53,100.00 |

| | |
|---|---|
| **Insurance** | Insurance shall be borne by Seller. |
| **Packing** | Export standard packing |
| **Inspection** | Manufacturer's inspection shall be final. |
| **Special Terms & Conditions** | |

We as Seller are pleased to confirm this day our sale to you, subject to all of the TERMS AND CONDITIONS ON THE FACE AND REVERSE SIDE HEREOF. If you find herein anything not in order, please let us know immediately. Otherwise, these terms and conditions shall be considered as expressly accepted by you, and constitute the ENTIRE AGREEMENT between the parties hereto.

(Buyer) KANJA CORPORATION
by ______________________
Name
Title

(Seller) SEINE TRADING CO., LTD.
by ______________________
Name
Title

Please sign and return immediately the DUPLICATE to us.

는 경우도 많다.

**계약서 이면 General Terms and Conditions 기재항목 예**

| 수출의 경우 | 수입의 경우 |
|---|---|
| Increased Cost(증가비용) | Quality Assurance(품질보증) |
| Payment(결제), Shipment(선적) | Force Majeure(불가항력) |
| Insurance(보험), Warranty(보증), | Trade Terms |
| Patent & Trade Mark etc(특허, 상표권 등) | Industrial Property Right(공업소유권) |
| Force Majeure(불가항력) | Intellectual Property Right(지적재산권) |
| Default(채무불이행) | Inspection(검사) |
| No Assignment(양도금지) | Non-responsibility for Infringement |
| No Waiver(권리불방기) | of Patents and Trade Marks |
| Arbitration(중재), Claim(클레임) | (특허의 침해로부터 면책) |
| Trade Terms & Governing Law | Claim, Arbitration |
| (무역조건 및 준거법) | Governing Law |

**이것이 궁금해요!**

**Q 계약서의 앞면(타이프)과 뒷면(인쇄)의 내용이 모순이라면 ?**

A 앞면(타이프 조항)의 내용이 우선한다. 트러블을 피하기 위해서도 계약서의 내용은 앞뒷면 모두 신중히 확인하고 합의할 수 없는 부분은 삭제한다.

**알아두자**

## 계약의 흐름

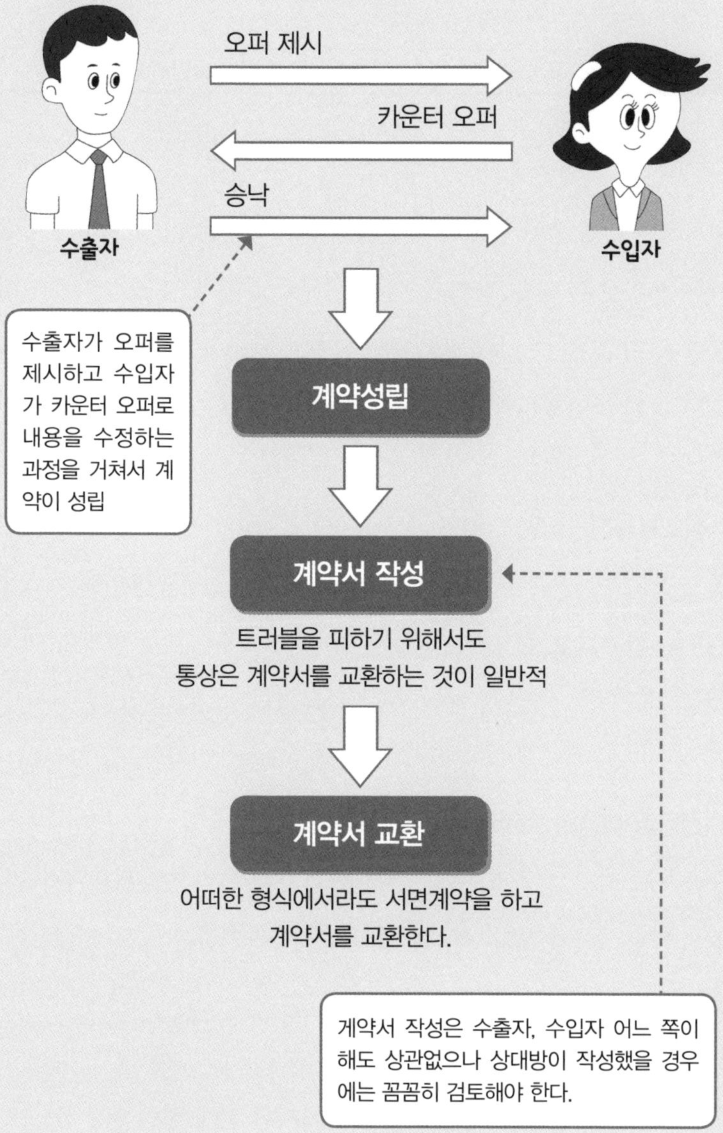

오퍼 제시
카운터 오퍼
승낙
수출자
수입자
수출자가 오퍼를 제시하고 수입자가 카운터 오퍼로 내용을 수정하는 과정을 거쳐서 계약이 성립
계약성립
계약서 작성
트러블을 피하기 위해서도 통상은 계약서를 교환하는 것이 일반적
계약서 교환
어떠한 형식에서라도 서면계약을 하고 계약서를 교환한다.
계약서 작성은 수출자, 수입자 어느 쪽이 해도 상관없으나 상대방이 작성했을 경우에는 꼼꼼히 검토해야 한다.

# 신용장을 수령하면 무엇을 확인해야 할까

**학습과제** 신용장을 수령하면 반드시 다음 항목에 따라 확인하자.

수출자는 신용장을 받으면 확실하게 체크하는 것이 중요하다. L/C의 기재내용과 수출 시에 작성하는 선적서류에 차이가 있으면 은행은 대금 지불을 하지 않을 수 있다. L/C 내용이 모두 중요하지만 특히 다음 항목은 확실하게 확인해야 한다.

### 1. 취소불능신용장인지 확인

취소불능신용장(irrevocable L/C)이 아니면 취소가능신용장(revocable L/C)으로 간주되고 신용장조건을 수입자 측이 무단으로 변경할 여지가 있다.

### 2. 신용장 내용과 계약내용이 일치하는지 확인

수출자, 수입자, 상품명, 수량, 금액, 선적기한, 선적서류 필요 부수 등 신용장의 내용이 수출계약 내용과 일치하는지 확인한다.

### 3. 신용장의 유효기한과 선적기한 확인

수출자는 신용장에 기재되어 있는 선적기한 전에 선적해야 하므로 그 기한을 염두에 두고 수출 준비를 해야 한다. 또 신용장의 유효기한 내에

## 신용장을 수령하면 확인해야 하는 사항

- 취소불능신용장인지 확인
- 계약내용과 신용장 내용 일치 여부 확인
- 신용장의 유효기한과 선적기한 확인
- 매입은행지정 신용장인지 확인
- 신용장통일규칙 준거문언이 있는지 확인
- 실행하기 어려운 사항이 있는지 확인

선적서류를 은행에 제출하는 등 매입을 의뢰해야 하므로 확실하게 확인하고 기억해야 한다.

### 4. 매입은행지정 신용장인지 확인

매입은행지정 신용장(Restricted L/C)의 경우 매입은행이 지정되어 있으므로 수출자는 환시세가 유리한 은행을 선택할 수 없게 된다. 따라서 주의가 필요하다.

### 5. 신용장통일규칙* 준거문언이 있는지 확인

신용장에 다음과 같은 영문이 기재되어 있는지 확인한다.

This L/C is subject to the "Uniform Customs and Practice for Documentary Credits"(2007 Revision) I.C.C. Publication NO. 600.

### 6. 실행하기 어려운 사항이 있는지 확인

신용장 내용에 실행하기 어려운 요구사항 등이 있을 경우에는 즉시 수입자에게 연락해서 조건 변경을 요구한다.

WORD ▶ 신용장통일규칙: 신용장업무 시의 준수사항/해석기준에 대해 국제상업회의소가 제정한 국제통일규칙

알아두자

## 신용장조건과 화환어음, 선적서류의 공통 점검사항

| 항 목 | 체크 포인트 |
|---|---|
| 서류의 발행일 | 신용장의 유효기한 내, 또는 선적기한 내일 것 |
| 상품명 | 신용장과 인보이스의 상품명이 완전히 일치할 것 |
| 수량 | 모든 서류에 공통의 단위를 사용하고 일치할 것 |
| 부수(통수) | 모든 서류의 부수(통수)는 신용장에 기재되어 있는 대로 할 것 |
| 하인(荷印) | 인보이스와 선하증권의 하인(Shipping Mark)이 일치할 것 |
| 포장 | 인보이스와 패킹리스트상 포장에 관한 기재가 일치할 것 |

## 신용장 조건변경(Amend)의 흐름

신용장의 조건변경은 수출자가 의뢰했을 경우 수입자가 신용장 발행은행에 의뢰한다.

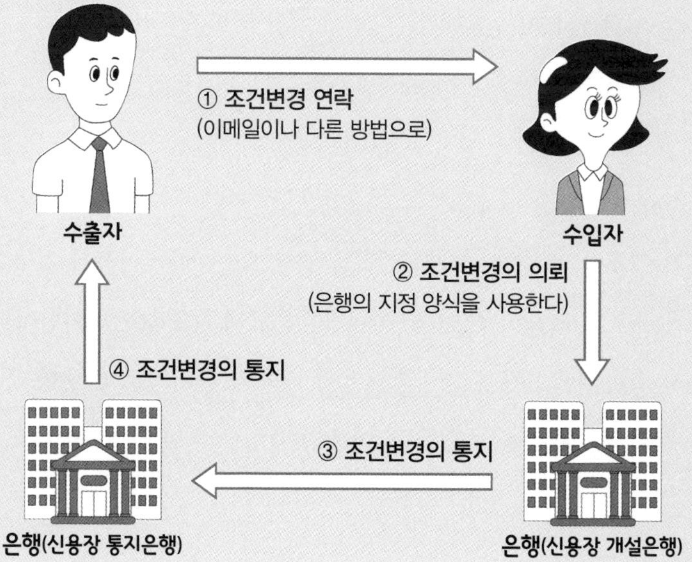

# 신용장 내용이 계약내용과 다르다면 어떻게 해야 하나

**학습과제** **신용장 내용이 계약내용과 다를 때 대처법을 확인해두자.**

신용장 내용에서 계약내용과 다른 부분이 발견되었을 경우 다음과 같이 대처할 수 있으므로 대처방법을 알아두자.

### 1. 신용장 변경 의뢰

신용장 내용이 계약내용과 다른 부분이 있을 경우에는 즉시 수입자에게 신용장의 내용수정(Amendment)을 의뢰한다. 수정한 것을 받으면 내용을 확인한 후, 매입 시 신용장원본에 수정분을 첨부해서 매입수속을 의뢰한다. 시간 여유가 있을 때는 이것이 가장 바람직한 방법이다.

### 2. L/G조건부 매입

수출자는 신용장 내용이 계약내용과 다른 부분이 사소한 것이거나 수입자가 그것을 충분히 이해하고 있을 경우 또는 시간 여유가 없을 때는 Letter of Guarantee(L/G, 보증서)를 제출하고 매입수속을 의뢰한다. 이는 수출자가 은행에 L/G를 제출함으로써 내용의 불일치로 발생한 문제를 모두 책임진다는 것을 보증한 후 어음의 매입을 의뢰하는 것이다.

## 신용장 내용이 계약내용과 다를 때 대처법

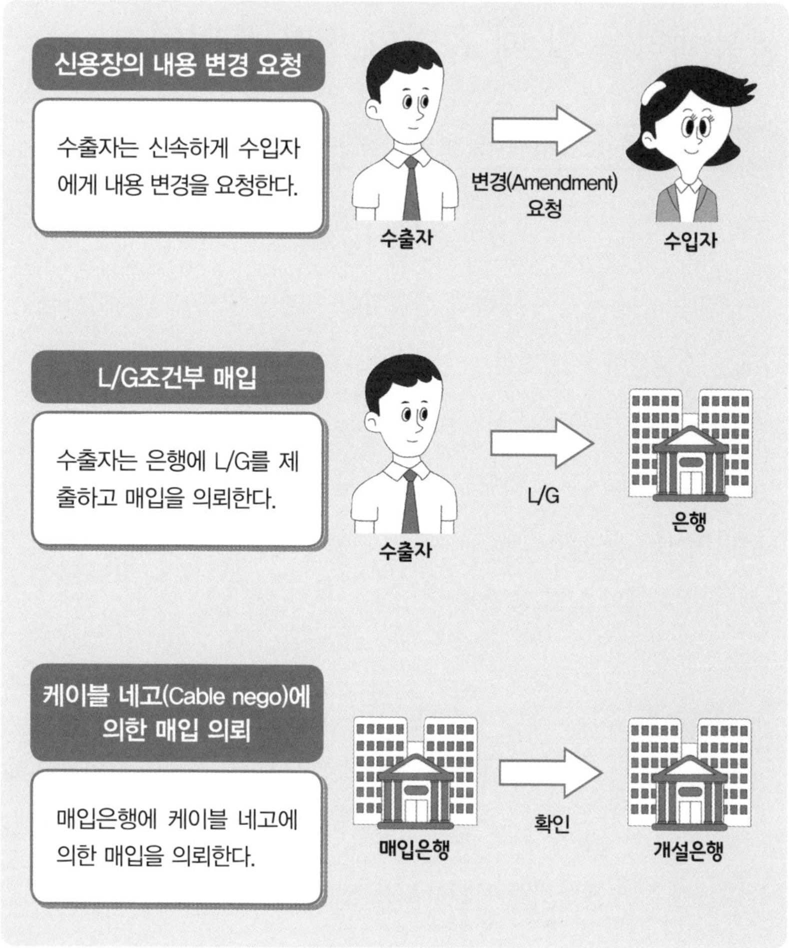


### 3. 케이블 네고(Cable Nego)에 의한 매입

신용장 내용이 계약내용과 다른 부분이 중대한 문제일 때는 매입은행이 신용장 개설은행에 매입해도 좋은지 문의한다. 개설은행의 승낙을 받으면 매입한다. 이 같은 절차를 케이블 네고(Cable Negotiation)라고 한다.

# 선복예약을 할 때 유의할 점은 무엇일까

**학습과제** **수출자는 선복예약을 할 때 다음에 유의하자.**

수출자는 신용장을 수령하면 선적일에 차질이 없도록 선박회사와 상의하여 수출상품을 선적할 본선을 정하고 선복*예약(Booking of Ship's Space)을 한다. 선복예약 신청을 Shipping Request(S/R)라 하는데, 일반적으로 Booking이라고 한다.

선박회사는 승낙할 경우 수출자에게 선복예약서(Booking Note)를 교부한다. 선복예약을 할 때 유의할 점은 다음과 같다.

### 1. 선적할 배 결정

선박회사와 접촉해서 수출계약서 또는 신용장에서 지정된 선적기한 내에 확실하게 선적할 수 있는 배를 선정한다. 신용장에 선박회사가 지정되어 있는 경우 그 선박회사에 연락해서 적절한 배를 선택한다.

### 2. 선적내용 확인

선적할 선박, 항해번호(통상 항차라고 함), 출항예정일, 목적지 도착예정일 등을 확인하고 선박회사에 Booking을 한다. 선박회사에서는 선복예약서를 내준다. 선복예약서에 기재된 Booking 번호를 확인하는 것이 중요하다. 선박회사에 화물의 선적 상황이나 선하증권의 발행시기 문의 또는 본선의 출항확인 등을 할 때 모두 Booking 번호로 하게 된다.

### 3. 특별조건

신용장에 선적에 관해 다음과 같은 특별 조건이 있으면 Booking할 때 선박회사에 의뢰해 확인해야 한다.

- Waybill을 발행해 받고 싶다.
- Surrendered B/L을 발행받고 싶다.

알아두자

#### 선복예약 시 주의점

선복예약 시에 가능하면 다음의 사항에 주의할 필요가 있다.

- 계약 또는 신용장 지정의 선적기한 내에 선적할 수 있는 배일 것
- 신용이 있는 선박회사를 선택할 것
- 기항지가 적고 목적지 도착이 빠른 배를 선정할 것
- 속도가 빠르고 설비가 좋은 신조선을 선정할 것
- 수출할 화물을 사고 없이 하역, 보관, 운반할 수 있는 배를 선정할 것

# 해상운임은 어떻게 정해질까

**학습과제** **해상운임의 종류를 알아두자.**

**기본운임**

기본운임에는 몇 가지가 있으나 여기서는 두 가지만 소개한다.

박스 레이트(Box Rate)

컨테이너는 20피트와 40피트 두 종류가 있으며 각각의 컨테이너 한 대당 설정된 운임을 말한다.

품목별 기본요금(Commodity Rate)

품목에 따라 각각의 요금이 설정되어 있는 운임이다.

**최저운임**(Minimum Charge)

화물의 양이 적어서 운임이 일정 수준이 안 될 경우에 적용하는 운임이다.

**부대요금**(Surcharge, Additional Charges)

유류할증료(BAF, Bunker Adjustment Factor)

연료가격의 급격한 변동에 따라 조정되는 할증요금(Surcharge)이다.

통화할증료(CAF, Currency Adjustment Factor)

환율의 급격한 변동에 따라 조정하는 할증요금이다.

터미널 화물처리비(THC, Terminal Handling Charge)

컨테이너 터미널에서 발생하는 컨테이너 취급비용의 일부로 추가요금(Additional Charge)이다. 선적항, 도착항 양쪽 항구 모두에서 발생한다.

**알아두자**

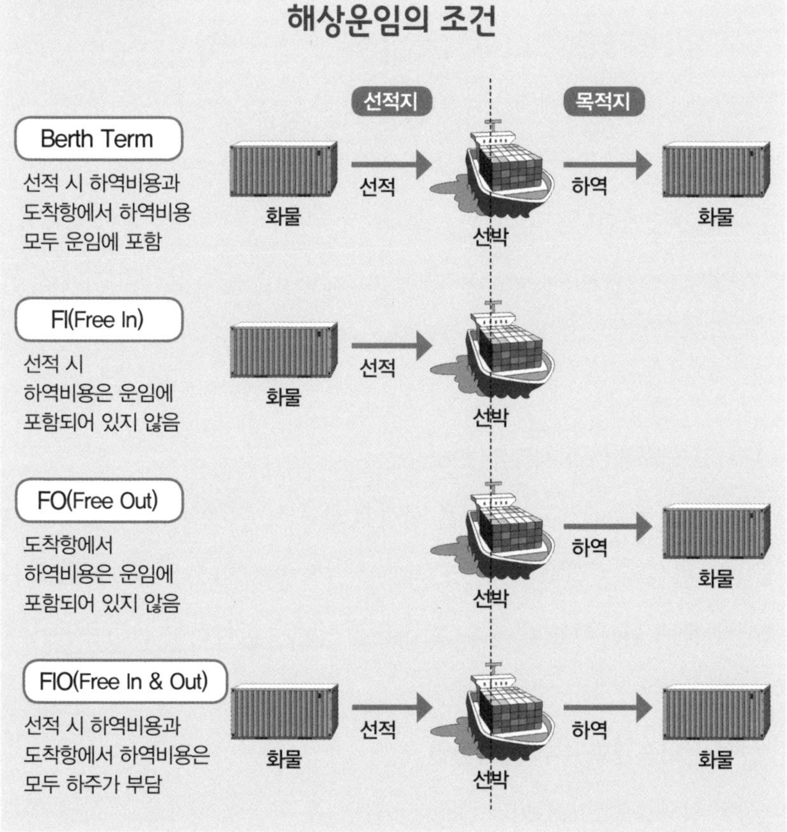

# 선하증권에도 여러 종류가 있다

**학습과제** 선하증권의 종류를 이해하자.

선하증권에는 다음과 같이 여러 종류가 있으니 알아두자.

### 지시식 선하증권과 기명식 선하증권

지시식 선하증권(Order B/L)은 선하증권의 수하인(Consignee) 칸에 'To Order' 또는 'To Order of Bank(or Shipper)' 등의 지시 문언이 명기된 선하증권을 말한다. 화물 소유자의 배서(Endorsement)로 양도 가능한 유동성 증권이다.

기명식 선하증권(Straight B/L)은 Consignee 칸에 특정인을 기재한 선하증권으로 유동성이 없으며 양도할 수 없다.

### 무사고 선하증권과 사고부 선하증권

무사고 선하증권(Clean B/L)은 선적된 화물의 외장이나 포장상태가 양호할 때 발행하는 선하증권이다. 사고부 선하증권(Foul or Dirty B/L)은 선적된 화물에 이상이 있을 경우 그 내용을 명기해 발행하는 선하증권이다.

### 선적 선하증권과 수취 선하증권

선적 선하증권(Shipped or On board B/L)은 화물이 실제로 선적된 후에 발행되는 선하증권이다. 수취 선하증권(Received B/L)은 화주가 화물을 입고하고 요구할 경우 선적 전에 발행되는 선하증권이다. 선적이 완료되면 앞면의 'On Board Notation' 칸에 선적일을 명기하고 사인을 해서 선적 선하증권과 동일하게 취급한다.

알아두자

### Surrendered B/L, Check B/L에 관해서

Surrendered B/L, Check B/L은 B/L의 종류가 아니며, 그 의미는 다음과 같다.

○ Surrendered B/L
선박회사는 수출자가 Surrendered B/L을 요청하면 B/L원본 대신에 사본에 〈Surrendered〉 및 자사의 직인을 찍어서 교부한다. 수입자는 그 사본으로 화물을 찾을 수 있다. 선적서류보다 화물이 먼저 도착하는 운송기간이 짧은 지역 간 무역거래에 이용된다. 신용장 거래에서는 신용장에서 명시적으로 요구하고 있을 때만 사용된다.

○ Check B/L
선박회사가 정식 B/L을 발급하기 전에 B/L 양식에 맞춰 내용을 작성하여 수출자에게 확인하도록 보내는 것을 말한다.

# 선하증권을 수령했을 때 체크포인트는 무엇일까

**학습과제** **수출자는 선하증권을 검토할 때 체크포인트를 확인하자.**

선하증권은 가장 중요한 서류이므로 선박회사로부터 수령하면 잘못 기재된 항목은 없는지 확인하고, 있을 경우 즉시 선박회사에 정정을 요청한다. 검토할 때 체크포인트는 다음과 같다.

❶ 선하증권의 발행일자(B/L Date)를 반드시 확인한다. 특히 B/L Date는 본선의 입항일 또는 출항일의 어느 쪽인지 희망하는 일을 기재할 수 있다.

❷ 신용장 내용과 선하증권에 기재된 문언이 일치하는지 확인한다.

❸ 선적 선하증권(Shipped B/L)으로 선하증권 번호가 기재되어 있는지 확인한다. 선적 선하증권에는 반드시 On Board Notation이 기재되어 있다.

❹ 신용장 거래의 경우 특별조건으로 스페인어나 프랑스어로 표시가 지시되는 것이 있다.

❺ 선박회사의 Sign이 있는지 확인한다.

❻ 발행부수는 원본 3부인지 확인한다.

알아두자

## 신용장조건에서 대금회수 방법 및 선적서류 확인 방법

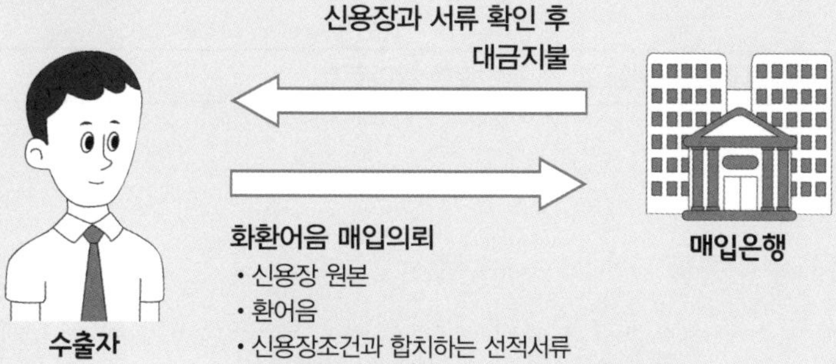


- 신용장 원본
- 환어음
- 신용장조건과 합치하는 선적서류
  (인보이스, 패킹리스트, 선하증권, 보험증권 등)
- 화환어음매입의뢰서 등

### 선하증권(B/L)에 관한 체크 사항

- 화물이 선적되었을 때 발행된 선적 선하증권(Shipped B/L)일 것
- 수취 선하증권(Received B/L)일 경우 선적기한 내에 선적증명(On Board Notation)을 취득할 것
- 지시식 선하증권(Consignee란에 To Order 등)의 경우 수출자가 백지이서를 할 것
- 사고부 선하증권(Foul B/L)이 아니고 무사고 선하증권(Clean B/L)일 것
- B/L발행일로부터 계산하여 은행에 서류제시기한이 경과하지 않을 것(신용장에서 특별히 기한이 정해져 있지 않은 경우는 신용장통일규칙에 의해 B/L발행 후 21일 내로 되어 있다.)

### 보험증권에 관한 체크 사항

- 보험회사가 선적일 이전에 발행한 것으로 신용장에서 정해진 전 구간의 위험에 대해서 보험이 부보(付保)되어 있을 것
- 선명, 출항일, 선적항, 목적지항이 선하증권과 일치할 것
- 보험조건이 신용장조건과 일치할 것
- 보험금액은 특별히 정해져 있지 않는 한 CIF(운임·보험료포함 인도규칙) 또는 CIP(운송비·보험료지급 인도규칙) 금액에 10%를 더한 금액으로 하고 소숫점 이하는 절상한다.
- 신·구 보험약관은 신용장에 정해진 것으로 한다.

# 수출통관의 포인트는 무엇인가

**학습과제** **수출통관을 할 때 포인트를 알아두자.**

화물을 수출할 경우 세관에 수출신고를 하고 신고수리를 받아야 한다. 이 절차를 수출통관이라 한다. 통관은 직접 할 수도 있지만 관세사에게 의뢰하는 것이 일반적이다.

수출통관은 모든 세관업무를 통합하여 원스톱 처리가 가능한 관세청의 전자통관시스템인 유니패스(UNI-PASS)*로 이루어진다. UNI-PASS에 의한 수출통관시스템은 관세청 통관망과 무역업체, 관세사, 운송업체 및 관련 기관 등이 연계되어 있어 신고인은 세관에 '서류 제출 없이' 수출신고를 하고 수리결과를 확인할 수 있다.

관세사는 수출자로부터 수출통관을 의뢰받으면 수출자의 송장이나 포장명세서를 바탕으로 수출신고서를 작성하여 세관에 제출한다. 세관에서는 제출된 통관서류를 충분히 심사한다. 필요에 따라 세관검사가 행해지고, 문제가 없으면 수출신고수리가 떨어진다.

통관검사에는 견본검사, 전품검사, 일부검사가 있다. 또 검사 장소에 따라 검사장검사, 현장검사, 본선검사, 부중(작은 배)검사로 나뉜다.

수출통관을 할 때 중요한 것은 HS. Code의 결정과 수출신고의 정확도이다.

WORD ▶ 유니패스: 모든 세관신고업무를 통합 원스톱처리가 가능한 관세청 전자통관시스템 브랜드명

## 수출통관

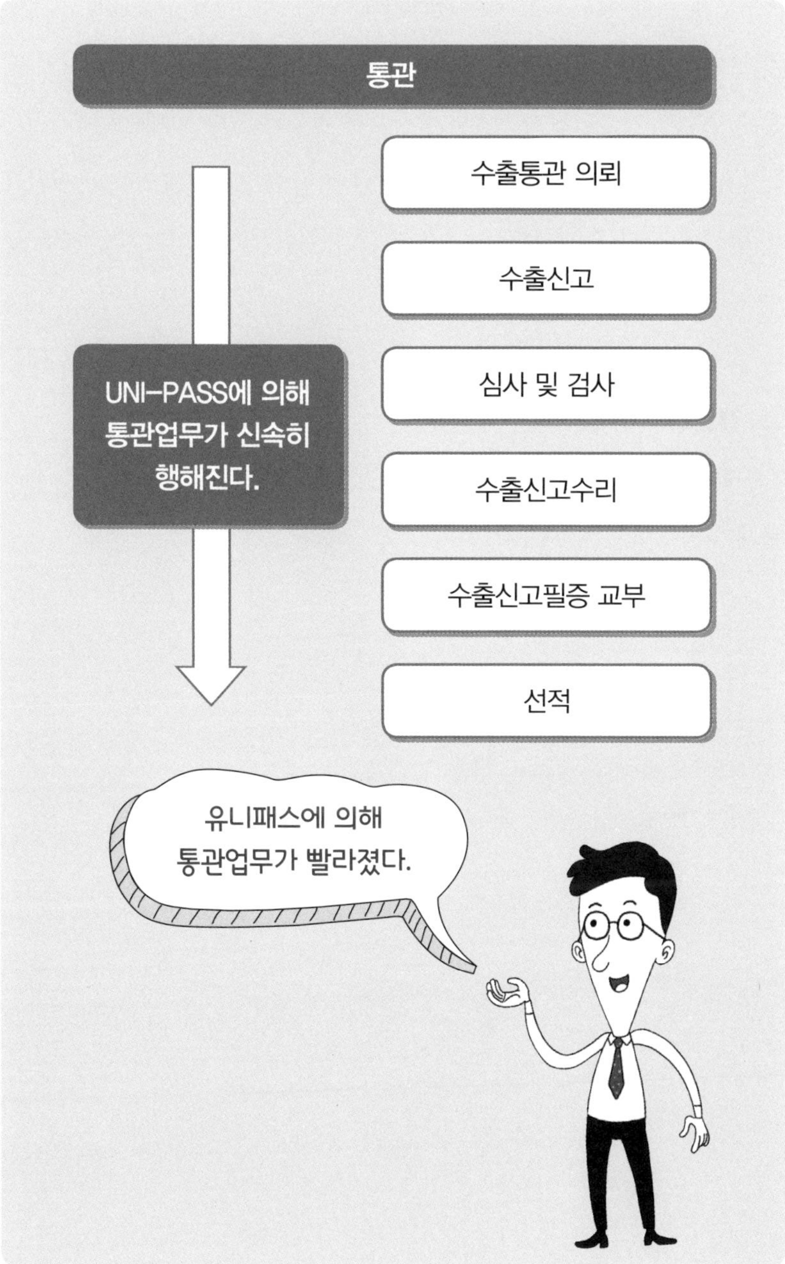
통관
수출통관 의뢰
수출신고
심사 및 검사
수출신고수리
수출신고필증 교부
선적
UNI-PASS에 의해 통관업무가 신속히 행해진다.
유니패스에 의해 통관업무가 빨라졌다.

### HS. Code의 결정

수입에 비해 중요도가 떨어지기는 하지만 절차가 수출통관에 그치지 않고 수출물품이 수입국에 도착하여 정해진 수입통관을 거쳐야 하기 때문에 부수적으로 원산지증명서가 필요한 경우가 있다. 만약 HS. Code가 맞지 않으면 정상적인 수입통관이 어렵게 될 수 있다. 그리고 관세환급을 받아야 할 경우 HS. Code가 부정확하면 환급액이 적어져 손해를 볼 수 있다.

### 수출신고의 정확도

수출신고가 선적서류와 일치하지 않는 등 부정확한 경우에는 사후에 문제가 발생할 수 있으므로 주의가 필요하다.

USD 1,102.01
USD 1,102.01

UNI-PASS

# 수출신고필증(적재전, 갑지)

※ 처리기간 : 즉시

| | | | | | |
|---|---|---|---|---|---|
| ① 신고자 익도관세법인 조창길 | ⑤ 신고번호 [redacted] | ⑥ 세관.과 [redacted] | ⑦ 신고일자 [redacted] | ⑧ 신고구분 H 일반P/L신고 | ⑨ C/S구분 A |

| | | | |
|---|---|---|---|
| ② 수출대행자 [redacted]<br>(통관고유부호) [redacted] 수출자구분 A<br>수 출 화 주 [redacted]<br>(통관고유부호) [redacted]<br>(주소) [redacted]<br>(대표자) [redacted] (소재지) [redacted]<br>(사업자등록번호) [redacted] | ⑩ 거래구분 11 일반형태 | ⑪ 종류 A 일반수출 | ⑫ 결제방법 TT 단순송금방식 |
| | ⑬ 목적국 SA [redacted] | ⑭ 적재항 ICN 인천공항 | ⑮ 선박회사 (항공사) |
| | ⑯ 선박명(항공편명) | ⑰ 출항예정일자 | ⑱ 적재예정보세구역 04077001 |
| | ⑲ 운송형태 40 ETC | | ⑳ 검사희망일 [redacted] |
| | ㉑ 물품소재지 04169 [redacted] / | | |
| ③ 제 조 자 [redacted]<br>(통관고유부호) [redacted]<br>제조장소 [redacted] 산업단지부호 [redacted] | ㉒ L/C번호 | | ㉓ 물품상태 N |
| | ㉔ 사전임시개청통보여부 N | | ㉕ 반송 사유 |
| ④ 구 매 자 [redacted]<br>(구매자부호) [redacted] | ㉖ 환급신청인 2 (1:수출대행자/수출화주, 2:제조자)<br>자동간이정액환급 NO | | |

●품명 · 규격 (란번호/총란수 : 001/001 )

| | |
|---|---|
| ㉗ 품 명 [redacted]<br>㉘ 거래품명 [redacted] | ㉙ 상표명 |

| ㉚ 모델 · 규격 | ㉛ 성분 | ㉜ 수량(단위) | ㉝ 단가(USD) | ㉞ 금액(USD) |
|---|---|---|---|---|
| (NO.01) [redacted] | | 1 (PC) | [redacted] | [redacted] |

| | | | | | | | |
|---|---|---|---|---|---|---|---|
| ㉟ 세번부호 | 8431.39-0000 | ㊱ 순중량 | 80.0 (KG) | ㊲ 수량 | 0 () | ㊳ 신고가격(FOB) | $[redacted] [redacted] |
| ㊴ 송품장부호 | ATS-18058 | ㊵ 수입신고번호 | | ㊶ 원산지 | KR---N | ㊷ 포장갯수(종류) | 1(CT) |
| ㊸ 수출요건확인 (발급서류명) | | | | | | | |
| ㊹ 총중량 | 93.0 (KG) | ㊺ 총포장갯수 | 1(CT) | ㊻ 총신고가격 (FOB) | | | $[redacted] ₩ [redacted] |
| ㊼ 운임(₩) | 0 | ㊽ 보험료(₩) | 0 | ㊾ 결제금액 | | | [redacted] |
| ㊿ 수입화물 관리번호 | | | | 51 컨테이너번호 | | | N |

※신고인기재란

52 세관기재란
귀사는 관세환급대상 수출실적이 있음에도 관세환급을 신청하지 않은 업체로 추정됩니다. 통관세관 또는 관세사에게 관세환급 가능여부를 구체적으로 확인하여 보시기 바랍니다. 통관대행 관세사는 고객 수출업체가 관세환급제도를 이용할 수 있도록 이 정보를 안내해 주시기 바랍니다.

MAIN CUSTOMS / 서울 세관 / THE REPUBLIC OF KOREA

| | | | |
|---|---|---|---|
| 53 운송(신고)인<br>54 기간 부터 까지 | 55 적재의무기한 [redacted] | 56 담당자 | 57 신고수리일자 [redacted] |

발 행 번 호 : [redacted]

Page : 1/1

(1) 수출신고수리일로부터 30일내에 적재하지 아니한 때에는 수출신고수리가 취소됨과 아울러 과태료가 부과될 수 있으므로 적재사실을 확인하시기 바랍니다.
(관세법 제251조, 제277조) 또한 휴대탁송 반출시에는 반드시 출국심사(부두,초소,공항) 세관공무원에게 제시하여 확인을 받으시기 바랍니다.
(2) 수출신고필증의 진위여부는 관세청 인터넷통관포탈에 조회하여 확인하시기 바랍니다.(http://unipass.customs.go.kr)

# FTA를 이해하고 잘 활용하자

**학습과제** **FTA에 관해 정확히 이해하자.**

FTA는 Free Trade Agreement의 약자로 자유무역협정을 말한다. 국가 간 상품의 이동을 자유화하는 협정이다. FTA는 상품 분야의 무역자유화 또는 관세인하에 중점을 두는 경우가 많지만 궁극적으로는 관세 철폐에 초점이 맞춰져 있다.

우리나라는 2004년에 칠레와 첫 FTA를 체결한 후 50개국 이상과 FTA를 체결하고 있다. 우리나라의 FTA 체결 현황 및 관련 정보에 관해서는 'FTA강국, 코리아' 사이트(www.fta.go.kr)를 방문하면 입수할 수 있다.

FTA 협정 세율을 적용받기 위해서는 원산지증명서가 반드시 필요하다. 원산지증명서의 발급방식은 FTA 협정에 따라 자율발급과 기관발급이 있다.

- 자율발급: 협정에서 정해진 방법과 절차에 따라 수출자가 작성하여 사용한다. 주의해야 할 점은 해당국 측의 사후검증이 따르기 때문에 증빙자료를 관리해야 한다는 것이다.
- 기관발급: 협정에서 정해진 방법과 절차에 따라 원산지 국가의 관세당국, 기타 발급권한이 있는 기관이 발급하는 제도를 말한다.

### FTA 사후검증

사후검증(Verification of Origin)이란 해당 FTA 협정에서 정한 원산지 상품인지를 사후에 조사하여 위반자에게 제재조치를 취하는 일련의 행정절차를 의미한다.

FTA협정국이 늘어나고 교역 또한 확대함에 따라 사후검증에 대비하기 위해서는 수출자·수입자 및 생산자는 원산지 판정과 관련된 서류를 5년간 반드시 보관해야 한다. 이와 관련해서는 'FTA 사후검증 지원센터'를 활용하면 도움이 된다.

### FTA를 효과적으로 활용하는 방법

FTA는 해외시장에서 가격경쟁력을 확보할 수 있는 기회이다. FTA 혜택을 받기 위해서는 협정 규정에 따라 자격요건을 갖추는 것이 중요하다. 해당 제품에 대한 원산지증명서가 있어야 그 자격이 갖추어진다. 따라서 FTA 협정 내용이 각각 다르므로 협정내용을 확인하고 그 기준에 맞는 원산지증명서를 준비해야 한다.

FTA 협정 내용을 잘 활용하려면 'FTA무역종합지원센터(www.okfta.or.kr)' 또는 'FTA 콜 센터 1380'을 이용하면 많은 도움을 받을 수 있다.

# 해상운송 방법에는 어떤 것이 있을까

**학습과제** **해상운송에는 컨테이너선과 재래선에 의한 운송이 있다.**

컨테이너선(Container Ship)에 의한 운송에는 다음과 같이 FCL(Full Container Load)과 LCL(Less Than Container Load) 두 가지 방법이 있다.

- FCL: 화주 한 명의 화물로 컨테이너 한 개를 채우고 운송하는 방법이다. 화물을 컨테이너에 싣는 작업은 공장에서 화주가 하고 운송업자가 그 컨테이너를 컨테이너 야드(CY)에 반입하면 통관 후 선적된다.
- LCL: 다른 여러 화주의 소량 화물을 모아서 한 컨테이너에 싣고 운송하는 방법이다. 선박회사가 지정한 CFS(Container Freight Station, 화물집하지)에 화물을 가지고 가면 그곳에서 다른 화물과 섞여 하나의 컨테이너에 실린다. 그리고 그 컨테이너가 CY에 반입되어 본선에 선적된다.

한편 재래선(Conventional Vessel)은 컨테이너선이 등장하기 이전에 건조된 일반화물선을 말하며, 재래선 화물을 루스 카고(Loose Cargo)라고 한다.

# 수출입 대금은 어떻게 결제할까

**학습과제** **대금결제 방법의 종류를 이해한다.**

무역거래에서 결제조건은 대단히 중요하다. 결제방법에는 다음과 같은 것이 있다.

### 송금에 의한 방법

송금에는 선송금과 후송금 두 가지 방법이 있다. 송금방식으로는 전신송금(Telegraphic Transfer), 보통송금(Mail Transfer), 수표송금(Demand Draft)이 있으며 최근 들어서는 전신송금이 일반적이다.

### 신용장에 의한 방법

무역거래는 거래 상대방이 해외에 있기 때문에 상품의 인도와 대금의 지불 사이에 시간차가 발생한다. 그 리스크를 회피하는 방법이 신용장(L/C)이다. 신용장은 수입자의 거래은행이 수출자에게 대금의 지불을 확약하는 보증서다. 수출자는 신용장의 조건에 일치하는 화환어음의 매입을 의뢰하고 대금을 수령한다. 따라서 수출자에게는 대금회수의 리스크를 회피할 수 있기 때문에 안심하고 수출할 수 있는 이점이 있다.

한편 신용장에는 여러 종류가 있으나 취소불능신용장이 일반적이다.

**추심에 의한 방법**

수출자가 신용장이 없는 화환어음의 추심을 거래은행에 의뢰하는 결제방법으로 D/A와 D/P가 있다.

- D/A(Documents against Acceptance, 어음인수 서류인도조건): 수입자가 일정한 유예기간 후 지불을 약속하는 어음을 인수하는 단계에서 은행이 선적서류를 수입자에게 건네주는 조건이다.
- D/P(Documents against Payment, 어음지불 서류인도조건): 수입자가 어음대금을 지불하면 은행이 선적서류를 수입자에게 건네주는 조건이다.

이외에도 상기 방법 중에서 2가지 이상의 방법을 혼합한 혼합방법, 국제팩터링(International Factoring), 포페이팅(Forfaiting), 네팅(Netting) 그리고 신용카드(Credit Card)에 의한 방법 등이 있다.

# 수출입을 하려면 인코텀즈를 알아야 한다

**학습과제** 인코텀즈를 제대로 이해하자.

INCOTERMS(International Commercial Terms)는 국제상업회의소(ICC, International Chamber of Commerce)가 수출입 거래에 관해서 정형적인 거래조건, 특히 당사자 간의 비용과 위험 부담의 범위를 정한 규칙이다.

수출입 당사자의 상관습이 나라에 따라 다르기 때문에 발생하는 거래조건의 오해나 차이, 분쟁, 소송 등을 방지할 목적으로 ICC가 '정형거래조건의 해석에 관한 국제규칙(International Rules for the Interpretation of Trade Terms)'을 1936년에 제정한 것이 그 시작이다. 그 후 국제무역거래 실태에 맞추기 위해 여러 차례 개정을 거쳐 지금은 2019년에 인코텀즈 2010을 개정한 인코텀즈 2020이 2020년 1월 1일부터 이용되고 있다.

인코텀즈 2020은 '국내·국제거래조건의 사용에 관한 ICC 규칙(ICC Rules for the Use of Domestic and International Trade Terms)'으로, 총 11종류의 규칙으로 되어 있다. 그 규칙들은 두 그룹으로 분류된다. 첫 번째 그룹은 '모든 운송방식에 적용되는 규칙', 두 번째 그룹은 '해상운송과 내수로운송에 적용되는 규칙'으로 규정되어 있다.

## 모든 운송방식에 적용되는 규칙

**EXW(Ex-Works): 공장 인도규칙**

수출자(매도인)가 지정장소(공장, 창고 등)에서 물품을 수입자(매수인)의 처분하에 두는 때 수출자의 인도의무가 완료된다. 그 지정장소는 수출자의 영업구내일 수도 있고 아닐 수도 있다. 수출자는 물품을 차량에 실어 주지 않으며 수출통관도 하지 않는다.

**FCA(Free Carrier): 운송인 인도규칙**

지정장소가 수출자의 영업구내인 경우는 물품이 수입자의 운송수단에 적재된 때, 지정장소가 수출국에서 그 밖의 장소인 경우는 수출자의 운송수단에 적재되어 지정장소에 도착하고 그 운송수단에 실린 채 양하 준비된 상태로 수입자가 지정한 운송인 또는 제3자의 처분하에 놓인 때 수출자의 인도의무가 완료된다. 수출통관은 수출자가 한다.

**CPT(Carriage Paid To): 운송비지급 인도규칙**

물품이 수출국에서 운송인에게 인도된 때 또는 그렇게 인도된 물품이 조달될 때(연속매매) 수출자의 인도의무가 완료되지만, 수입국 지정목적지까지의 운송비용은 수출자가 부담한다. 수입자는 물품이 운송인에게 인도된 후의 모든 위험과 추가 비용을 부담한다. 수출통관은 수출자가 한다. 수출자는 수입자에 대하여 부보의무가 없다. 수입자가 스스로 보험에 가입하는 것이다.

# 인코텀즈 2020에서 위험부담 이전 시점과 운송계약에 관한 일람표

| 구분 | 공장 창고 | 수출국 지정장소 (지정운송인) | 지정 선적항 | 선적항 본선 | 지정 도착항 | 수입국 지정 목적지 |
|---|---|---|---|---|---|---|
| 모든 운송방식에 적용되는 규칙 | | | | | | |
| EXW | → | | | | | |
| FCA | → | → | | | | |
| CPT | → | → | → | → | → | → |
| CIP | → | → | → | → | → | → |
| DAP | → | → | → | → | → | → |
| DPU | → | → | → | → | → | → |
| DDP | → | → | → | → | → | → |
| 해상운송과 내수로운송에 적용되는 규칙 | | | | | | |
| FAS | → | → | → | | | |
| FOB | → | → | → | → | | |
| CFR | → | → | → | → | → | |
| CIF | → | → | → | → | → | |

**수출자의 위험부담** (표의 칸)

수출자의 운송계약 ───▶

* C규칙은 위험부담 분기점과 비용부담 분기점이 다름에 유의한다.
* DAP는 지정목적지에서 양하 전까지 수출자가 위험부담을 진다.
* DPU는 지정목적지에서 양하에 따르는 위험부담까지 수출자가 진다.
* DDP는 수출자가 수입국의 수입통관은 물론 수입관세 등 제비용을 모두 부담해야 한다. 지정목적지에서 양하 전까지 수출자가 위험부담을 한다.

**CIP(Carriage and Insurance Paid To): 운송비 · 보험료지급 인도규칙**

수출자의 인도의무는 CPT와 같지만, 수출자는 수입국 지정목적지까지 물품의 운송비용과 보험료를 부담한다. CIP 규칙에서는 최대 담보(ICC(A) 약관)조건의 보험을 취득하도록 되어 있지만 당사자들은 더 낮은 수준의 담보조건으로 부보하기로 합의할 수 있다. 수출통관은 수출자가 한다.

**DAP(Delivered at Place): 도착지 인도규칙**

물품이 수입국의 지정목적지에서 또는 지정목적지 내에 어떠한 지점이 합의된 경우에는 그 지점에서 도착운송수단에 실어둔 채 양하 준비된 상태로 수입자의 처분하에 놓인 때 수출자는 인도의무를 다한 것이다. 수출통관은 수출자가 하지만 수입통관은 책임이 없다.

**DPU(Delivered at Place Unloaded): 도착지양하 인도규칙**

물품이 수입국의 지정목적지에서 또는 지정목적지 내에 어떠한 지점이 합의된 경우에는 그 지점에서 도착운송수단으로부터 양하된 상태로 수입자의 처분하에 놓인 때 수출자는 인도의무를 다한 것이다. 수출통관은 수출자가 하지만 수입통관은 책임이 없다.

**DDP(Delivered Duty Paid): 관세지급 인도규칙**

수입통관을 마친 물품이 지정목적지 또는 지정목적지 내에 어떠한 지점이 합의된 경우에는 그 지점에서 도착운송수단에 실어둔 채 양하 준비된 상태로 수입자의 처분에 맡겨졌을 때 수출자의 인도의무는 완료된다. 수출자는 수출통관과 수입국의 수입통관 의무를 진다. 관세는 물론 그에 수반하는 소비세(부가가치세) 등 제비용도 수출자가 부담해야 한다.

## 해상운송과 내수로운송에 적용되는 규칙

**FAS**(Free Alongside Ship)**: 선측 인도규칙**

물품이 수출국의 지정선적항에서 수입자가 지정한 선박의 선측(부두 또는 바지선)에 놓인 때 또는 이미 그렇게 인도된 물품을 조달한 때 수출자의 인도의무가 완료된다. 물품의 멸실 또는 훼손의 위험은 물품이 선측에 놓인 때 이전하고, 수입자는 그때부터 향후의 모든 비용을 부담해야 한다. 수출통관은 수출자가 한다.

**FOB**(Free On Board)**: 본선 인도규칙**

수출국의 지정선적항에서 수입자가 지정한 선박의 선상에 물품이 놓인 때 또는 이미 그렇게 인도된 물품을 조달한 때 수출자의 인도의무가 완료된다. 물품의 멸실 또는 훼손의 위험은 물품이 선박에 적재된 때 이전하고, 수입자는 그때부터 향후의 모든 비용을 부담해야 한다. 수출통관은 수출자가 한다.

**CFR**(Cost and Freight)**: 운임포함 인도규칙**

수출자의 인도의무는 FOB와 같지만, 수출자는 물품을 지정도착지 항구까지 운송하는 비용을 부담한다. 수출통관은 수출자가 한다. 물품의 멸실 또는 훼손의 위험은 물품이 선박에 적재된 때 수출자에서 수입자에게 이전된다. 수출자는 수입자에 대하여 부보의무가 없다. 수입자가 스스로 보험에 가입하는 것이다.

**CIF(Cost Insurance and Freight): 운임 · 보험료포함 인도규칙**

수출자의 인도의무는 FOB와 같지만, 수출자는 물품의 지정도착지 항구까지의 운임 및 보험료를 부담한다. 위험부담은 물품이 선박에 적재된 때 수출자에서 수입자에게 이전된다. 수출자는 선적항부터 목적항까지 물품 운송 중 멸실 또는 훼손과 같은 수입자의 위험에 대하여 보험에 가입해야 한다. 그러나 CIF 규칙에서는 최소 담보(ICC(C) 약관)조건의 보험을 취득하는 것으로 되어 있지만 당사자들은 더 높은 수준의 담보조건으로 부보하기로 합의할 수 있다.

### 인코텀즈 2020의 실무적용상 참고 및 유의사항

* 수출자/수입자 모두 보험가입 의무가 없는 CPT, CFR, EXW, FCA, FAS, FOB는 수입자가, D규칙에서는 지정목적지까지 위험을 부담하는 수출자가 보험에 가입해야 한다.
* 항공화물과 컨테이너선 화물의 경우는 FCA, CPT, CIP 규칙을 이용하도록 ICC는 권장하고 있다. 그리고 운송계약은 C규칙과 D규칙에서는 수출자가, EXW와 F규칙에서는 수입자가 한다.
* 인코텀즈 2020에서는 '해상운송과 내수로운송에 적용되는 규칙'뿐만 아니라 FCA, CPT, CIP, DAP, DPU, DDP에서도 연속매매를 인정하고 있다. 연속매매는 운송 중 전매에서 주로 사용되는 개념이다.
* 인코텀즈 규칙을 조금 변경해서 사용하는 것을 인코텀즈 2020 규칙은 금지하지 않지만 변경에는 위험이 따를 수 있으므로 유의해야 한다.

## 그림으로 보는 인코텀즈의 위험 및 비용부담 이전 시점

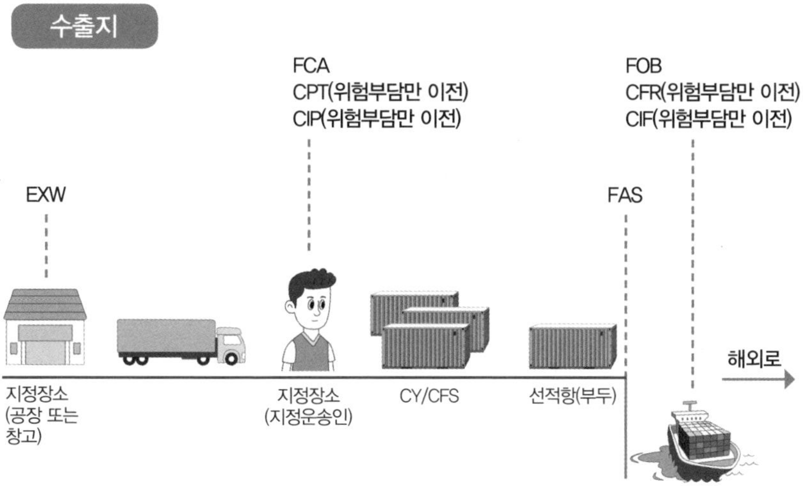


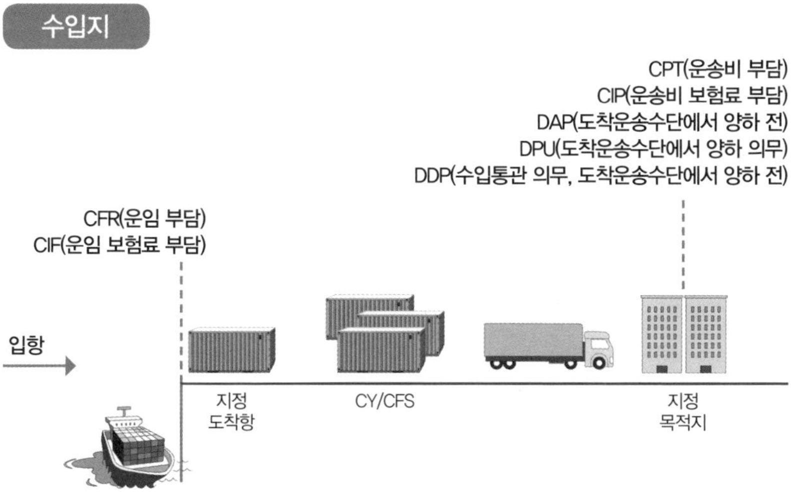

# 웨이빌(WayBill)에 관해서 알아두자

**학습과제** 웨이빌이 무엇인지 알아두자.

웨이빌은 국제해상물품 운송에 사용되어온 선하증권(B/L)을 대신하는 것으로 최근 들어 무역거래에 자주 사용되고 있다.

웨이빌은 운송 도중 B/L을 분실하거나 B/L이 화물 도착지에 지연 도착과 같은 사정으로 화물을 제때 받을 수 없다든가 화물을 빨리 받기 위해 부득이 은행 보증서(L/G)를 제출하는 것과 같은 문제를 해결해준다.

## 웨이빌의 성질

| 항목 | 내용 |
|---|---|
| 화물의 인도 | 화물이 도착하면 웨이빌을 제시하지 않고도 바로 인수할 수 있다. 화물 보관료와 금리가 절약되고 은행 보증서나 공탁금을 마련할 필요가 없다. |
| 리스크 | 유가증권이 아니므로 만일 분실한 웨이빌을 제3자가 입수한다 해도 수입자에게는 아무런 리스크가 없다. |
| 사무절차 | 웨이빌을 수입자에게 송부할 필요가 없기 때문에 웨이빌 발행을 기다릴 필요 없이 인보이스 등 선적서류를 선적 즉시 수입자에게 송부할 수 있다. |

| | |
|---|---|
| 유통성 | 유가증권·유통증권이 아니기 때문에 배서에 의한 양도는 할 수 없다. |
| 하수인의 기명 | 하수인을 기명하기 때문에 원칙적으로 하수인 이외에는 화물을 인수할 수 없다. 하수인의 지시에 따라 제3자에게 인도도 가능하다. |
| 운송조건 | 운송약관을 이면에 기재하지 않지만 운송조건은 B/L과 동일하다. |

웨이빌은 이용의 편리함 때문에 오랜 기간 거래관계로 신뢰할 수 있는 회사 간에, 특히 본·지점 간 거래 등에서 자주 이용된다.

## 웨이빌 사용 시 주의점

웨이빌 사용이 편리한 측면이 있지만 웨이빌을 사용할 경우 주의점으로 다음과 같은 것이 있다.

- L/C 계약의 경우에는 이용할 수 없다. L/C 계약의 경우는 유가증권으로서 B/L이 요구되기 때문에 이 경우에는 웨이빌을 이용할 수 없다.
- Consignee(하수인, 荷受人)를 특정해야 한다. 다시 말해 Consignee 칸에 기명식(특정 수입자명을 기재한다)으로 발행된다.
- 기본적으로 오리지널 웨이빌은 1부만 발행된다.
- 웨이빌은 Consignee에게는 송부되지 않기 때문에 웨이빌을 발행할 경우 수입자는 사전에 수입국 측 선박회사에 Consignee로 등록해 두어야 한다.

# 보세구역에 대해 알아두자

**학습과제** **보세구역의 종류와 역할을 알아두자.**

보세구역은 효율적인 화물관리와 관세행정의 필요에 따라 세관장이 지정하거나 특허한 장소로서 수출입 및 반송 등 통관하고자 하는 외국물품을 장치하거나 외국물품 또는 외국물품과 내국물품을 원재료로 한 제조·가공·기타 유사한 작업, 외국물품의 전시, 외국물품을 사용하는 건설, 외국물품의 판매, 수출입 물품의 검사 등을 하는 곳을 말한다(관세법 제7장). 보세구역의 종류와 역할은 다음과 같다.

1. **지정보세구역**(DBA, Designated Bonded Area)

통관하고자 하는 물품을 일시적으로 장치하거나 검사하기 위한 보세구역을 말한다. 지정장치장과 세관검사장으로 구분한다.

- 지정장치장: 통관하려는 물품을 일시 장치하기 위한 장소로서 세관장이 지정한 구역. 지정장치장에 물품을 장치하는 기간은 6개월 범위에서 관세청장이 정한다. 다만, 관세청장이 정하는 기준에 따라 세관장은 3개월 범위에서 그 기간을 연장할 수 있다.
- 세관검사장: 통관하려는 물품을 검사하기 위한 장소로 세관장이 지정한 지역. 세관장은 관세청장이 정하는 바에 따라 검사받을 물품의

전부 또는 일부를 세관검사장에 반입하여 검사할 수 있다. 세관검사장에 반입되는 물품의 채취·운반 등에 필요한 비용은 화주가 부담한다.

## 2. 특허보세구역

개인의 신청으로 개인의 토지, 시설 등에 대하여 세관장이 보세구역으로 특허한 장소를 말한다. 특허보세구역의 특허기간은 10년 이내이며, 특허보세구역은 다음과 같이 구분한다.

- 보세공장(Bonded Factory): 가공무역의 진흥을 위하여 관세법상 설치된 보세구역으로 외국물품 또는 외국물품과 내국물품을 원료로 하거나 재료로 하여 제조·가공·기타 이와 유사한 작업을 하기 위한 보세구역을 말한다.
- 보세창고(Bonded Storage): 외국물품이나 통관하려는 물품을 장치하는 곳을 말한다.
- 보세건설장: 산업시설의 건설에 사용되는 외국물품인 기계류 설비품이나 공사용 장비를 장치·사용하여 건설공사를 하는 곳을 말한다.
- 보세판매장: 외국으로 반출하거나 관세의 면제를 받을 수 있는 사람(외교관 등)이 사용하는 것을 조건으로 외국물품을 판매하는 곳을 말한다.
- 보세전시장(BEG, Bonded Exhibition Ground): 박람회, 전람회 등을 운영하기 위해 외국물품을 전시하거나 사용하는 곳을 말한다.

### 3. **종합보세구역**(IBA, Integrated Bonded Area)

동일한 장소에서 기존 특허보세구역의 모든 기능을 둘 이상 복합적으로 수행할 수 있는 장소를 말한다.

## 보세구역의 종류

| 종류 | 구분 |
|---|---|
| 지정보세구역(DBA, Designated Bonded Area) | 지정장치장 |
| | 세관검사장 |
| 특허보세구역 | 보세공장(Bonded Factory) |
| | 보세창고(Bonded Storage) |
| | 보세건설장 |
| | 보세판매장 |
| | 보세전시장(BEG, Bonded Exhibition Ground) |
| 종합보세구역(IBA, Integrated Bonded Area) | |

# 검역제도는 왜 필요할까

**학습과제** **검역제도에 관해 알아두자.**

검역이란 해외에서 전염병이나 해충이 들어오는 것을 막기 위하여 공항과 항구에서 하는 일들을 통틀어 이르는 말이다. 자동차, 배, 비행기, 화물 따위를 검진하고 소독하며, 여객들에게 예방주사를 접종하거나 병이 있는 사람을 격리하고, 동물이나 식물을 따로 보관하여 병의 유무를 살핀 뒤 폐기하거나 통과시키거나 하는 일 따위가 이에 속한다. 전염병의 전염을 방지하고 예방하기 위해 취하는 조처로 국내검역/국제검역/가축 및 동물 검역/식물검역 등으로 구분해 실시하고 있다.

수입하는 동식물의 검역은 동물의 전염성 질병이나 식물의 병충해가 국내에 들어오는 것을 방지하고, 식료의 안정공급과 농축산업의 진흥을 꾀하기 위해 실시한다. 또 외국으로 동물의 전염성 질병이나 식물의 병충해가 확산되지 않도록 수출 대상국가가 요구하는 수출검역 등을 한다.

한편 동물검역, 식물검역 등의 검역·위생조치는 WTO-SPS 협정을 바탕으로 국제기준 등에 따라 실시한다. 동식물검역에 관해서는 농림축산검역본부 홈페이지(www.qia.go.kr)에서 관련 정보를 얻을 수 있다.

# 컨테이너의 종류를 알아두면 필요할 때 유용하다

**학습과제** **컨테이너의 용도와 종류를 알아두자.**

해상 컨테이너는 모든 국가에서 유통을 확보하기 위해 그 구조·기술적 기준에 관해 국제적인 통일조약을 바탕으로 설계·제조된다. 해상 컨테이너는 다양한 용도의 종류가 있지만 대표적인 것을 소개한다.

## 컨테이너 용도에 따른 종류

- 드라이 컨테이너(Dry Container): 일반 용도의 컨테이너를 통칭한다. 일반 잡화를 적재하기 위한 컨테이너로 가장 많이 유통되고 있다.

- 오픈 탑 컨테이너(Open Top Container): 지붕이 개방(Open)되는 컨테이너로 일반 컨테이너보다 높은 화물이나 일반 컨테이너에 싣기 곤란한 화물을 실을 때 사용되는 컨테이너이다.

- 플래트 랙 컨테이너(Flat Rack Container): 컨테이너 사방이 개방(Opne)되어 있으며 바닥만 있는 형태로 기계류, 목재 등 중량화물이나 높이와 폭이 일반 컨테이너보다 큰 화물을 적재할 때 사용되는 컨테이너이다.

• 냉동 컨테이너(Reefer Container): 고기, 생선, 채소, 과일, 그 외 냉동 화물을 운송하기 위한 컨테이너로 컨테이너에 냉동기가 내장되어 있다. 통상의 냉동 컨테이너는 플러스 25℃로부터 마이너스 25℃ 정도까지 냉각이 가능한 냉동 유니트를 장비하고 있으며, 화물의 운송 온도에 따라 임의로 온도설정을 할 수 있게 되어 있다.

• 탱크 컨테이너(Tank Container): 식품, 기름, 화학약품 등의 액체화물을 운송하기 위해 탱크를 갖춘 컨테이너로 고압가스용의 것이나 보온·가열장치를 갖추고 있는 것도 있다.

### 드라이 컨테이너 사이즈에 따른 종류

| 컨테이너 종류 | 20피트 컨테이너 | 40피트 컨테이너 | 40피트 하이큐브컨테이너 |
|---|---|---|---|
| 길이 | 6,058mm | 12,192mm | 12,192mm |
| 폭 | 2,438mm | 2,438mm | 2,438mm |
| 높이 | 2,591mm | 2,591mm | 2,896mm |
| 내용량 | 33.1$m^3$ | 67.5$m^3$ | 76.2$m^3$ |
| 최대적재량 | 21,780kg | 26,740kg | 26,560kg |
| 최대총중량 | 24,000kg | 30,480kg | 30,470kg |

※ 40피트 하이큐브컨테이너(40ft High Cube Container)는 40피트 컨테이너 중 높이가 9피트 6인치인 컨테이너를 말한다.

# 해상보험에 관해 알자

**학습과제** **해상보험의 종류와 용어를 알아두자.**

해상보험은 국제간의 운송 중 화물이 어떠한 사고에 의해 손해를 입었을 경우 보험회사에 손해액을 보전받기 위해 가입하는 것이다. 보험의 상세한 내역은 전문영역이므로 보험회사의 전문가에게 확인할 필요가 있지만 무역실무자로서 알아두어야 할 것도 많다.

화물보험의 대상으로 되는 손해내용(= 담보범위)은 통상 런던보험자협회가 제정한 I.C.C.약관(Institute Cargo Clause의 약어, 협회화물약관)이라 불리는 보험조건에 따른다. I.C.C.약관은 1963년, 1982년, 2009년에 개정되었지만 신구 약관 어느 것도 사용 가능하다.

구약관, 신약관 모두 3종류 보험조건이 설정되어 있지만 여기서는 최신의 사정에 맞춰서 신약관의 3조건 내용을 간단하게 소개한다.

### ❶ I.C.C.(A) 조건

보험 범위가 가장 넓은 조건으로 해상보험만이 아니라 하역 중 사고 등 운송 중의 위험 전부를 담보하는 조건이다. 전쟁이나 동맹파업위험은 제외된다.

※ 구약관, 1963년판의 All Risk(A/R, 전위험담보)에 거의 상당함.

### ❷ I.C.C.(B) 조건

해수, 호수, 하천의 침수에 의한 '물에 젖은 손해'(비나 눈에 젖은 손상은 포함되지 않음)와 화재, 폭발, 좌초, 충돌 등의 위험을 커버하는 조건이다.

**※ 구약관의 WA조건(With Average, 단독해손담보, 분손담보)에 거의 상당함.**

### ❸ I.C.C.(C) 조건

담보 범위가 가장 좁은 조건으로 선박의 좌초나 전복 등 항해를 계속하는 것이 위태롭게 된 위험만을 커버하는 조건이다(I.C.C.(B) 조건과 달리 물에 젖은 위험은 적용되지 않음).

**※ 구약관의 FPA조건(Free from Particular Average, 단독해손부담보)에 거의 상당함.**

한편 항공운송의 경우는 원칙적으로 I.C.C.(A) 또는 A/R 조건만 적용된다.

# 해상보험 용어

* **보험자**(Insurer, Assurer)

보험계약자로부터 보험료를 받는 대신에 보험기간 중 보험사고가 발생할 경우 보험금을 지급할 것을 약속한 자(보험회사)를 말한다.

* **피보험자**(Insured, Assured)

보험사고가 발생한 경우에 보험자로부터 손해의 보상을 받는 자를 말한다.

* **보험계약자**(Policy Holder)

보험료를 납부하는 자를 말한다.

* **보험금액**(Insured Amount)

보험자가 계약상 부담한 손해보상 책임의 최고한도인 금액을 말하며, 보험금(claim amount)은 실질적인 보상금액을 말한다.

* **보험료**(Insurance Premium)

보험계약 체결 시 보험자가 위험을 담보하는 대가로 보험계약자가 보험자에게 지급하는 대금이다.

* **보험요율**

보험금액에 대해 퍼센트로 나타낸 것을 말한다.

* **보험기간**

보험자의 책임이 시작되는 시점에서 종료까지의 기간을 말한다.

* **희망이익**(Expected Profit)

화물이 목적항에 도달해서 매각할 경우 기대 가능한 이윤 획득에 대한 이익을 말한다.

*** 보험가액(insurable value)**

일정한 피보험이익에 대하여 발생할 수 있는 경제적 손실의 최고한도액 또는 그 견적금액을 말한다.

*** 공동해손과 단독해손**

항해 중의 선박이 침몰 등의 공동위험에 처했을 때 그 위험을 회피하기 위해 실려 있는 화물의 일부를 투기하는 등 선박과 화물 전체의 보전을 행하는 경우가 있다. 이때 손실을 보지 않은 하주가 공동으로 그 손해를 부담하는 것을 '공동해손'이라고 한다. 반면에 단독해손은 특정 피보험자의 화물에 발생한 손해를 가리킨다.

*** 전손과 분손**

단독해손은 손해 정도에 따라 전손과 분손으로 나뉜다. 전손은 화물의 전부가, 분손은 화물의 일부가 멸실, 파손 등으로 가치를 잃은 상태를 가리킨다.

**이것이 궁금해요!**

**Q 실제로 손해 사고가 있을 경우 어떻게 대처하면 좋을까?**

A 화물해상보험증권(Marine Insurance Policy)은 수출자가 든 경우 수출자는 해당 보험증권에 이서(배서)를 해서 수입자에게 보낸다. 신용장에 기재되어 있는 경우는 환어음 매입서류로서 은행 경유 수입자에게 보낸다. 이서에 의해 보험청구권은 보험을 든 수출자로부터 수입자에게 전이된다. 만약 화물에 사고가 발생할 경우 수입자는 보험회사에 연락하고 보험청구 수속을 밟는다. 그때에 보험증권 외에 인보이스나 선하증권 등도 필요하게 된다.

# 수입비즈니스를 계획할 때 포인트는 무엇일까

**학습과제** 수입비즈니스를 할 때 포인트를 알아두자.

수입비즈니스의 성공 여부는 수입한 상품을 어떻게 잘 판매하느냐에 달려 있다. 그렇게 하려면 사전에 국내시장조사가 대단히 중요하다. 국내 소비자들이 바라는 것은 무엇인가. 좋아하는 상품은 어떤 것인가. 어느 정도 가격이면 잘 팔릴 것인가. 판매는 어떻게 이루어지는가 등에 관해 철저히 조사해야 한다. 그리고 시장조사를 바탕으로 수입할 상품을 찾아야 한다.

## 수입을 계획할 때 주의점

1. 수입상품을 선정할 때에는 가장 먼저 수입에 따른 법적 규제를 반드시 확인해야 한다. 수입을 제한하는 수입승인품목 여부, 수입승인품목일 경우 수입승인 요건 충족 가능 여부, 개별법 또는 특별법의 규제를 받는 경우 그 요건 충족 가능 여부, 국내인증 취득 가능 여부 등을 철저히 조사해야 한다.

2. 관세 등 수입에 따른 제반 비용에 관해 확실하게 파악해야 한다. 수입에 따른 비용이 생각보다 많아지는 경우가 있으므로 수입상품에

부과되는 관세, 부가가치세액은 물론 그 외에 어떤 비용이 어느 정도 들어가는지 파악할 필요가 있다.

3. 끊임없이 새로운 정보를 입수하기 위해 노력해야 한다. 소비자의 구매의식이나 행동 변화를 파악하고 그것에 재빨리 대응하는 것이 중요하다. 경쟁제품에 대한 정보나 인기 제품에 대한 정보에는 거래에 도움이 될 만한 요소가 있을 수 있다.

4. 상품 중에는 계절에 따라 가치가 달라지는 등 계절에 민감한 상품이 있다. 이 같은 상품은 시기를 놓치면 가치를 잃기 때문에 발주 시기 등에 주의가 필요하다.

5. 수입상품 선정에 따른 해외공급처를 물색할 때는 가격경쟁력이 있는지는 물론 품질 및 사양 변경 가능성 여부 그리고 가격, 납기, 품질에서 안정적인 공급이 가능한지를 고려해서 선정하는 것이 중요하므로 철저한 조사가 필요하다.

# 병행수입이 불가능한 물품도 있다

**학습과제** 병행수입이 가능한 경우와 불가능한 경우를 알아두자.

병행수입(Parallel Importation)은 국내의 상표권자 또는 전용사용권자의 허락 없이 제3자가 다른 유통경로로 진정상품을 수입하는 것을 말한다.

병행수입은 모든 상표에 허용되는 것이 아니라 일정한 기준에 따라 제한적으로 허용되므로 병행수입 이전에 수입하고자 하는 물품의 상표가 병행수입이 허용되는지 확인해야 한다.

병행수입이 가능한 경우는 외국상표권자와 국내상표권자(전용사용권을 설정한 경우 전용사용권자)가 동일인 관계인 경우, 외국상표권자와 국내상표권자(전용사용권을 설정한 경우 전용사용권자)가 동일인 관계는 아니지만 외국 상표권자가 생산한 진정상품을 수입·판매하는 경우다. 즉, 공식적으로 상표권자와 독점판매권을 갖지 않은 판매업자가 별도 경로로 상품을 수입해서 판매하는 것을 말한다.

병행수입이 불가능한 경우는 외국상표권자와 국내상표권자(전용사용권을 설정한 경우 전용사용권자)가 동일인 관계가 아니면서 제조만 하는 경우이며, 이때는 수출입사실 통보의 대상이 된다. 단, 국내상표권자 또는 전용사용권자가 권리 없는 제3자의 수입을 허락하거나 통관에 동의한 경우에는 침해우려물품 수출입사실 통보대상에서 해제되어 차후 수입되는 동일 지정상품에 대해서는 수출입사실을 통보하지 않아도 된다.

관세청은 병행수입을 활성화해 수입물품의 가격안정을 도모하고 합리적인 소비를 유도하기 위해 병행수입물품에 통관표지를 붙이는 병행수입물품 통관인증제를 시행하고 있으며, 표지가 있는 것은 정품이므로 안심하고 구매 가능하다.

## 병행수입이 가능한 경우

**외국상품권자와 국내상표권자가 동일인 관계인 경우**

- 외국상품권자와 국내상표권자(전용사용권을 설정한 경우 전용사용권자)가 동일인 관계인 경우

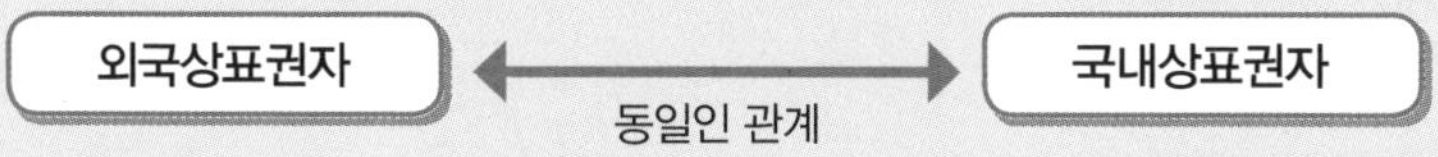


※ 동일인 관계란 국내외 상표권자가 동일인이거나 계열회사 관계(주식의 30% 이상을 소유하면서 최다출자자인 경우), 수입대리점 관계 등 동일인으로 볼 수 있는 관계를 말함

- 외국상품권자와 국내상표권자(전용사용권을 설정한 경우 전용사용권자)가 동일인 관계는 아니지만 외국상표권자가 생산한 진정상품을 수입 판매하는 경우

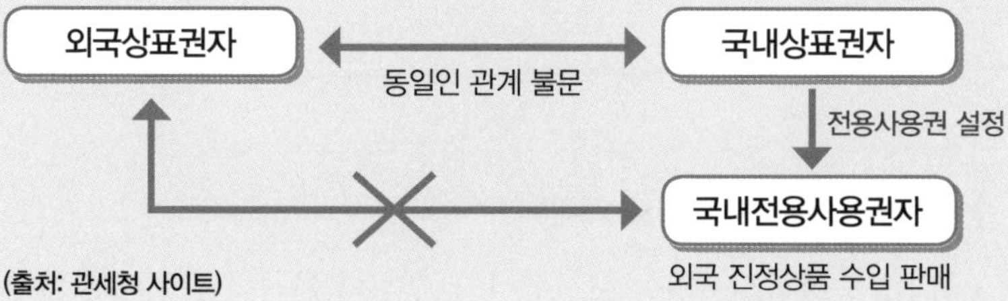


(출처: 관세청 사이트)

# 수입신용장은 어떻게 개설할까

**학습과제** **수입신용장 개설에 필요한 서류와 절차를 알아두자.**

수입계약에서 대금지불조건이 신용장조건일 경우 수입자는 필요한 서류를 작성하여 거래은행에 수출자 앞으로 신용장 개설을 의뢰한다. 개설에 필요한 서류는 다음과 같다.

### 신규거래일 경우

- 수입거래약정서: 수입거래에 수반되는 여러 가지 비용을 확인하고 위험 부담을 막기 위하여 은행이 수입자로부터 징구하는 약정서를 말한다. 수입거래에 따른 모든 비용과 채무가 수입자 부담임을 명시한다. 종전의 상업신용장약정서를 발전적으로 정비한 약정서다.
- 양도담보계약서: 담보로 제공한 물건의 소유권을 이전 권리자가 새로운 권리자에게 양도한다는 내용으로 작성하는 계약 문서다. 양도담보는 담보로 제공한 물건의 소유권을 채권자에게 이전하고 기일에 채무자가 채무를 상환하게 되면 그 소유권을 다시 회복하기로 하는 담보제도다.

### 수입신용장 개설을 의뢰할 때마다

- 취소불능화환신용장 발행신청서: 은행마다 양식이 있으므로 거래은

행에서 해당 양식을 받아 작성하여 제출하면 된다. 계약내용과 일치하는지, 기입사항이 정확한지, 상호 모순은 없는지 등에 관해 면밀히 확인한 후 제출한다.

- 수입계약서 또는 Offer Sheet: 수입계약서가 없을 경우에는 수출자에게서 받는 Proforma Invoice로 대체가 가능하다.
- 보험서류: 수입자가 보험을 들어야 하는 경우에만 제출한다.
- 수입승인서: 수입규제품목을 수입할 경우에만 필요하다.

신용장 개설에 필요한 서류는 은행마다 약간씩 다를 수 있으므로 사전에 거래은행에 확인하고 은행 담당자에게 상담할 필요가 있으며, 신용장 개설에는 개설수수료가 부과된다.

## 신용장 개설방법

신용장을 개설하는 방법은 우편으로 하는 개설방법(Mail Credit), 전신으로 하는 개설방법(Cable Credit) 그리고 SWIFT에 의한 개설방법이 있다. 우편으로 개설하는 방법은 거의 이용되지 않으므로 여기서는 전신으로 하는 개설방법과 SWIFT에 의한 개설방법에 대해 설명한다.

### 전신으로 하는 개설방법

Short Cable 방법과 Full Cable 방법이 있다. Short Cable 방법은 Cable로 신용장이 개설되었다는 사실을 미리 수입자에게 통지하고 신용장 원본은 우편으로 송부하는 방법인데 이 방법도 거의 이용되지 않는다. Full

Cable 방법은 신용장 내용을 전부 전신으로 통지하는 방법이다.

#### SWIFT에 의한 개설방법

SWIFT는 「Society of Worldwide Interbank Financial Telecommunicaion(세계 은행 간 자금결제 통신망)」의 약자로 전자문서 교환방식인 EDI(Electronic Data Interchange)방식에 의한 신용장을 의미한다.

SWIFT에 가입한 국가 간에는 대부분 이 방법을 이용하고 있다. 우리나라는 1992년 3월부터 SWIFT에 가입하지 않은 국가를 제외하고는 이 방법으로 신용장을 개설하고 있다.

# 취소불능 화환신용장 발행신청서

## APPLICATION FOR IRREVOCABLE DOCUMENTARY CREDIT

[redacted]

TO : [redacted] BANK

20(Documentary Credit Number)

Date :

40A(Form of Documentary Credit): Irrevocable, Transferable

| | |
|---|---|
| Advising Bank SWIFT CODE | 31D(Date and Place of Expiry): (yy/mm dd)<br>in the Beneficiary Country<br>기타 ) |
| 50(Applicant) | 59(Beneficiary) |
| 32B(Amount) | 39A(Credit Amount Tolerance): (More/Less)% |
| 42C(Drafts at…) | Banker's(선급) Banker's(후급) Shipper's Domestic |
| 43P(Partial Shipments): Permitted Prohibited | 43T(Transhipment): Permitted Prohibited |
| 49(Confirm Instruction): Without May add Confirm | Confirm Charge: Applicant Beneficiary |

44A(Place of Taking in Charge/Dispatch from…/Place of Receipt)

44E(Port of Loading/Airport of Departure)

44F(Port of Discharge/Airport of Destination)

44B(Place of Final Destination/For Transportation to…/Place of Delivery)

| | |
|---|---|
| 44C(Latest Date of Shipment): (yy/mm dd) | 48(Period for Presentation) |

71B All banking charges outside Korea and reimbursement charges are for account of Beneficiary Applicant

45a(Descriptions of goods and/or service):Details as per Offer No.

| Commodity Description | Quantity | Unit price | Amount |
|---|---|---|---|
| | | | |

HS CODE:

Origin Price Terms :

46a(Documents Required)

Signed commercial invoice in triplicate

Packing list in triplicate

Full set of clean on board ocean bills of lading made out to the order of [redacted]ANK SEOUL marked Freight and Notify Applicant

Airway bills consigned to [redacted] BANK SEOUL marked Freight and Notify Applicant

Certificate of origin in triplicate issued or certified by Chamber of Commerce or governmental authority where shipment is made

Full set of (marine) insurance policy or certificate endorsed in blank for 110% of invoice value with claims payable in Korea in the currency of draft covering The Institute Cargo Clause:

| | |
|---|---|
| I/T reimbursement: Allowed Not Allowed | 일람불(at sight)인 경우 선택 송금방식 상환방식 |

47a(Additional Conditions)

□ 중국 위안화에 의한 거래시에는 현지 정책에 따라 거래 제한(용도 및 대상기업에 따른 제한 포함)이 될 수 있음을 인지하였으며 거래상대방이 위안화 결제 가능 기업에 포함되는지의 여부를 당사에서 사전에 확인하였고 이로 말미암은 문제에 대해서는 당사에 책임이 있음을 확약합니다.

□ 위와 같이 신용장 발행을 신청함에 있어서 따로 제출한 외국환거래약정서의 해당 조항에 따를 것을 확약하며 아울러 위 수입화물에 관한 모든 권리를 귀행에 양도하겠습니다.

신 청 인 (인)

주 소

책임자 (확인)

| 담당자 | 확인자 | 결재권자 |
|---|---|---|
| | | |

# 수입규제 여부는 어떻게 알 수 있을까

**학습과제** **수입금지품목, 수입상품을 규제하는 법률에 관해 알아두자.**

현재 우리나라에서는 수입규제가 많이 완화되어 비교적 자유롭게 상품을 수입할 수 있지만 아직도 상품에 따라서는 수입이 금지된 것, 개별 법률에 의거하여 승인이나 허가 등의 절차가 필요한 것이 있다.

## 수입금지 품목

관세법 제234조에 의거해 다음 품목은 수입이 금지되고 있다.

- 헌법질서를 문란하게 하거나 공공의 안녕질서 또는 풍속을 해치는 서적·간행물·도화, 영화·음반·비디오물·조각물 또는 그 밖에 이에 준하는 물품
- 정부의 기밀을 누설하거나 첩보활동에 사용되는 물품
- 화폐·채권이나 그 밖의 유가증권의 위조품·변조품 또는 모조품
- 마약, 향정신성 의약품, 마취제, 불법적 의약품
- 화기, 병기의 부품들, 준 무기류(도검, 서바이벌 게임용 총기완구, 사용한 총포탄류, 군수물자)
- 상표법, 저작권법, 식물신품종보호법, 농산물품질관리법, 특허법, 디자인보호법에 따라 설정 등록된 지식재산권을 침해하는 물품(관세

법 제235조)

- 세관이 수량, 중량 등의 조건으로 제한한 물품의 초과분 화물

수입금지 품목은 이외에도 멸종위기 동식물, 방사성 물질 등 각각의 관계 법령에 따라 수입금지 되거나 제한될 수 있는 품목이 많으며, 또한 상황에 따라 수입규제 여부가 변동될 수 있으므로 수입가능 여부에 의심 가는 상품이 있을 경우 인터넷 검색을 통해 확인하거나 관세사 또는 관세청이나 세관에 문의하면 확인할 수 있다.

## 수입을 규제(승인, 허가 등)하는 개별법

우리나라의 대외무역과 관련하여 3대 무역기본법인 대외무역법, 외국환관리법, 관세법 이외에도 수입하는 상품을 개별법에 따라 규제하고 있다. 개별법으로는 약사법, 마약법, 식품위생법, 의약품관리법, 영화법, 검역법 등 50여 개가 있다. 따라서 수입하는 상품이 관련 개별법에 따라 어떻게 규제되는지 반드시 확인하고 그 절차를 따라야 수입할 수 있다.

그 확인방법으로는 「수출입통관편람」 또는 「품목별 수출입요령」 집을 참조하거나, 관세청 또는 관세사에게 문의하면 도움을 받을 수 있다.

# 관세율표는 무엇인가

**학습과제** **수입물품에 적용하는 관세율을 체계적으로 나열한 목록인 관세율표에 관해 알아두자.**

관세율표(Customs Tariff Schedules)는 수입물품에 부과되는 기본적인 관세율을 정하는 표로서 관세법 별표로 규정하고 있다. 세계관세기구(WCO) 품목분류체계(HS)에 따라 국제적으로 거래되는 모든 종류의 물품을 분류한 97개 유(Chapter)의 각 세목에 대한 기본 관세율로 구성된다. 이 관세율표는 '수출입총람'에 포함되어 있으며 국세청 홈페이지에서도 열람할 수 있다.

수입상품의 세율을 알기 위해서는 관련 카탈로그나 자료를 참조하여 HS번호(Code)를 알아야 한다. 세계 각국에서 채용하고 있는 국제통일품목분류의 HS번호는 10자리로(예, 4202.21-1090) 되어 있으며, 앞 6자리까지는 세계 공통이다. 뒤의 4자리는 각국 상황에 맞춰 정하는데, 우리나라는 수출 품목은 6자리까지, 수입 품목은 10자리 기준으로 수출입규제 여부를 정하고 있다.

HS번호에 따라 관세가 정해지기 때문에 HS번호를 잘못 정하면 수입상품에 대한 관세율이 크게 달라지니 HS번호를 정할 때는 충분한 검토와 주의가 필요하다. HS번호를 알기 어려울 경우에는 관세청에 문의하면 도움을 받을 수 있다.

# HS번호가 관세를 좌우한다

**학습과제** HS번호의 구조를 알아두자.

HS는 Harmonized System(Harmonized Commodity Description and Coding System)의 약어로 '국제통일상품분류체계'이다. HS번호(Code) 구조를 10자리 HS번호 4202.21-1090(가죽핸드백이 분류되는 번호임)을 예로 들어 설명한다.

- 유(Chapter): HS번호 앞 2자리를 말한다. 42
- 호(Heading): 상기 유의 2자리를 합친 앞 4자리를 말한다. 4202
- 소호(Subheading): 앞에서 5, 6자리를 말한다. 21

7자리 이하(1090)는 6자리(4202.21)에서 정하는 범위 내에서 각국이 자국 상황에 맞춰 세분하여 사용한다.

한편 HS번호 확인방법으로는 다음과 같은 것이 있다.

- 관세청의 품목분류 사전심사 제도를 통한 확인 방법
- 관세청에 일반 민원질의를 통한 확인 방법
- 관세사 등 전문가, 관세종합상황센터, 세관을 통한 확인 방법
- 법규집, 인터넷을 통한 확인 방법
- 관세청 홈페이지(품목분류)에서도 확인 가능

# 관세는 어떻게 정해질까

**학습과제** 관세 산정방법 등을 알아두자.

관세는 국경을 통과하는 화물에 통상 수입국의 정부에서 부과하는 조세를 말한다. 국내산업의 보호와 재정수익의 확보를 목적으로 한다.

관세액을 산정하기 위해서 기준이 되는 가격이나 수량을 과세표준이라 한다. 과세표준에 관세율을 곱해서 나온 것을 관세액이라 한다.

관세율에는 통상의 수입화물에 적용되는 일반세율과 금액이 적고 소액인 여행자의 휴대품이나 우편물, 특송물품 등에 적용되는 간이세율이 있다.

## 관세, 부가가치세 산정 방법

### 1. 계산 방법

수입관세 = CIF가격 × 관세율(%)

부가가치세 = (CIF가격 + 수입관세) × 10%

수입자가 납부하는 세액 = 수입관세 + 부가가치세액

※ 위의 내용은 일반제품의 경우이며, 제품에 따라서는 개별소비세, 주세, 교통세, 교육세, 농어촌특별세 등의 세금이 관세, 부가가치세액과 별도로 부과되는 경우가 있다. 이 경우 부가가치세액의 산정은 (관세의 과세가격 + 수입관세 + 해당하는 세액) × 10%로 한다.

## 관세액을 정하다

**관세율표** ⟷ **INVOICE**

INVOICE의 상품명을 참고로 해서
세번(HS번호)을 정한다.

**수입관세 = CIF가격 × 관세율(%)**
**부가가치세 = (CIF가격 + 수입관세) × 10%**

**관세의 납부방법**
신고수리일 또는 고지서 수령일부터
15일 이내 은행 또는 우체국에 납부,
납부기한 연장 또는 분할납부제도도 있음

### 2. 관세의 확정시기

일반물품의 경우 수입신고할 때 물품의 성질과 수량에 따라 결정된다.

### 3. 관세의 확정 방법

신고납세방식과 부과납세방식 두 가지가 있다.

### 4. 관세의 납부의무자

일반적으로 물품을 수입한 화주가 납세의무자다.

### 5. 관세 납부 방법

신고납부를 한 경우는 수입신고수리일부터 15일 이내, 부과납세의 경우는 납세고지를 받은 날부터 15일 이내에 국고수납은행 또는 우체국에 납부하도록 하는 사후납부방식을 채택하고 있다. 납부기한 연장 또는 분할납부제도도 있다.

### 관세환급에 관해서

세관에 납부한 관세를 돌려받는 것으로 '관세법'과 '수출용 원재료에 대한 관세 등 환급에 관한 특례법'에서 규정하고 있다. 두 법에 규정하고 있는 환급의 개념은 다소 다르며, 일반적으로 관세환급이라 하면 '수출용 원재료에 대한 관세 등 환급에 관한 특례법'에 의한 것을 말한다. 관세환급요건, 납부세액증명방법, 수출품에 사용된 원재료의 소요량 관리 등 관세환급에 관한 구체적인 내용은 관세청 홈페이지를 방문하거나 관세사에게 문의하면 알 수 있다.

**알아두자**

## 과세표준의 종류

관세는 과세표준에 세율을 곱해서 산출한다. 과세표준에는 화물의 가격을 기초로 하는 것과 화물의 양을 기초로 하는 것이 있다.

**관세를 산출하는 방법**

**(과세표준) X (세율) = (관세)**

↑ 수입신고 시 화물의 가격이나 양

**① 화물의 가격으로 산출 ⇒** 종가세

(수출자가 부담하는 보험료나 운임도 포함된다.)

물품대금 + 보험료 + 운임 = CIF가격

〈거의 대부분의 화물에 적용된다.〉

**② 화물의 수령, 중량, 용적으로 산출 ⇒** 종량세

〈설탕, 알코올, 중유, 경유 등에 적용된다.〉

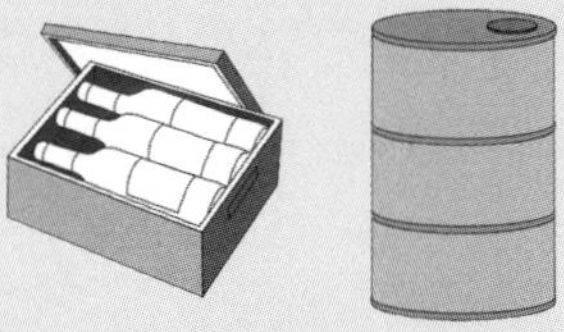

**③ 화물의 가격과 양으로 산출 ⇒** 종가종량병용세

종가세 + 종량세가 동시에 부과된다.

〈버터, 멘톨(박하), 신발 등에 적용된다.〉

**④ 화물의 가격이나 양으로 산출 ⇒** 종가종량선택세

종가세나 종량세 중 높은 쪽 또는 낮은 쪽을 선택해서 적용

〈옥수수, 생선유(기름), 색직물(色織物) 등에 적용된다.〉

# 수입통관의 포인트는 무엇인가

**학습과제** **수입통관을 할 때 포인트를 알아두자.**

화물을 수입할 경우 세관에 수입신고를 하고 신고수리를 받아야 한다. 이 절차를 수입통관이라고 한다. 통관은 직접 할 수도 있지만 관세사에게 의뢰하는 것이 일반적이다.

수입통관도 수출통관과 마찬가지로 모든 세관업무를 통합하여 원스톱 처리가 가능한 관세청의 전자통관시스템인 유니패스(UNI-PASS)로 이루어진다.

수입통관에서는 HS. Code가 대단히 중요하다. 상대국의 수출신고에서도 HS. Code는 사용되었겠지만 국내의 HS. Code는 일반적으로 반드시 같지는 않고 조금씩 상이하기 때문에 철저한 분석을 통해 수입신고에 적용할 HS. Code를 수입자 측이 결정해야 한다.

HS. Code에 따라서 세액이 달라지고 수입통관에 필요한 수입요건도 달라지므로 가장 중요한 부분이 HS. Code의 결정이라 할 수 있다. 품목에 따라서는 HS. Code의 결정이 매우 난해할 수 있으므로 전문가의 도움을 받으면 문제의 소지를 줄일 수 있다.

그리고 특별관세율을 적용받아 관세를 감면받고자 하는 경우에는 반드시 수출자 등이 발급한 원산지증명서(Origin of Certificate)를 준비해야

# 수입통관

## 통관

UNI-PASS에 의해 통관업무가 신속하게 이루어진다.

1. 수입통관 의뢰
2. 수입신고
3. 심사 및 검사
4. 수입신고수리
5. 관세납부
6. 수입신고필증 교부
7. 물품 반출

수입통관의 절차와
포인트를
확실하게 알아두자.

하는데 HS. Code가 다른 경우에는 협정세율을 적용받지 못하므로 신중한 관리가 필요하다.

한편 수입신고 가능시점은 다음과 같다.

- 출항 전 또는 입항 전 신고물품: 적하목록이 제출된 시점
- 보세구역 도착 전 신고물품: 보세운송 도착보고된 때(하선절차에 의해 하선장소로 반입되는 경우에는 반입보고된 때)
- 검사대상으로 선별된 물품: 물품검사가 종료된 때

**※ 신고수리의 효력발생 시점은 통관시스템을 통하여 신고인에게 신고수리가 통보된 시점**

수입신고 서류의 보관기간은 당해 신고수리일부터 5년간이다. 보관해야 하는 관련 서류는 다음과 같다.

- 수입신고필증
- 수입거래 관련 계약서 또는 이에 갈음하는 서류
- 지식재산권 거래 관련 계약서 또는 이에 갈음하는 서류
- 수입물품 가격결정에 관한 서류

**(※ 수출신고 서류의 보관기간은 3년간이다.)**

(갑 지)

# 수 입 신 고 필 증

※ 처리기간 : 3일

| | | | | |
|---|---|---|---|---|
| ① 신고번호 [redacted] | ② 신고일 [redacted] | ③ 세관.과 [redacted] | ⑥ 입항일 [redacted] | ⑦ 전자인보이스 제출번호 |
| ④ B/L(AWB)번호 [redacted] | ⑤ 화물관리번호 [redacted] | | ⑧ 반입일 [redacted] | ⑨ 징수형태 [redacted] |

| | | | |
|---|---|---|---|
| ⑩ 신 고 인 익도관세법인 조창길 | ⑮ 통관계획 C 보세구역도착전 | ⑲ 원산지증명서 유무 Y | ㉑ 총중량 17 KG |
| ⑪ 수 입 자 [redacted] | ⑯ 신고구분 A 일반P/L신고 | ⑳ 가격신고서 유무 N | ㉒ 총포장갯수 2 CT |
| ⑫ 납 세 의 무 자 [redacted] (주소) [redacted] (상호) [redacted] (성명) [redacted] | ⑰ 거래구분 11 일반형태수입 | ㉓ 국내도착항 ICN 인천공항 | ㉔ 운송형태 40-ETC |
| ⑬ 운 송 주 선 인 [redacted] | ⑱ 종류 21 일반수입(내수용) | ㉕ 적출국 GB U.K | |
| ⑭ 해외거래처 [redacted] | | ㉖ 선기명 KL855 NL | |
| | ㉗ MASTER B/L번호 [redacted] | | ㉘ 운수기관부호 |
| ㉙ 검사(반입)장소 [redacted] | | | |

● 품명 · 규격 (란번호/총란수 : 001/001 )

| | |
|---|---|
| ㉚ 품 명 [redacted] | ㉜ 상표 [redacted] |
| ㉛ 거래품명 [redacted] | |

| ㉝ 모델 · 규격 | ㉞ 성분 | ㉟ 수량 | ㊱ 단가(EUR) | ㊲ 금액(EUR) |
|---|---|---|---|---|
| (NO. 01) [redacted] | | 2 PC | [redacted] | [redacted] |

| | | | | | | | |
|---|---|---|---|---|---|---|---|
| ㊳ 세번부호 | 8536.49-0000 | ㊵ 순중량 | 12 KG | ㊸ C/S검사 | S 생략 | ㊺ 사후확인기관 | |
| ㊴ 과세가격(CIF) | $ 2,888 | ㊶ 수 량 | 2 U | ㊹ 검사변경 | | | |
| | W 3,244,857 | ㊷ 환급물량 | 2 PC | ㊻ 원산지 | GB-A-E-03 | ㊼ 특수세액 | 0.00 |

㊽ 수입요건확인 (발급서류명)

| ㊾ 세종 | ㊿ 세율(구분) | 51 감면율 | 52 세액 | 53 감면분납부호 | 감면액 | *내국세종부호 |
|---|---|---|---|---|---|---|
| 관 | 0.00 (FEU10가) | 0.00 | 0 | | 0 | |
| 부 | 10.00 (A) | 0.00 | 324,485 | | 0 | |

| | | | | | |
|---|---|---|---|---|---|
| 54 결제금액(인도조건-통화종류-금액-결제방법) | [redacted] | | | 59 환 율 | 1,312.0500 |
| 55 총과세가격 | $ [redacted] | 57 운 임 | 0 | 59 가산금액 0 | 64 납부번호 [redacted] |
| | W [redacted] | 58 보험료 | 0 | 60 공제금액 0 | 65 부가가치세과표 [redacted] |

| 61 세 종 | 62 세 액 |
|---|---|
| 관 세 | 0 |
| 개별소비세 | 0 |
| 교통에너지환경세 | 0 |
| 주 세 | 0 |
| 교 육 세 | 0 |
| 농어촌특별세 | 0 |
| 부가가치세 | [redacted] |
| 신고지연가산세 | 0 |
| 미신고가산세 | 0 |
| 63 총세액합계 | [redacted] |

※신고인기재란
달러환율 = 1,123.4700

66 세관기재란
- 사후심사결과에 따라 적용세율 변경될 수 있음

SEOUL MAIN CUSTOMS
서울 세관
THE REPUBLIC OF KOREA

67 담당자 [redacted] 68 접수일시 [redacted] 69 수리일자 [redacted]

**발 행 번 호 :** [redacted] 세관.과 : [redacted] 신고번호 : [redacted] Page : 1/1

* 본 신고필증은 발행 후 세관심사 등에 따라 정정.수정될 수 있으므로 정확한 내용은 발행번호 등을 이용하여 관세청 인터넷통관포탈 (http://unipass.customs.go.kr) 에서 확인하시기 바랍니다.
* 본 수입신고필증은 세관에서 형식적 요건만을 심사한 것이므로 신고내용이 사실과 다른 때에는 신고인 또는 수입화주가 책임을 져야 합니다.

# 클레임이 발생하면 어떻게 할까

**학습과제** **클레임의 종류와 해결 방법을 알아두자.**

무역거래에서 클레임이라 하면 한 당사자가 계약을 위반함으로써 계약의 다른 당사자가 입게 되는 손해에 대해 배상을 청구하는 것을 말한다. 수출의 경우 클레임이 제기되면 신속하게 그 내용을 확인하고 해결에 관한 입장과 해결방안에 대해 설득력 있는 답변을 하는 것이 중요하다.

무역거래에서 클레임(Claim, 손해배상청구)에는 운송클레임과 무역클레임이 있다.

### 운송클레임

화물의 손상과 관련하여 선박회사나 보험회사에 청구하는 클레임을 말한다. 감정인(Surveyor)의 감정보고서(Survey Report)가 필요하다.

### 무역클레임

무역거래의 주계약인 물품 매매계약상의 클레임으로 수출자와 수입자 간의 클레임을 말한다.

## 주요 무역클레임의 종류

| 구분 | 주요 내용 |
|---|---|
| 품질 관련 | 품질불량(inferior quality), 품질상위(different quality) 등 |
| 수량 관련 | 수량부족(shortage) 등 |
| 선적 관련 | 선적지연(delayed shipment), 선적상위(different shipment) 등 |
| 포장 관련 | 포장불량(inferior packing), 불완전 포장(bad packing), 파손(breakage) 등 |
| 서류 관련 | 기재사항 상위(misdescription), 서류불비(lack of documents) 등 |
| 계약 관련 | 계약위반(breach of contract), 계약취소(cancellation of contract) 등 |
| 결제 관련 | 수입자가 물품이 다르다거나 선적서류가 신용장과 일치하지 않는다는 빌미로 물품대금을 지급하지 않을 때 수출자가 제기하는 클레임 |
| Market Claim | 무역계약 성립 후 상품 시세가 하락하여 수입자가 손해를 입을 것으로 예상될 때 제기하는 클레임이다. 클레임 대상이 되지 않을 경미한 과실을 이유로 가격인하를 요구하거나 물품인수를 거부하기도 한다. |

## 클레임 해결 방법

| 구분 | 해결 방법 | 설명 |
|---|---|---|
| 당사자 간에 직접 해결하는 방법 | ① 화해(和解, Compromise) | 당사자 간 합의에 의한 해결 방법이다. 영어로는 Amicable Settlement라고도 한다. 화해에는 당사자가 서로 양보할 것, 분쟁을 끝낼 것, 그 뜻을 약정할 것 이 세 가지 요건이 필요하다. |
| 제3자가 개입해 해결하는 방법 | ② 알선(斡旋, Mediation) | 제3자 개입에 의한 화해다. 당사자 간에 알선에 따라 해결한다는 합의가 전제로 되며 법적 구속력은 없다. 영어로는 Intermediation이라고도 한다. |
| | ③ 조정(調停, Conciliation) | 당사자 간에 조정에 의한 해결을 한다는 합의가 전제로 되며 조정안에 법적 구속력은 없다. 당사자 간에 합의가 성립되어 그것을 조서(調書, 조정의 기록)로 남겼을 경우 그 내용은 확정판결과 같은 효력을 지닌다. |
| | ④ 중재(仲裁, Arbitration) | 당사자 간에 중재에 따른다는 사전합의가 필요하다. 중재인에 의해 중재 판단이 내려지는 것을 제정(裁定, Award)이라 하며 법적 강제력이 있다. 우리나라에는 대한상사중재원이 있다. |
| | ⑤ 소송(訴訟, Lawsuit) | 법원(재판소)에 제소해서 문제의 최종적인 해결을 국가의 재판기관에 의존하는 것을 말한다. 영어로는 Litigation이라고도 한다. |

**알아두자**

## 중재와 재판의 비교

| 중재 | 재판 |
|---|---|
| ★ 당사자의 합의가 필요(중재합의)<br>★ 법적 해석 플러스 거래를 근거로 한 해석(그 분야의 전문가)<br>★ 중재인(당사자가 선택하는 것이 가능)<br>★ 비공개<br>★ 일심제(방소항변이 있다. 비교적 조기에 해결될 수 있다.)<br>★ 조건채택 국가 간에는 강제집행이 가능 | ☆ 당사자의 합의는 필요치 않다.<br>☆ 법적 해석(법률전문가)에 의한 해결<br>☆ 재판관(당사자는 선택할 수 없음)<br>☆ 공개가 원칙<br>☆ 삼심제, 상소가 가능, 장기화하면 코스트도 불어난다.<br>☆ 외국에서의 집행이 거의 불가능 |

**중재조항 표현 예문**

대한상사중재원에서 매매계약서 등에 적극적으로 권고하고 있는 중재조항의 표현은 다음과 같다.

**ARBITRATION:** All disputes, controversies or differences which may arise between the parties hereto, out of or in relation to or in connection with this Agreement, or for the breach thereof, shall be finally settled by arbitration in Seoul, Korea in accordance with the Commercial Arbitration Rules of The Korean Commercial Arbitration Board and under the Law of Korea. The award rendered by the arbitrator(s) shall be final and binding upon both parties concerned.

# 항공화물로 운송하면 좋은 점

**학습과제** **항공화물 운송의 장단점을 알아두자.**

항공화물 운송은 말 그대로 화물을 항공으로 운송하는 것으로 해상운송에 비해 운송시간을 대폭 단축할 수 있으며 화물의 손상도 상대적으로 적은 등 이점이 많다. 그러나 해상운송에 비해 운송비용이 상당히 비싸다는 것이 큰 부담이 된다.

항공화물은 일반적으로 고부가가치가 있고 섬세한 취급이 필요한 화물, 긴급성을 요하는 화물이라는 요건에 합치하는 화물이다. 예를 들면 반도체 제조장치, 정밀기계, 미술품, 신선품, 의약품, 동물, 구호물자 등이 있다.

최근 들어서는 일부 원재료를 제외하고 다양한 상품이 항공화물로 운송되고 있으며, 자주 이용되는 것이 국제택배다. 항공화물 운송을 이용한 Door to Door 서비스는 기업 활동이 글로벌화된 오늘날 수요가 점점 더 늘고 있다.

항공화물의 운송은 항공회사 이외에도 항공화물 운송대리업자, 항공운송 주선업자(혼재업자 또는 포워더)가 중간매체로 업무를 대행해준다. 따라서 포워더에 연락하면 포워더가 필요한 모든 절차를 완료하고 항공화물운송장(AWB, Air Waybill)을 건네준다.

## 항공화물 운송대리점과 혼재업자

항공화물 운송대리점(Air Cargo Agent)은 항공사를 대리하여 항공회사의 운송약관 및 Tariff에 따라 항공화물을 수집하는 것은 물론 항공화물 운송장의 발행 및 이에 부수되는 업무를 수행하고 항공회사로부터 그 대가로 수수료를 받는다.

한편 혼재업자는 항공화물 주선인(Air Freight Forwarder, 포워더)이라 부른다. 개개의 화주와 운송계약을 체결하고 운송책임을 부담하지만 항공기를 스스로 운항하지 않고 수탁한 화물을 하나의 화물(one lot)로 모아서 송화인이 되어 항공회사에 운송을 위탁한다. 자체적으로 설정한 화물요율 및 자체 운송약관을 적용하고 자체 운송장인 House Air Waybill을 발행한다.

# 항공운임은 어떻게 정해질까

**학습과제** 항공화물의 운임을 알아두자.

## 항공운임

항공운임은 국제항공운송협회(IATA, International Air Transport Association)에서 어느 정도 결정한 금액에 대하여 각 항공사가 자국 정부로부터 허가를 받아 정한다.

운임체계는 최소요금(Minimum Rate), 45kg 이하, 45~100kg, 100~300kg, 300~500kg, 500~1,000kg, 1,000kg 이상 등으로 종량 단위별 요금으로 구성되며 일반적으로 출발지 화폐 단위를 사용한다.

항공화물은 화물중량을 기준으로 운임을 정하지만 적용되는 중량의 결정 방법은 항공운임 운임표(TACT, The Air Cargo Tariff)에 몇 가지가 기재되어 항공화물 운임의 기준으로 무엇을 사용하는지 명시하고 있다. 용적중량과 실중량에 차이가 있을 경우 운임은 비싼 쪽을 적용한다.

항공운임 종류는 상기의 일반화물요율(GCR) 외에 특정품목할인요율(SCR), 품목분류요율(CCR), 기타 항공운임이 있다.

이와 별도로 항공사업자(혼재업자)가 설정한 혼재화물용 항공운임이 있다.

## 항공화물 계약의 포인트

하주(荷主)가 직접계약하는 경우와 혼재업자가 복수의 하주와 계약하는 경우가 있다.

### 직접화물운송계약

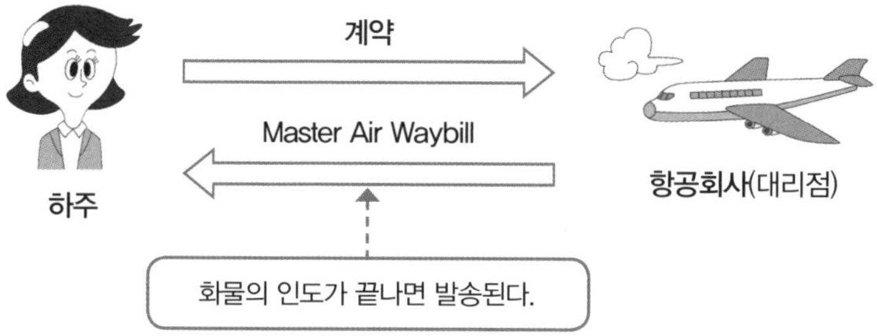


### 간접화물운송계약

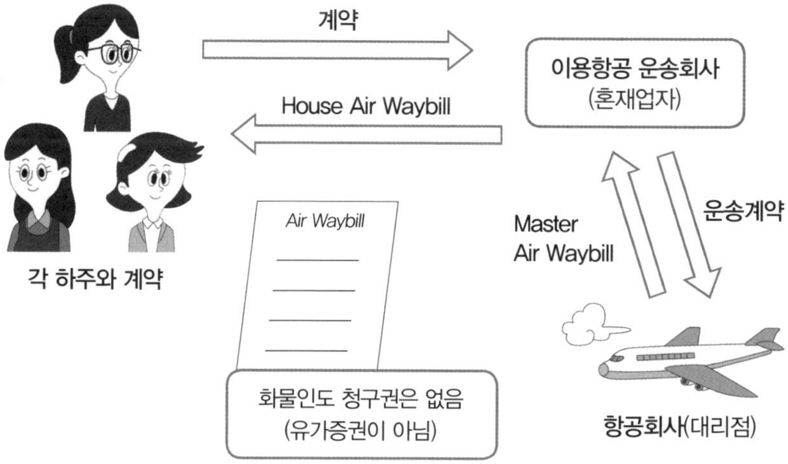

# 항공화물운송장의 기능은 어떤 것이 있나

**학습과제** **항공화물운송장의 내용과 역할을 알아두자.**

항공화물운송장은 항공화물을 운송하기 위한 가장 기본이 되는 서류다. 운송인이 수출자에게 교부한다. 항공운송의 예약(Booking)은 포워더나 항공회사의 대리점에 하는 것이 일반적이다.

항공화물운송장(AWB, Air Waybill)은 항공회사가 교부하는 Master Air Waybill(MAWB)과 포워더가 발행하는 House Air Waybill(HAWB)로 구분한다.

항공화물운송장은 원본 3통과 부본 6통으로 구성되어 있다. 각 원본의 이면에는 국제운송약관의 핵심이 되는 계약조항이 기재되어 있다. 전부 전통(全通)은 아니며 제1원본이 운송인용(녹색), 제2원본이 수하인용(적색), 제3원본이 송하인용(청색)으로 각각에는 세계 공통의 분류 색깔로 용도가 정해져 있다. 그러므로 신용장방식 거래에서 항공화물운송장 전통(Full set)을 요구하더라도 수출자는 신용장 매입 의뢰(Negotiation) 시 송하인(Shipper)용 운송장을 1통만 제시하면 된다.

항공화물운송장에는 송하인, 송하인의 주소/성명, 화물의 품명/중량/개수, 신고가격, 운송경로, 사용 항공회사, 운임, 운임의 지불방법, 보험의 유무 등이 기입된다. 그 기능은 다음과 같다.

## 항공화물운송장의 기능

| 기능 | 설명 |
|---|---|
| 운송계약서 | 송하인과 항공운송인 간의 항공운송계약 성립을 입증하는 운송계약서(송하인용 원본만)다. |
| 화물수취증 | 화물을 수취한 것을 증명하는 수령증의 성격을 가지고 있다. |
| 요금계산서 | 수하인이 운임 등을 계산하는 근거자료로 사용된다. 운임 선불일 경우에는 운송품의 영수증이다. |
| 보험계약증서 | 송하인이 AWB에 보험금액 및 보험가액을 기재한 항공화물화주보험(SII, Shipper's Interest Insurance)을 부보한 경우에는 AWB의 원본 No.3가 보험계약의 증거가 된다. |
| 세관신고서 | 수출입신고서 및 통관자료로 사용된다. |
| 화물운송의 지시서 | 운송장에 송하인이 화물의 운송, 취급, 인도에 관한 지시를 기재할 수 있다. |

항공화물운송장은 선하증권 같은 유가증권이 아니며 유통성이 없다. 그렇기 때문에 신용장 거래방식의 경우 수입자는 수하인(Consignee) 칸에 신용장의 발행은행을 명기하여 은행의 승낙을 받아 화물을 인수하도록 함으로써 담보의 안전을 꾀하고 있다.

## 항공화물운송장과 선하증권의 차이점

| 항공화물운송장(AWB) | 선하증권(B/L) |
|---|---|
| 유가증권이 아닌 단순한 화물수취증 | 유가증권 |
| 비유통성(non-negotiable) | 유통성(negotiable) |
| 기명식 | 지시식(무기명식) |
| 수취식(창고에서 수취하고 발행) | 선적식(본선 선적 후 발행) |

항공화물운송장은 항공운송인의 청구에 따라 송하인이 작성, 제출하는 것이 원칙이지만 항공사나 항공사의 권한을 위임받은 대리점(또는 항공운송주선업자)에서 발행하는 것이 통례다.

### 항공운송장의 주의점

신용장 거래의 경우 신용장조건으로서 항공운송장의 하수인(荷受人, Consignee)을 신용장발행은행으로 하는 것이 일반적이다. 그 이유는 수입자가 대금을 결제하지 않고 화물을 인수하는 것을 방지하기 위해서이다.

한편 수입자는 화물을 인수하려면 신용장발행은행에서 「항공화물인도지시서(Release Order)」를 교부받아야 한다. 이를 항공회사에 제출하고 항공회사 또는 항공대리점이 발행하는 Delivery Order(D/O)를 받아서 소정의 장소에서 화물을 인수할 수 있다.

# 항공화물운송장

| Shipper's Name Address | Shipper's Account Number | Air Waybill |
|---|---|---|
| SEINE TRADING CO., LTD.<br>43, NONHYEON-RO 2GIL, KANGNAM-KU,<br>SEOUL, KOREA | | issued by<br>GLOBAL AIRWAY EXPRESS LTD. |
| Consignee's Name and Address | Consignee's Account Number | Copies 1, 2 and 3 of this Air Waybill are originals and have the same Validity |
| To Order of Bank | | M.A.W.B NO :<br>180 - 68927843 |
| Issuing Carrier's Name and City | | Accounting Information<br><br>(NOTIFY NAME AND ADDRESS)<br>KANJA CORPORATION<br>4-10-7, SHINYOKOHAMA, KOHOKU-KU<br>YOKOHAMA, KANAGAWA, JAPAN |
| Airport of Departure<br>SEOUL, KOREA(INCHEON AIRPORT) | | |

| To | By First | | Currency<br>USD | | |
|---|---|---|---|---|---|

| Airport of Destination | Requested Flight Date | Amount of Insurance | NIL |
|---|---|---|---|

Handling Information
ATTACHED : INVOICE
L/C NO. E06315

| No. of Pieces | Gross Weight | Rate Class | Chargeable Weight | Rate/ Charge | Total | Nature and Quantity of Goods (Dimensions or Volume) |
|---|---|---|---|---|---|---|
| 1 | 1.0K | M | 1.5K | | AS ARRANGED | 300sets of Electric Drill(ACT-100M)<br>300sets of Electric Grinder(PD-6K)<br><br>INV NO. : SE627/2016<br><br>FREIGHT PREPAID |
| MARKS: | | | | | | |

| Prepaid | Weight Charge | Collect | Other Charges |
|---|---|---|---|
| AS ARRANGED | | | H/C : 17.00<br>A/P : 21.00<br>AWB FEE : 3.00 |
| Valuation Charge | | | |
| | | | |
| Tax | | | |
| | | | |
| Total other Charges Due agent | | | Shipper certifies that the particulars on the face hereof are collect And agrees THE CONDITIONS ON THE REVERSE HEREOF |
| 38.00 | | | |
| Total other Charges Due Carrier | | | Signature of Shipper or this agent |
| Total Prepaid | Total Collect | | GLOBAL AIRWAY EXPRESS LTD.<br>AS AGENT FOR CARRIER KOREAN AIRLINES<br>27 JUN 2016 SEL M. I. SUL/LEE |
| | | | |
| | | | |
| | | | H.A.W..B NO :<br>AEL -A 910208 |
| | | | |

ORIGINAL 2-(FOR CONSIGNEE)

# 국제복합운송이란 어떤 운송방법일까

**학습과제** **국제복합운송의 특징을 이해하자.**

국제복합운송(International Multimodal Transport)은 동일의 운송인이 두 가지 이상의 다른 운송수단을 이용하여 화물의 인수에서 인도까지 일관해서 운송하는 것을 말한다. 항공운송은 운송시간은 빠르지만 운임이 비싸고, 해상운송은 운임은 저렴하지만 시간이 많이 걸린다는 것이 두 가지 운송방법의 특징이다. 국제복합운송은 양쪽의 장점을 모은 운송방법이다.

국제복합운송은 해상운송과 항공운송을 조합한 Sea & Air와 그것에 플러스해서 대륙을 철도 등으로 횡단 운송하는 Land Bridge를 조합하는 방식이 있다.

예를 들면 부산에서 런던까지 화물을 운송하는 것을 가정해보자. 로스앤젤레스까지 해상운송을 하고 그곳에서 런던까지는 항공운송을 하는 방법이다. 또 부산에서 뉴욕까지 운송하는 방법에는 로스앤젤레스까지 해상운송을 하고 그곳에서 뉴욕까지는 철도나 트레일러, 트럭을 이용하여 육상운송을 하는 방법이 있다.

이같이 다양한 운송수단을 조합하여 효과적으로 운송할 수 있는 것이 국제복합운송의 특징이다. 그러나 국제복합운송이 좋은 점만 있는 것은 아니다. 환적이 여러 번 이루어지기 때문에 그만큼 화물이 손상을 입을 리스크가 있음을 잊지 말아야 한다. 코스트, 납기, 리스크 등의 밸런스를 고려해서 활용하는 것이 좋다.

복합운송인은 선박회사 또는 운송수단을 가지고 있지 않은 이용운송업자(NVOCC, Non-Vessel Operating Common Carrier)가 된다.

**복합운송 조합의 예**

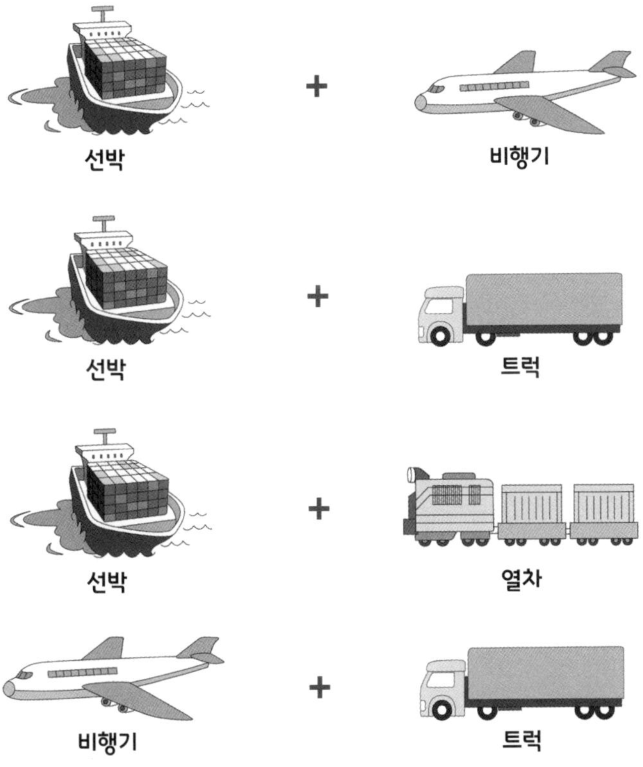

# 국제복합운송에는 어떤 것이 있나

**학습과제** 국제복합운송의 종류를 알아보자.

국제복합운송이 세계 각 지역에서 점점 더 많이 이용되고 있다.

### 국제복합운송의 종류

| 종류 | 설명 |
|---|---|
| 북미 서해안 경유 Sea & Air 방법 | 부산에서 북미 서해안 주요 항구까지 해상운송, 그곳에서 북미 동해안 경유 유럽공항까지 항공운송하는 방법 |
| 러시아 경유 Sea & Air 방법 | 부산에서 러시아 보스토니치 또는 블라디보스토크까지 해상운송, 그곳에서 항공편으로 모스크바, 룩셈부르크, 베를린 경유 유럽, 중동, 아프리카 등지로 운송하는 방법 |
| 동남아시아 경유 Sea & Air 방법 | 부산에서 홍콩 또는 방콕, 싱가포르까지 해상운송, 그곳에서 항공편으로 유럽공항까지 운송, 거기서 각 지역까지 트럭으로 운송하는 방법 |
| 중국에서 인천항 경유 Sea & Air 방법 | 북중국 10여 개 항만에서 인천항까지 해상운송, 인천공항을 통해 북미 또는 유럽지역 목적지까지 항공운송하는 방법 |
| Mini Land Bridge (MLB) | 미국의 서해안까지 해상운송, 그곳에서 철도로 대륙을 횡단해서 동해안까지 육상운송하는 방법 |

| | |
|---|---|
| Micro Land Bridge | 미국의 서해안까지 해상운송, 그곳에서 철도로 내륙지점(도시)까지 운송하는 방식인데, 일반적으로 IPI(Interior Point Intermodal)라고 한다. |
| 시베리아 랜드 브리지 (Siberia Land Bridge) | 부산에서 나홋카나 보스토니치까지 해상운송, 그곳에서 시베리아 횡단철도로 육상운송하여 유럽 각 지역과 중동지역 등으로 연결하는 방법. 시베리아 대륙횡단철도를 이용하기 때문에 TSR(Trans-Siberian Railroad)이라고도 한다. |
| 중국국제복합운송경로 (TCR, Trans-Chinese Railroad) | 부산이나 인천에서 중국 렌윈까지 해상운송, 그곳에서 중국횡단철도(TCR)를 이용해 북유럽, 중동지역으로 운송하는 방법 |
| American Land Bridge(ALB) | 미국 동해안까지는 미니 랜드브리지를 한 후 다시 제2의 선박으로 유럽의 각 항구까지 운송하는 방법 |

**※ 선박회사에 의한 복합운송에서는 수취식 선하증권(Received B/L)이 발행된다. NVOCC(이용운송업자)에 의한 복합운송에서는 NVOCC가 발행하는 복합운송증권이 사용되는데, 그 양식이나 목적, 기능은 통상의 선하증권과 거의 같다.**

## 선적·하역에 관한 전문용어

**Berth Term:** 화물 선적 시 하역과 도착항에서 하역 비용은 모두 선사가 부담하고 운임에 포함되는 조건

**FO(Free Out):** 화물 선적 시 하역은 선주가 부담하고 도착항에서 하역은 하주가 부담하는 운임조건

**FI(Free In):** 화물 선적 시 하역은 하주가 부담하고 도착항에서 하역은 선주가 부담하는 운임조건

**FIO(Free In And Out):** 화물 선적 시 하역 비용과 도착항에서 하역 시 비용을 하주가 부담하는 조건. 석탄이나 철광석 등과 같은 벌크화물에 자주 이용된다.

**Free Time:** 수입화물을 CY나 CFS로부터 인도할 때까지 보관료 지불이 면제되는 기간을 말한다.

**Terminal Receiving System(TRS):** 화주가 선주가 지정한 창고에 화물을 입고시키면 그 후의 책임과 비용을 선주가 부담하는 제도로, 이러한 서비스에 대하여 징수하는 비용을 TRS Charge라고 한다.

**Co-Load:** 화물을 혼재(混載)해서 컨테이너 1대 이상으로 모으기 위해 2개사 또는 그 이상의 업자가 협력해서 화물을 집하하는 것

**Ballast:** 선박의 경사나 부력을 조정하기 위해 본선에 같이 선적되는 물이나 모래

**편의치 적선(便宜置籍船):** 선적(船籍)의 수입에 관련되는 세금이 극단으로 싸기 때문에 선주가 선적을 파나마, 라이베리아 등에 등록한 선박을 말한다.

5장

# 무역실무능력 개발

경제의 글로벌화에 따라 무역거래를 하는 기업도 날로 증가하고 있다. 더 많은 기업이 글로벌하게 활약할 수 있는 인재를 필요로 한다. 무역실무 지식을 갖추면 그만큼 취업의 문이 넓어진다.

그러기 위해서는 꾸준히 자신의 무역실무 능력을 개발해야 한다. 무역실무 지식도 단편적인 것이 아니라 전체의 흐름을 파악하는 체계적인 지식이 필요하다. 무역 관련 자격증에 도전해보는 것도 좋은 방법이다. 무역실무를 체계적으로 학습하게 되고 취업에도 도움이 된다.

# 무역을 하려면 어떻게 어프로치하면 될까

**학습과제** **무역실무에 접근하는 방법을 알아보고 활용하자.**

글로벌 시대다. 기업에서는 글로벌 비즈니스를 이미 하고 있든지 준비하고 있다. 국내경제가 그다지 좋지 않기 때문에 기업들은 해외로 눈을 돌린다. 무역실무에 관계되는 사람이 필요한 분야는 점점 늘어나고 있다.

문제는 무역실무에 도전해보려는 사람들은 어떻게 하면 되는지 방법을 잘 모르기 때문에 쉽게 포기하고 만다는 것이다. 처음 무역실무에 도전하려는 사람들을 위해 접근하는 방법을 소개한다.

### 무역 관련 동아리를 만들든가 동아리에 가입한다.

무역을 하려는 사람들과 함께 무역연구회나 무역 관련 동아리를 만들든가 아니면 동아리에 가입해서 무역실무를 같이 공부하면서 적극적으로 활동한다. 동아리에서는 무역실무를 공부하면서 지역 중소기업과 협력하여 수출입 실무를 경험한다.

### 무역 관련 강의를 듣는다.

무역 초보자를 위해 무역 관련 지원기관 등에서 주관하는 무역실무 강좌가 많이 있다. 이들 강좌 정보를 입수하여 자신에게 필요한 강좌에 등록하고 강의를 들으면 무역실무를 쉽게 이해할 수 있다. 물론 자신의 노

## 무역실무에 접근하는 방법

무역 관련 동아리를 만들든가
동아리에 가입한다.

무역 관련 강의를 듣는다.

무역 관련 자격시험 공부를 한다.

회사의 무역 관련 업무부서에서
일한다.

무역을 잘 아는 지인에게
개인적으로 자문한다.

력도 중요하다. 무역실무 관련 강좌가 대부분 대도시에 집중되어 있고 중소도시에는 거의 없기 때문에 중소도시에 거주하는 사람들에게는 불편한 점이 있다.

**무역 관련 자격시험 공부를 한다.**

무역 관련 자격시험이 많다. 이들 자격시험은 무역 관련 전공자가 아니더라도 볼 수 있으므로 이 시험에 도전하면 무역실무를 익힐 수 있다. 자격시험에 합격하면 자격증도 따고 무역실무도 익히게 된다. 자격시험에 실패하더라도 무역실무를 공부했기 때문에 그만큼 무역을 하는 데 도움이 된다.

**회사의 무역 관련 업무부서에서 일한다.**

회사에 취직한 후 무역실무를 배우고 싶다면 무역 관련 업무부서에서 일할 수 있도록 회사에 요청한다. 소규모 회사일 경우에는 자신이 무역실무자가 되어 무역실무를 공부하면서 현장에서 활동한다.

**무역을 잘 아는 지인에게 개인적으로 자문한다.**

주위에서 무역을 직접 하고 있든가, 무역회사에 다니고 있든가, 무역 관련 업무에 종사하는 지인을 찾아서 무역실무에 관해 자문한다.

알아두자

## 화물해상보험에서 대상이 되는 손해의 종류와 내용

| | | |
|---|---|---|
| 공동해손 | | • 공동해손 희생손해<br>• 공동해손 비용<br>• 공동해손 분손액 |
| 단독해손 | 전손 | • 현실전손<br>• 추정전손 |
| | 특정분손 | • 침몰, 좌초, 큰 화재에 의한 손해<br>• 충돌, 화재, 폭발, 조난항에서 화물 하역 시에 합리적으로 기인하는 손해<br>• 선적, 환적, 하역 중 포장 1개별 전손 |
| | 비용손해 | • 손해방지비용, 구조비용 등 |
| | 그 외의 분손 | • 특정분손 이외의 분손(밀물·쓰나미·홍수에 의한 누손, 바닷물에 젖음, 유출(流出)에 따른 손실, 그 외에 비바람이 심한 날씨에 의한 분손) |
| | 부가위험 | • 부족손해, 비·담수에 의한 누손, 도난이나 포장한 운송품의 내용물 일부가 없어지는 손해, 운송품 일부 또는 전부가 도착하지 않아 입은 손해, 파손, 화물이 눌리거나 구부러져서 입는 손해, 오염에 따른 손해 등 |

※ 화물의 가치가 전부 없어졌다고 간주하는 전손에는 현실전손과 추정전손이 있다.
- 현실전손: 손해의 인정에 추정이나 해석을 하지 않고 바로 전손이라 할 수 있는 경우
- 추정전손: 전손이 확실하다고 생각되지만 그것을 증명할 수 없을 때나 수리비용이 너무 들어서 채산이 맞지 않다고 생각하는 경우. 추정전손 인정에서는 피보험자가 화물에 대한 일체의 권리를 보험회사에 이전하고 그 대신에 보험금 청구권을 받는 '위부(委付)'라는 수속을 밟는다.

# 무역실무 능력을 갖추면 어떻게 도움이 될까

**학습과제** **무역실무 능력을 갖추면 왜 좋은지 알아보자.**

무역실무는 다양하고 세분화되어 있다. 그만큼 다양한 분야에서 활용되고 있다. 무역실무 능력을 갖추면 할 수 있는 일이 많아지기 때문에 앞길이 넓어지고 가능성도 증가한다. 선택지는 많으면 많을수록 좋다.

**취업할 수 있는 회사가 많아진다.**

무역실무 능력을 갖추면 그만큼 자신의 경쟁력을 키우는 것이므로 취업에 도움이 많이 된다. 또 무역실무는 다양하고 세분화되어 있기 때문에 무역회사는 물론 수출입을 하는 기업체, 무역에 관련되는 회사, 운송회사, 금융권, 관세사 사무실, 컨설팅회사, 외국회사의 국내법인이나 지점 등과 같은 다양한 회사에 취업할 수 있다.

**무역업 창업을 할 수 있다.**

무역실무 능력을 갖추면 자신이 직접 무역회사를 창업할 수 있다. 소자본 무역업 창업은 자신의 집에서도 할 수 있으므로 돈도 많이 들지 않으며 혹시 실패하더라도 큰 손해를 보지 않는다.

## 무역실무 능력을 갖추면 좋은 점

취업할 수 있는 회사가 많아진다.

무역업 창업을 할 수 있다.

무역실무자로 해외비즈니스의 중심 역할을 할 수 있다.

해외직구 등 개인 비즈니스에 도움이 된다.

무역전문가로 활동할 수 있다.

**무역실무자로 해외비즈니스의 중심 역할을 할 수 있다.**

대부분 중소기업이 수출에 관심이 있지만 무역을 잘 몰라서 망설이는 기업이 많다. 그런가 하면 필요에 따라 원·부자재나 완제품을 수입하려 해도 수입실무를 잘 몰라서 외부에 의존하게 된다. 무역실무 능력을 갖추고 있다면 자신의 회사에서 수출이나 수입비즈니스를 시작하려 할 때 무역실무자로서 중심 역할을 할 수 있다.

**해외직구 등 개인 비즈니스에 도움이 된다.**

해외직구가 성행하고 있다. 누구든 마음만 먹으면 자신의 안방에서 인터넷을 검색하고 외국의 기업 사이트에 들어가서 상품을 국내보다 값싸게 구입하여 들여올 수 있다. 이때에도 무역실무를 모르면 어려움을 겪을 수 있다. 무역실무 능력을 갖추면 국내에서 좀 더 편리하고 손쉽게 해외직구를 할 수 있다.

**무역전문가로 활동할 수 있다.**

무역실무 능력을 갖추고 현장경험을 풍부하게 쌓으면 무역컨설팅이나 무역 관련 강의를 할 수 있는 등 무역전문가로 활동할 수 있다.

알아두자

## PL보험에 관해서

무역거래에서 이용되는 보험으로는 화물해상보험, 무역보험(수출대금을 회수하기 위한 보험으로 한국무역공사에서 취급함), PL보험(Product Liability Insurance)이 있다. PL보험에는 다음과 같이 두 가지가 있다.

- **수출품에 대한 PL보험:** 수출자가 해외에 수출한 제품에 의해 해외에서 발생한 피해에 대해 손해배상책임을 지게 될 경우에 대비한 보험
- **수입품에 대한 PL보험:** 수입자가 해외로부터 수입한 제품에 의해 국내에서 발생한 피해에 대해 손해배상책임을 지게 될 경우에 대비한 보험

PL보험과 관련해서는 중소기업중앙회에 문의하면 도움을 받을 수 있다.

### PL보험의 특징

**PL법상 제조자라 함은**

① 제조를 업으로 하는 자 ② 가공을 업으로 하는 자
③ 수입을 업으로 하는 자 ④ 제조물에 제조업자 등의 표시를 한 자
⑤ 실질적인 제조업자라 인정되는 자

**제조물 책임에 의한 리스크 관리**

① 제품안전대책
안전한 제품을 제조한다.
② PL예방책
카탈로그나 사양서, 취급설명서 등에 상품 설명을 충분히 한다.
③ PL소송대책
소송이 제기되었을 경우에 신속하게 대응할 수 있도록 해외의 법률사무소나 변호사를 선임해서 소송에 대비한다.

# 무역 관련 자격증은 취업에 도움이 될까

**학습과제** **무역과 관련한 자격증을 알아보고 도전해보자.**

최근 몇 년 사이에 무역과 관련된 자격시험이 잇달아 생겨났다. 무역에 관심 있는 사람들이 시험에 도전하고 있다. 자격을 취득하면 공적인 수준에서 실력을 인정받는 것이 되며 스스로도 자신감을 가질 수 있어 취업에 도움이 된다. 따라서 무역비즈니스에 관심이 있고 그 분야로 취업하기를 희망하는 사람들은 가능하면 자격증 하나쯤은 확실하게 취득해 두면 좋을 것이다.

무역 관련 자격시험을 준비할 경우에도 다음 사항은 염두에 두었으면 한다.

- 모든 자격시험은 무역 관련 전공자가 아니더라도 도전할 수 있다. 관심이 있다면 도전하자.
- 같은 무역 관련 일을 하더라도 직무 성격은 다양하게 세분화되어 있으므로 직무내용을 잘 보고 자신에게 꼭 필요하다고 생각되는 자격증을 선택해서 준비하는 것이 좋다.
- 자격증을 취득했다고 해서 바로 취업을 보장해주는 것은 아니다. 자격증은 그 분야의 전문성을 갖추었다는 것을 증명해 보이는 좋은 수단에 불과함을 잊지 말아야 한다.

• 자격증을 따더라도 무역 관련 업무를 하기 위해 갖춰야 하는 것들을 살펴보고 다방면으로 준비하는 자세가 필요하다.

알아두자

## 간이통관에 관해서

무역업자가 아닌 일반인이 개인용으로 사용하기 위해 구입하여 휴대품 등으로 반입하거나 외국의 친지 등으로부터 송부받는 물품은 정식수입신고절차와 달리 간이한 통관절차와 간이 세율을 적용받는다.

**간이통관절차를 적용받는 물품**

| | |
|---|---|
| 여행자휴대품 또는 별송품 | – 여행자가 개인용품이나 선물을 휴대하여 반입하는 경우<br>– 여행자 개인용품을 화물로 탁송하여 반입하는 경우 |
| 우편물 | – 외국의 친지나 친구로부터 우편을 통해 송부된 선물<br>– 국내거주자가 대금을 송부하고 자가 사용으로 구입하여 반입한 우편물(이 경우 일반수입에 제한사항이 있거나 1,000 달러를 초과하는 경우 정식수입신고절차에 따라야 함) |
| 탁송품 또는 특급탁송품 | – 외국의 친지, 친구 및 관계회사에서 기증된 선물 또는 샘플이나 하자보수용 물품 등<br>– 국내거주자가 개인용으로 사용하기 위하여 인터넷 등 통신을 통하여 대금을 지불하고 구입하여 반입한 화물 |

# 무역 관련 자격시험에는 어떤 것이 있나

**학습과제** **자격시험의 종류를 알아보고 필요한 자격증을 따자.**

무역 관련 자격에는 국가자격과 공인민간자격, 등록민간자격이 있다. 국가자격은 법령에 따라 국가가 신설하여 관리 운영하는 자격을 말한다. 변호사, 변리사, 회계사, 경영지도사, 공인중개사 등과 같이 독립개업이 가능한 자격이다.

이에 반해 민간자격은 국가 외의 자가 신설하여 관리 운영하는 자격을 말한다. 여기에는 등록자격과 공인자격이 있다. 등록자격은 해당 주무장관에게 등록한 민간자격 중 공인자격을 제외한 자격을 말하고 공인자격은 주무장관이 공인한 자격을 말한다. 대표적인 자격시험을 알아본다.

## 국가자격

**관세사**(관세청)

무역 및 통관 관련 분야에 전문지식을 가진 자에게 국가가 시험을 거쳐 관세사 자격을 부여하며, 관세사는 화주로부터 위탁을 받아 수출입업체를 대리하여 수출입 통관업무 등 관세사의 직무를 대행한다.

### 보세사

한국관세물류협회에서 시행하는 국가공인 전문자격증이다. 보세창고 운영인이 보세창고를 운영하기 위해서 반드시 채용해야 하는 보세사는 보세화물관리에 전문적인 지식을 지니고 보세화물 관리에 대한 세관공무원의 업무 중 일부를 위탁받아 수행하는 보세화물 전문관리자다.

### 물류관리사

물류 전문인력을 양성하기 위하여 1995년 말 '화물유통촉진법'을 개정하여 물류관리사 자격제도를 도입 시행하고 있다. 물류관리에 대한 전문적 지식을 가지고 원자재의 조달에서 물품의 생산, 보관, 포장, 가공, 유통에 이르기까지 물류가 이동되는 전체 영역을 관리한다.

## 공인민간자격

### 무역영어(대한상공회의소)

국경 없는 무한경쟁의 시대에 대외교역을 확대하려면 무역에 관한 전문지식이 필수적이다. 무역영어 검정은 무역 관련 영문서류의 작성 및 번역 등 영어구사 능력은 물론 무역실무지식을 평가하는 국가공인 민간자격시험이다.

### 원산지관리사(국제원산지정보원)

자격시험 시행기관인 국제원산지정보원이 2012년 12월 27일 관세청으로부터 국가공인을 획득한 공인민간자격이다. 원산지관리사는 FTA 발효국가와 무역거래기업, 관련 국가 물류업체들에 FTA 특혜관세혜택을 누릴 수 있도록 지식서비스를 제공하게 된다.

정부는 원산지인증수출자 제도를 통해 체계적 원산지관리 및 검증대비를 위한 원산지관리전담자를 기업 내에 두도록 하였으며, 내부 원산지관리전담자가 관세청장이 인정하는 자격증(원산지관리사)을 갖춘 경우 원산지증명능력에 대한 심사를 생략할 수 있도록 하고 있다.

## 등록민간자격

**국제무역사**(한국무역협회)

무역 전문인력에게 요구될 수 있으며 무역업무에 다각도로 활용할 수 있는 심화된 무역 지식을 검증하는 자격시험이다.

**무역관리사**(한국무역협회)

현장 실무 위주의 초급무역인력을 양성하기 위해 (사)한국무역협회 주관으로 시행하는 자격시험이다. 현장에서 무역서류 처리 등 무역관리업무에 요구되는 실무지식을 평가하기 위한 목적으로 도입된 자격제도다.

**외환관리사**(한국무역협회)

기업의 환위험관리 능력을 제고하고 관련 전문인력을 양성하기 위해 한국무역협회가 운영하는 자격시험이다. 자격시험에 통과하면 금융감독원 지정 외환전문운용인력으로 인정받으며, 한국무역협회에서 주관하는 사업의 모집, 선발 등에서 가산점을 받을 수 있다.

**수입관리사**(한국수입협회)

비영리 사단법인 한국수입협회에서 수입업무 능력과 전문성을 검증하는 자격시험이다. 수입관리사 자격은 수출과 차별화된 수입자의 관점에서 실무를 다룰 수 있는 역량의 입증에 주안점이 있다.

**자격시험의 종류**

| 구분 | | 주관(시행)기관 | 주요 업무 |
|---|---|---|---|
| 국가자격 | 관세사 | 관세청 | 수출입업체를 대리하여 수출입 통관 등 관세사의 직무 대행 |
| | 보세사 | 한국관세물류협회 | 보세화물 관리에 대한 세관공무원의 업무 중 일부를 위탁받아 수행하는 보세화물 전문관리자 |
| | 물류관리사 | 국토교통부 | 원자재의 조달에서 물품의 생산, 보관, 포장, 가공, 유통에 이르기까지 물류가 이동되는 전체 영역 관리 |
| 공인 민간자격 | 무역영어 | 대한상공회의소 | 무역실무 |
| | 원산지관리사 | 국제원산지정보원 | 원산지관리 전담 |
| 등록 민간자격 | 국제무역사 | 한국무역협회 | 무역실무 |
| | 무역관리사 | 한국무역협회 | 무역실무 |
| | 외환관리사 | 한국무역협회 | 외환관리 전문 |
| | 수입관리사 | 한국수입협회 | 수입실무 |

# 무역실무자에게는 어떤 능력이 필요할까

**학습과제** 무역실무자에게 요구되는 능력을 알아보자.

무역 관련 자격증을 취득했다고 해서 바로 무역실무 능력을 인정받고 취업이 되는 것은 아니다. 무역실무라 하더라도 실제로 하는 업무나 일의 내용은 다양하게 세분화되어 있다. 그러므로 무역실무 전문가가 되려면 다양한 경험을 쌓을 필요가 있다.

무역실무자에게는 특히 커뮤니케이션 능력과 업무처리 능력이 기본적으로 필요하므로 이를 갖추려고 노력해야 한다.

### 커뮤니케이션 능력

무역은 외국기업과 외국어로 커뮤니케이션을 해야 한다. 그러므로 무역실무자에게는 외국기업과 협상할 수 있는 외국어 회화는 물론 외국어로 비즈니스 편지나 이메일 같은 서신 작성 능력이 요구된다. 외국어는 무역에서 일반화되어 있는 영어를 할 줄 알면 좋겠지만 그렇지 않으면 자신이 진출하고자 하는 국가의 언어를 구사할 줄 아는 능력이 필요하다.

### 업무처리 능력

무역업무로 거래할 외국기업을 찾고 그 외국기업을 상대로 협상하는 것도 중요하지만 무역실무에서 필요한 서류를 작성하거나 무역 관련 절차를 밟는 것도 무역업무로서 중요하다.

서류작성과 각종 절차를 잘 처리하는 것은 무역실무의 기본 능력이라 할 수 있다. 서류는 무엇보다 신속하고 정확하게 작성할 수 있도록 해야 한다. 또 무역실무에 따르는 각종 절차를 별 문제 없이 신속하게 처리하는 능력도 길러야 한다.

알아두자

### 간이세율과 간이신고 대상물품

#### 간이세율

단일 간이세율은 여행자 휴대품 등 과세대상 물품 합계가 미화 1,000달러까지는 가장 낮은 세율인 20%를 적용하지만 모피제품과 녹용은 해당물품에 따라 간이세율을 적용한다.
또한 세금을 계산할 때는 여행자에게 유리하도록 세율이 높은 물품의 가격에서 면세금액을 먼저 공제한다.

#### 간이신고 대상물품

아래에 기재된 물품에 대하여는 첨부서류 없이 수입신고서에 신고사항을 기재하여 신고하면 된다.

- 해당물품의 총가격이 미화 150달러 이하이며 국내거주자가 자가 사용으로 수취하는 면세대상 물품
- 해당물품의 총과세가격이 운임 포함하여 미화 250달러 이하의 면세되는 상용견품
- 설계도 중 수입승인이 면제되는 것
- 금융기관이 외환업무를 영위하기 위하여 수입하는 지불수단

# 서류작성 능력은 무역실무자의 중요한 능력 중 하나

**학습과제** **서류를 정확하고도 신속하게 작성할 수 있는 능력을 기르자.**

무역실무자의 능력으로 서류작성 능력은 대단히 중요한 능력이다. 무역실무에서 서류작성은 꼭 필요한 일이므로 필요한 서류를 정확하고 신속하게 그리고 매끄럽게 작성하도록 능력을 길러야 한다.

무역서류는 다양하며 각각의 서류에는 그 역할이 있다. 따라서 무역실무에 필요한 서류의 종류별 내용을 이해하고 정확하게 작성할 수 있어야 한다. 서류작성 시 부주의로 생기는 실수는 경우에 따라 돌이킬 수 없으므로 서류를 작성할 때에는 신중에 신중을 기할 필요가 있다. 특히 환어음(B/E)의 금액표기는 수정할 수 없으므로 정확성이 더욱 필요하다.

이 책에서도 앞 장에서 무역실무에 필요한 각종 서류에 관해 상세하게 설명했다. 다시 한번 확인하고 서류작성 능력을 기르자.

Offer Sheet

Purchase Order

Contract

Invoice

Packing List

Bill of Lading

Insurance policy

Bill of Exchange

Certificate of Origin

Shipping Advice

Application for irrevocable Documentary Credit

Dock Receipt

Container Load Plan

Arrival Notice

# 무역실무에서 포인트는 무엇일까

**학습과제** **무역실무의 포인트를 확실하게 이해하자.**

무역실무자는 무역실무의 포인트를 확실하게 이해할 필요가 있다. 포인트는 흐름을 이해하는 것이다. 수출의 흐름, 수입의 흐름 속에서 각각의 업무를 이해하는 것이 중요하다.

수출입 흐름과 별도로 무역실무에서는 서류의 흐름, 화물의 흐름, 돈의 흐름이 있는데 이 세 가지 흐름을 확실하게 이해해야 한다.

이외에도 서류업무와 무역용어에 정통하는 것이 중요하다. 또 환율 등과 같은 무역변수에 주목할 필요가 있으며, 무역 관련 지원기관의 활용은 무역실무에 큰 도움이 된다.

무역실무의 모든 것을 단번에 이해하려 하지 말고 우선은 무역의 전체 구도와 큰 흐름을 이해할 필요가 있다. 그리고 실무를 하면서 차근차근 익히는 것이 좋은 방법이라 할 수 있다. 실무를 경험할 기회가 없다면 특정 품목을 가정해서 시뮬레이션을 통해 익히는 방법도 좋다.

무역에서는 무엇보다도 취급할 품목선정이 대단히 중요하다. 시장은 늘 변화하고 있기 때문에 품목선정에 신중을 기할 필요가 있다.

# 무역실무의 포인트

## 흐름을 이해하자

수출입의 흐름 속에서 서류의 흐름, 화물의 흐름, 돈의 흐름을 이해하는 것이 중요하다. 흐름을 이해함으로써 무역실무가 쉬워진다.

## 서류업무에 정통하자

무역실무는 대부분 서류와 관련된 것들이다. 오퍼시트, 계약서, 신용장, 수출입신고서, 운송서류, 보험관련서류 등이 모두 무역실무에서 활용된다. 서류업무에 정통하는 것만으로도 무역실무에 어느 정도 정통할 수 있다.

## 무역용어에 정통하자

무역이 어렵다고 느끼는 요인 중 하나가 무역용어 때문이다. 무역을 하려면 반드시 알아야 하는 것들이다. 우선 가장 많이 사용되는 필수 기본용어부터 익힌 다음 시간을 두고 실무를 하면서 익혀가면 된다.

## 무역 관련 지원기관을 활용하자

정부의 각 부처나 지방자치단체부터 kotra, 한국무역협회, 한국무역보험공사, 중소기업진흥공단, 수출지원센터 등과 같은 무역 관련 지원기관에서는 무역인들에게 도움을 주기 위해 다양한 지원책을 마련하고 있다. 잘 활용하면 크게 도움을 받을 수 있다.

## 환율 변동 등 무역변수에 주목하자

무역대금은 외국환으로 결제하므로 환율 변동에 민감할 수밖에 없다. 국제원자재 가격 변동도 상품의 경쟁력을 좌우한다. 따라서 환율 변동을 비롯해서 무역비즈니스에 영향을 미치는 변수에 늘 관심을 가져야 한다.

# 무역실무를 활용할 수 있는 분야/회사를 알아보자

**학습과제** **무역실무를 활용할 수 있는 직장을 알아보자.**

무역실무는 다양한 분야에서 활용되고 있다. 무역회사뿐만 아니라 수출입을 하는 기업체에서는 반드시 필요하다. 또 정부기관이나 무역 관련 지원기관 등에서도 무역실무자를 필요로 한다.

그러므로 무역 관련 자격증을 취득하고 무역실무를 익힌 사람들은 자신의 능력을 활용할 직장이 많다.

작은 회사에서도 해외에서 원자재를 수입하려면 무역지식이 필요하다. 글로벌 시대라고 하는 지금 국내 경기가 그다지 좋지 않기 때문에 많은 회사가 가능하면 해외로 나가려고 한다. 여기서도 무역에 관한 지식이 필요하게 된다.

이와 같이 무역에 관한 지식이 필요한 기관이나 회사는 상당히 많다. 따라서 무역실무 지식을 익히고 능력을 키우면 일할 수 있는 직장은 더욱 많아질 것이다.

이 밖에도 취업보다 창업에 관심이 있다면 무역업을 직접 창업할 수 있다. 무역업은 마음만 먹는다면 소자본으로 쉽게 창업할 수 있다. 이 경우에도 무역실무를 모르면 어려움을 겪게 된다.

## 무역실무를 활용할 수 있는 직장

### 무역 관련 지원기관에 취업할 수 있다

한국무역협회, kotra, 중소벤처기업진흥공단, 테크노파크, 중소기업지원센터, 대한상공회의소, 대한상사중재원, 창조경제혁신센터, 창업진흥원, 정보통신산업진흥원, 각 지방자치단체, 각종 산업관련 협회 또는 조합 등

### 무역 관련 회사에 취업할 수 있다

무역회사, 수출입을 하는 기업체, 선박회사, 항공회사, 보험회사, 은행, 관세사 사무실, 해상화물 운송회사, 항공화물대리점, 외국회사 국내법인이나 지점, 무역전문 컨설팅회사 등

### 무역회사를 창업할 수 있다

무역회사를 창업하고 개인적으로 무역비즈니스를 하는 것도 무역실무를 활용하는 좋은 방법의 하나다. 수출을 희망하는 국내 중소기업과 협력해서 수출비즈니스를 하고, 국내 소비자 니즈를 포착해서 해외로부터 소비재 제품 등을 소량으로 수입하여 비즈니스를 한다. 해외직구가 날로 증가하는 추세다. 소량으로 소비재 등 필요한 제품을 직접 구입하는 경우에도 무역 지식은 필요하다.

## 수출과 영세율제도

정책적으로 수출 및 외화획득을 지원할 목적과 국제적 이중과세를 방지하기 위하여 수출하는 재화나 용역에 대해 영세율을 적용한다. 영세율이란 매출세율을 '0'으로 하기 때문에 자기가 부담한 매입세액을 전액 환급받게 되므로 수출을 주로 하는 사업자에게는 대단히 중요한 제도다.

**대상 재화와 용역**

- 수출하는 재화(구매확인서나 내국신용장에 따라 공급하는 재화를 포함함)
- 국외에서 제공하는 용역: 선박 또는 항공기의 외국항행용역, 기타 외화획득사업

**영세율 첨부 서류**

수출하는 재화에 대해서는 '수출실적명세서'만 제출(디스켓)하면 되나 내국신용장, 구매확인서에 의한 국내공급, 중계무역수출, 외국인도수출, 위탁가공무역방식수출 등 기타 형태의 수출거래에 대해서는 수출사실을 확인할 수 있는 수출계약서 사본이나 수출대금 획득사실을 입증할 수 있는 외화입금증명서 등을 첨부해야 한다.

**영세율 조기환급제도**

○ 영세율 등 조기환급기간

수출업을 하는 사업자는 예정신고기간 중 또는 과세기간 최종 3월 중 매월 또는 매 2월에 조기환급기간 종료일부터 25일 이내에 조기환급기간에 대한 과세표준과 환급세액을 관할 세무서장에게 신고하는 경우에는 조기환급기간에 대한 환급세액을 조기환급기간별로 해당 조기환급신고기한 경과 후 15일 이내에 환급받을 수 있다.

따라서 1·2월, 4·5월, 7·8월 및 10·11월이 조기환급기간이 될 수 있다. 3월 및 9월에 대한 조기환급은 예정신고이며, 6월 및 12월에 대한 조기환급은 확정신고다.

○ 영세율 조기환급 신고 시 첨부 서류

영세율 등 조기 환급신고에서는 다음 사항을 기재한 영세율 등 조기환급 신고서에 해당 과세표준에 대한 영세율 첨부 서류와 매출처별 세금계산서 합계표 및 매입처별 세금계산서 합계표를 첨부하여 제출해야 한다.

① 사업자의 인적사항

② 과세표준과 환급세액 및 그 계산근거

③ 매출·매입처별 세금계산서 합계표 제출 내용

④ 기타 참고사항

## 독자 여러분의 질문을 환영합니다!!

- 무역 초보자, 무역업 창업자를 위한 무역실무 교육에 관련한 사항
- 무역비즈니스에 관련한 컨설팅 및 코칭에 관련한 사항
- 무역비즈니스에 관련한 사항 전반 및 무역실무 현장에서의 애로사항
- 이 책을 보다가 궁금한 사항 또는 건의 사항

(무역실무 교육 및 컨설팅 항목)

| 테마 | 항목 |
|---|---|
| 무역업 창업실무 | · 수출입 비즈니스의 계획 · 창업절차 등 |
| 바이어 발굴 실무 | · 바이어 발굴 방법 · 수출상품 개발방법 · 수출입 협상기법 등 |
| 무역계약 | · 무역계약의 기본조건 · 계약의 성립 · 수출입계약의 포인트 등 |
| 수출입 대금결제 | · 송금방식 · 신용장(L/C) 방식 · 추심결제(D/A, D/P) 방식 등 |
| 수출입 통관 | · 통관실무/HS Code에 관해서 · 관세 지식 · FTA 활용 등 |
| 운송 및 보험 | · 해상운송 · 항공운송 · 복합운송 · 무역보험 등 |
| INCOTERMS 2020 | · INCOTERMS 2020의 내용 및 이용 시 유의사항 등 |
| 수출실무 | · 물품 확보 · 선적서류 작성 · 통관/선적 · 대금수령 등 |
| 수입실무 | · 해외거래처/상품개발 · 신용장 개설 · 대금결제/통관/국내판매 등 |
| 무역클레임 | · 클레임의 종류 및 주요내용 · 클레임의 해결방법 |
| 수출입상품 가격책정 | · 가격책정과 환률(환리스크 대처방법 포함) |
| 국제무역사기 | · 무역사기 유형과 예방책 등 |

※ 이외에도 전자(디지털)무역, 온라인 무역, 무역마케팅, FTA, CISG(국제물품매매계약에 관한 유엔협약) 등 무역비즈니스와 관련한 전반적인 사항


질문 보낼 곳 : **출판사** japub@naver.com 02-2253-4463
**저자(권영구)** 09know@hanmail.net 010-3215-5228

# 6장

# 무역실무 용어

무역실무 현장에서 사용되는 단어, 용어, 약어 등을 소개하므로 알아두면 무역을 하는 데 크게 도움이 된다.

어느 분야든 전문용어만 잘 이해해도 그 분야의 업무는 한결 쉽다. 무역 분야도 마찬가지다. 무역을 잘하려면 무역실무 전문용어를 정확히 이해하는 데서부터 시작하면 쉽다. 처음에는 무역실무를 할 때 반드시 알아야 할 기본용어를 익히고 차차 용어의 범위를 넓혀나가면 된다. 분명한 것은 무역 분야에서 사용되는 전문용어를 모르면 무역실무를 하기가 어렵다는 것이다.

## ㄱ

**가격조건**(Terms of Price)

무역계약의 기본조건 중의 하나. 물품의 단가를 어떠한 요소 비용을 포함해서 책정할 것인가 하는 문제로, 가격구성 요소 중에서 여러 가지 비용을 수출업자와 수입업자 중 누가 부담하느냐를 나타내는 거래조건. 가격조건을 제시할 때는 〈인코텀즈〉 조건 중의 한 조건을 반드시 표시해야 한다.

**개별예정보험**

Provisional Insurance 참조

**개설의뢰인**

신용장 개설(발행)의뢰인. Applicant 참조

**거래제의서(신)**(Circular Letter)

수출자가 특정상품에 대해 수입자에게 거래관계를 제의하는 것. Busness proposal이라고도 한다.

**거주자**(Resident)

외국환거래법상의 적용범위를 결정하는 경우에 사용되는 개념. 외국환거래법령에는 우리나라에 주소 또는 거소를 둔 자연인과 주사무소를 둔 법인을 거주자로 규정하고 있다. 또한 우리나라 안에 있는 비거주자의 지점, 출장소, 사무소 등도 거주자로 본다. 즉 이 구별은 국적에 관계없이 경제적 본거에 의한 구별이다.

**검역제도**

수출입 화물의 이동에 따른 전염병, 병해충의 확산을 방지하기 위한 제도. 동물검역(Animal Quarantine), 식물검역(Plant Quarantine), 목재포장재 검역(Wood Packaging Material Quarantine) 등이 있다.

**견적송장**

Proforma Invoice 참조

**견품매매**(Sale by Sample)

품질조건에서 품질결정방법 중의 하나. 견본에 의해 품질을 결정하는 방법으로 실제 거래되는 상품의 품질과 견본의 품질이 일치해야 하는 조건

**결제은행**(Settling Bank)

신용장의 결제통화가 수입국이나 수출국의 통화가 아닌 제3국의 통화일 경우는 제3국에 있는 개설은행의 예치환거래은행이 결제은행(Settling Bank)이 되며, 어음을 매입한 은행에 대금을 상환해주는 은행이라고 해서 상환은행(Reimbursing Bank)이라고도 한다.

**결제조건**(Terms of Payment)

무역계약의 기본조건 중의 하나. 물품대금을 언제, 어떤 방법으로 어떻게 지불받을 것인지에 관한 조건

**계절관세**(Seasonal Duties)

1년 중 수입되는 시기에 따라 적용세율이 다른 관세를 말한다. 국내 생산자를 보호하기 위하여 일정한 수확기에 한해 동종 수입품에 대해서 통상보다 고율의 관세를 부과한다.

**과부족용인조건**(More or Less Terms)

수량조건에서 수량결정방법의 하나. 물품의 종류, 성질에 따라 정확하게 계약수량을 인도하는 것이 어려운 경우가 있으므로 어느 정도 범위에서 수량의 과부족을 용인하는 조건. 신용장통일규칙에서는 한도를 5%로 규정하고 있다.

**관세장벽**(Tariff Barriers)

고율의 관세를 수입품에 적용시켜 그 가격을 인상함으로써 같은 종류의 상품 또는 경합상품을 생산하는 국내 산업을 보호하는 조치

**관세환급**

일반적으로 관세환급이라 지칭되고 있는 환급특례법에 의한 관세환급은 우리나라 수출물품에 대한 국제가격경쟁력을 제고하기 위한 수출지원제도로서 수출용원재료를 수입하는 때에 납부하였거나 납부할 관세 등을 관세법 등에도 불구하고 수출 등에 제공하였을 경우 수출자 또는 수출물품의 생산자에게 되돌려주는 제도를 말한다. 이와는 별도로 관세법에서도 여러 경우에 관세를 환급하는 규정이 있다.

**공동해손**

General Average 참조

**구매승인서**

국내에서 생산된 물품을 외화획득용 원료로 구매하는 것을 승인하는 서류이다. 무역금융 한도가 부족하거나 비금융 대상 수출신용장 등으로 인하여 내국신용장을 개설하기 어려울 때 외국환은행이 내국신용장 취급규정에 준하여 발급한다. 내국신용장과 마찬가지로 수출실적을 인정해주며, 부가가치세 영세율을 적용하고, 수출용 원자재의 수입을 허용하는 등의 용도로 사용된다. 그러나 은행의 지급보증을 받을 수 없으므로 대금 지급은 거래 당사자 간 계약에 따른다.

**구상무역**(Compensation Trade)

두 나라 사이에 협정을 맺어, 일정 기간 서로 수출을 균등하게 하여 무역차액을 영(零)으로 만들고, 결제자금이 필요 없게 하는 무역

**국제팩터링**(International Factoring)

무역거래에서 대금결제방법 중 하나. 수출자가 물품을 공급하고 발생하는 외상매출권을 팩터링회사에 양도하고 금융지원을 제공받는 무신용장 방법

**권리침해조항**(Infringement Clause)

수출자의 면책조항. 권리침해(權利侵害)라 함은 특허권(特許權) 또는 전용실시권(專用實施權)에 대한 침해를 말한다. 수입자가 주문한 물품에 특허권 등 지식재산권이 수반하여 거래될 경우에 무역계약 체결 시 특허권 등에 관한 권리침해에 대한 수출자의 면책문언을 추가한다.

**규격매매**(Sale by Grade or Type)

품질조건에서 품질결정방법 중의 하나. 국제적인 표준이 정해져 있는 경우 그것을 기준으로 품질을 결정하는 방법으로 UL, ISO 등의 국제적인 규격이 사용된다.

**기본관세**

국회에서 법률의 형식으로 제정한 세율을 기

본관세율이라 하며, 이 세율에 따라 산정하는 관세를 말한다.

**긴급관세**(Emergency Tariff)

중요 국내산업의 긴급한 보호, 특정물품 수입의 긴급한 억제 등의 필요가 있을 때 특정물품의 관세율을 높여서 부과하는 관세

## ㄴ

**네팅**(Netting)

무역거래에서 대금결제방법 중의 하나. 둘 또는 그 이상의 거래자 사이에 받을 대금과 지불할 대금을 장부상에서 상쇄하고 실제 거래금액을 소액으로 하는 방법이다. 환리스크 관리 기법의 하나이기도 하다.

**농림축산물에 대한 특별긴급관세**

농림축산물의 수입 증가 또는 수입가격 하락으로 인한 국내산업 피해를 방지하기 위해 운영하는 특별긴급관세(Special Safeguard)

## ㄷ

**단독해손**

Particular Average 참조

**대위권**(Right of Subrogation)

보험자가 피보험자에게 보험금을 지급한 경우에 사고와 관련하여 남아 있을 피보험목적물에 대한 일체의 권리와 제3자에 대한 구상권 등을 보험자가 당연히 취득하는 일체의 권리행위

**대응구매**(Counter Purchase)

수출을 하는 대가로 상대방의 상품을 구매하는 것. 수출과 수입이 연계되므로 연계무역의 일종으로 분류되며, 수출입은 각각 별도의 계약서에 의하여 거래가 이루어진다는 특징을 갖는다.

**대체료**(in lieu of exchange commission)

일반적으로 Nego 시 매입은행은 외국화폐를 수출상으로부터 사들이고 은행이 보유하고 있는 원화를 지급하게 되며 반대로 수입대금 결제 시에는 개설은행이 보유하고 있는 외화를 수입상에게 원화를 받고 파는 형식을 취하고 있다. 그런데 만일 수출상이 외화계정을 보유하고 있어서 Nego 시 수출대전은 동 계정에 외화로 결제금액을 출금한다면 은행은 장부정리의 수고만 하게 되고 환가료 및 전신환매입률, 매도율은 적용할 여지가 없게 된다. 대체료란 바로 이 경우 은행이 수고비 명목으로 받는 수수료를 의미하여 이 요율은 각 은행이 자율적으로 결정하도록 하고 있다.

**덤핑방지관세**(Anti-dumping Duties)

탄력관세의 하나로, 외국으로부터 특정 상품이 정상보다 낮은 가격에 수입되어 국내 관련 산업에 타격을 주는 것을 방지하기 위해 수출국내의 정상가격과 덤핑가격의 차액 범위 내에서 부과하는 할증관세를 말한다.

## ㄹ

**리딩과 래깅**(Leading & Lagging)

환리스크 관리기법의 하나. 외화 자금의 결제시기를 의도적으로 앞당기거나(Leading) 또는

지연(Lagging)시킴으로써 환율변동에 따른 환차손을 극소화하거나 환차익을 극대화하기 위한 기법

### ㅁ

**매칭**(Matching)

외화자금의 흐름, 즉 자금의 유입과 유출을 통화별·만기별로 일치(matching)시킴으로써 자금흐름의 불일치에서 발생할 수 있는 환차손 위험을 원천적으로 제거하는 환 리스크 관리기법이다.

**무역장벽**(Trade Barriers)

무역장벽은 국가 간의 상품이나 서비스의 이동을 방해하는 장벽을 가리키는 말. 무역장벽은 관세장벽과 비관세장벽으로 나눌 수 있는데, 관세장벽은 관세를 높게 매겨서 수입품의 가격을 높이는 방법을 가리킨다. 비관세장벽은 관세를 제외한 수량 제한, 수입절차상의 제한, 기술장벽 등의 모든 무역장벽을 가리키는 말이다.

### ㅂ

**반덤핑**(Anti Dumping)

덤핑 상품에 고율의 세금을 부과하는 무역규제 조치. 어떤 국가의 제품이 정상가격보다 낮은 가격으로 수출되어 수입국가의 국내 산업에 피해를 주는 불공정 무역행위를 방지하기 위한 제도이다. 덤핑 상품에 부과하는 높은 관세를 반덤핑관세라고 한다.

**변동환율제**

환율의 변동이 전혀 인정되지 않거나 소폭의 범위 내에서 변동하는 고정환율제도(fixed exchange rate system)와 달리 외환의 수급상태에 따라 자유로이 환율을 변동시켜 국제수지의 조정을 기하려는 제도를 말한다. 이러한 변동환율제도는 변동 폭을 규제하지 않는 자유변동환율제도(freely flexible exchange rate system)와 일정한 범위 내에서 환율의 변동을 인정하는 제한적 변동환율제도(limited flexible exchange rate system)로 구분한다.

**병행수입**(Parallel Import)

국내의 독점수입업자에 의하여 수입되고 있는 외국상품을 국내의 제삼자가 국내 독점수입업자의 허락 없이 다른 유통경로를 통하여 동일한 상품을 수입하는 것을 말한다. 일정한 기준에 따라 제한적으로 허용하고 있으므로 사전에 수입하려는 물품의 상표가 병행수입이 가능한지 확인할 필요가 있다.

**보복관세**(Retaliatory Duties)

외국이 자국의 수출품·선박·항공기에 대해 부당한 차별관세나 차별대우를 취하는 경우, 또는 자국이나 자국산업에 대하여 불이익이 되는 조처를 취했을 경우, 이에 대처하는 수단으로 상대국으로부터 수입하는 상품에 대하여 보복적으로 부과하는 고율(高率)의 관세를 말한다.

**보세건설장**

공장 등을 건설하는 데 필요한 수입 기계 설비 또는 공사용 장비를 장치, 사용하여 건설공사를 할 수 있는 장소

**보세공장**(Bonded Factory)

외국화물의 관세를 유보한 채로 외국화물의 가공, 제조, 화물의 분류 등을 할 수 있는 장소

**보세구역**(Bonded Area)

외국화물의 관세를 일정 기간 유보할 수 있는 지역을 말한다.

**보세운송**

외국에서 수입한 물품을 통관절차를 거치지 않은 상태에서 보세구역까지 운송하는 것을 말한다.

**보세전시장**(Bonded Exhibition Ground)

국제전시회나 외국물품을 장치, 전시할 수 있는 장소

**보세창고**(Bonded Storage)

통관절차를 취하려고 하는 물품을 장치하는 장소

**보세창고거래**

(Bonded Warehouse Transaction, BWT)

수출자가 화물을 수입자의 소재국가 보세창고에 입고시킨 후 여기에서 인도함으로써 책임과 위험을 면하는 거래조건. 수입지 인도조건은 무역가격에 속하며, 국경인도가격이 이에 해당한다. 보세창고에 화물이 입고되기까지의 모든 비용과 위험을 수출자가 부담한다.

**보세판매장**

외국인들을 위한 면세판매장

**보험각서**(Cover Note)

보험중개인이 발행한 보험서류. 보험인수확인서라고도 하며, 신용장에서 허용하는 경우에 한하여 그 수리가 가능하다.

**보험서류**(Insurance Document)

보험계약의 성립과 그 내용을 입증하기 위하여 보험회사가 작성하여 보험계약자에게 교부하는 서류로 보험증권과 보험증명서가 있다.

**보험조건**(Terms of Insurance)

물품의 운송 중에 발생할 위험에 대비한 적하보험계약을 체결할 때 보험기간, 보전대상, 손실의 범위 등에 대해 정하는 것. 〈인코텀즈〉에 따라 FOB, FCR, CFR의 경우에는 수입자가 보험회사와 보험계약을 체결해야 하며 CIF, CIP의 경우에는 수출자가 보험회사와 보험계약을 체결한다.

**부가위험담보**(Additional Clause)

해상보험증권 본문에 열거되어 있는 것 이외의 특수위험(Special Risks)을 말한다. 특별약관을 삽입하여 할증보험료를 지급하고 특약을 맺지 않으면 보상되지 않는다. 피보험자가 특약을 맺어야 하는 위험항목들에 관해서는 보험 가입 시에 확인할 필요가 있다. Extraneous Risks라고도 한다.

**불가항력**

Force Majeure 참조

**분손**

Partial Loss 참조

**분할지급**

Instalment Payment 참조

**비거주자**(Non-Resident)

국내에 주소를 두거나 183일 이상 거소를 둔 개인을 거주자라고 하며 거주자가 아닌 자를 비거주자라고 한다. 거주자와 비거주자는 국내에 주소 또는 183일 이상 거소를 두고 있는가에 따라 구별하므로 국적과는 관계가 없다.

**비거주자원화예금**

(Non-Resident Won A/C)

비거주자예금은 크게 나누어 방화표시예금과 외화표시예금으로 대별되는바 방화표시예금은 예수국가의 고금리 또는 예수국가 통화의 평가절상 예상에 따른 금리차익 또는 환차손을 기대한 예금이다. 외국환은행은 비거주자원화계정을 일반원화예금과 구분 계리해야 하며, 예금의 종류, 이자 등에 대하여는 다른 일반원화예금과 차별하지 아니한다.

**비관세장벽**(Non Tariff Barriers)

관세를 제외한 모든 무역제한 조치를 총칭하는 것으로서 쿼터, 수량제한, 수입허가절차, 보조금, 정부조달 등이 이에 속한다.

## ㅅ

**사양서매매**(Sale by Specification)

품질조건에서 품질결정방법 중의 하나. 재료, 구조, 성능 등에 관해서 상세하게 결정한 사양서에 따라 품질을 결정하는 방법으로 기계나 화학품 등의 공업품을 발주할 때 사용된다.

**상계관세**(Countervailing Duties)

수출국이 특정 수출산업에 장려금이나 보조금을 지급하여 수출상품의 가격경쟁력을 높일 경우, 수입국은 그 수입상품에 대하여 보조금액에 해당하는 만큼의 관세를 부과하는 것을 말한다.

**상환은행**

Reimbursing Bank 참조

**상표·브랜드매매**

(Sale by Trademark or Brand)

품질조건에서 품질결정방법 중의 하나. 트레이드마크나 브랜드를 지정해서 품질을 결정하는 방법

**선물환**(Forward Exchange)

매매계약이 성립한 다음 일정한 기간이 지난 뒤에 실제 환거래가 이루어지는 외국환

**선물환거래**(Forward Transaction)

환리스크 관리기법의 하나. 거래일로부터 2영업일을 경과한 장래의 일정시기에 미리 약정한 환율(선물환율)에 의해 거래당사자 간에 외화를 매매하는 기법

**선적**(Shipment)

수출입 화물을 운송회사와 선적조건에 따라 운송계약하고 해당 선박에 싣는 것. 선적조건으로는 통상 분할선적과 환적의 인정 여부에 대한 선적방법, 선적항과 도착항, 선적일자 등이 포함된다.

**선복용선계약**(Lump-sum Charter)
항해용선계약의 하나로, 적하량에 관계없이 일정한 선복을 계약하고 운임도 포괄적으로 약정하는 선복운임(Lump-sum Freight)을 적용하는 용선계약방식

**선불**
Payment in Advance

**선적수량조건**(Shipped Weight Terms)
수출항에서 선적 시의 수량을 거래수량으로 하는 조건. 수출자는 검정기관이 발급한 용적중량증명서(Certificate and List of Measurement and/or Weight)를 제출하는 것이 일반적이다.

**선적조건**(Terms of Shipment)
무역계약의 기본조건 중의 하나. 물품을 인도하는 방법, 시기, 장소 등과 같이 선적에 관련되는 제반조건을 말한다. 〈인코텀즈〉의 이해가 필수적이다. 선적방법, 선적시기, 지연선적, 분할선적/환적의 허용 여부 등에 관한 규정을 정한다.

**선적품질조건**(Shipped Quality Terms)
품질조건에서 품질결정시기의 한 방법. 수출항에서 선적할 때 약정한 품질과 동일하면 되는 조건. 사전 합의되었거나 권위 있는 검사기관의 검사증명서

**세관검사장**
통관을 하고자 하는 물품을 검사하기 위한 장소. 검사증명서(Inspection Certificate)를 제출해야 한다.

**소요량증명서**
수출을 이행하는 데 필요한 원자재의 소요량을 증명하는 서류이다. 수출물품의 생산에 꼭 필요한 양만큼의 원자재에 대해서 혜택을 주기 위한 것으로 무역금융 융자신청용, 관세환급용, 원자재 사후관리용이 있다. 외국환은행이 위임받아 발급한다.

**소송**(Litigation, Lawsuit)
무역거래에서 클레임 해결방법의 하나. 법원에 제소해서 문제를 최종적으로 해결하는 방법

**수량조건**(Terms of Quantity)
무역계약의 기본조건 중의 하나. 수령의 단위 수량 표시방법, 수량결정시점을 결정하는 조건. 상품의 성질과 국가 간 관습에 따라 차이가 있으므로 명확히 약정하는 것이 필요하다.

**수익자**
Beneficiary 참조

**수입담보금**(Import Margin Money)
연지급수입, 분할지급수입 등 외상거래 수입을 하고자 할 경우 해당 수입신용장 개설 의뢰 시 수입금액의 일정비율에 대하여 외국환은행에 적립하도록 하는 담보금. 수입보증금이라고도 한다.

**수입신고필증**(Import Permit)
수입자의 수입신고에 따라 세관에서 수입자에게 발급하는 수입허가증. 세관에서는 수입신고서류를 접수하면 국내 무역 관련 제반법규를 충족하는지를 확인하는 신고서류 심사를 거치고

필요한 경우 해당 물품에 대한 확인 또는 검사를 실시한 후 신고필증을 교부한다. 수입신고필증이 교부된 화물은 관세법상 내국물품이 된다.

**수입화물대도**

Trust Receipt 참조

**수출선수금**(Advance Payment)

수입자로부터 주문받은 상품 또는 제품을 인도하거나 공사를 완성하기 이전에 그 대가의 일부 또는 전부를 선지급받는 금액

**수출신고필증**(Export Permit)

수출자의 수출신고에 따라 세관에서 수출자에게 발급하는 수출허가증. 세관에서는 수출신고서류를 접수하면 국내 무역 관련 제반법규를 충족하는지를 확인하는 신고서류 심사를 거치고 필요한 경우 해당 물품에 대한 확인 또는 검사를 실시한 후 신고필증을 교부한다. 신고필증이 교부된 화물은 관세법상 외국물품이 된다.

**수출어음보험**

수출대금회수에 확신이 없는 신용장거래 방식이나 D/A, D/P 등 신용장방식이 아닌 신용위험(Credit Risk)과 상대국의 비상위험(Emergency Risk)으로부터 수출거래를 보호하기 위한 보험으로 수출자가 수출을 이행한 후 은행에 매입을 의뢰한 환어음이 만기에 수입자가 수입대금을 지급하지 않아 부도가 되어 수출자 및 어음을 매입한 수출자 거래은행이 입게 되는 손실을 보상하는 보험제도이다.

**수출입공고**(Export & Import Notice)

수출입품목을 관리하기 위한 기본공고로서, 개별품목에 대한 수출입 제한 여부를 공고하는 것을 말한다. 대외무역법상 산업통상자원부장관이 수출입물품을 직접적으로 관리하기 위하여 물품의 수출 또는 수입에 관한 제반 사항을 종합적으로 책정하여 공고한다.

**수출입별도공고**

수출입공고의 보완적 역할로서 특정 사안별로 용도, 지역, 절차의 규제 및 완화에 대한 규정을 공고하는 것을 말한다.

**수출착수금**(Down Payment)

수출물품의 인도 또는 선적 전에 수출대금의 일부 또는 전부를 외국환은행을 통하여 영수하는 금액

**수탁가공무역**(Processing Trade)

외국의 무역업자로부터 위탁을 받아 가공한 뒤 수출하는 무역형태. 수출과 수입이 하나의 계약에 따라 연결되어 이루어진다. 가공임(가득액)을 대가로 원자재의 전부 또는 일부를 거래 상대방의 위탁에 따라 외국으로부터 수입하여 이를 가공한 후 위탁자 또는 위탁자가 지정하는 자에게 수출하는 거래이다.

**승낙**

Acceptance 참조

**시장평균환율**(Market Average Rate)

외환시장에서의 외환수요와 공급에 따라 결정되는 환율. 전날 은행들이 은행 간 외환시장에

서 다른 은행들과 거래한 환율을 거래량으로 가중평균해 결정한다.

## ㅇ

**아타**(ATA)**카르네**

ATA Carnet 참조

**알선**(Mediation, Intermediation)

무역거래에서 클레임 해결방법의 하나. 당사자의 어느 일방 또는 쌍방의 의뢰에 따라 제삼자가 개입하여 타협안을 제시하여 원활하게 해결하도록 하는 방법

**양륙수량조건**(Landed Weight Terms)

물품의 도착항에서 하역 시의 수량을 거래수량으로 하는 조건. 수출자의 손해를 줄이기 위해 물품이 도착한 당시의 수량을 입증해야 한다. 하역수량조건이라고도 한다.

**양륙품질조건**(Landed Quality Terms)

품질조건에서 품질결정시기의 한 방법. 해당 물품이 수입지에서 하역 시에 품질을 검품하는 조건. 계약조건대로의 품질이 아닐 경우 수취를 거부할 수 있다. 이 경우 검사증명서 또는 감정보고서(Survey Report)를 증거로 손해배상청구도 할 수 있다. 하역품질조건이라고도 한다.

**양허관세**(Bounded Tariff)

특정 국가 또는 WTO 등과 같은 국제기구와 조약 또는 행정협정 등에서 양허한 관세. 국가 간 협상을 통해 관세율이 인하되면 그 인하된 세율수준 이상으로는 특별한 사유가 없는 한 관세인상을 할 수 없게 되는 일종의 국제적 협정을 말하며, 협정관세라고도 한다. 영어로는 Tariff Concession이라고도 한다.

**연계무역**(Counter Trade)

수출을 조건으로 수입을 허용하는 무역거래. 수출과 수입이 연계된 무역으로 '대응무역' 또는 '조건부무역'이라고도 한다.

**연불수출**

(Export on a Deferred Payment Basis)

수출자가 수입자에게 결제대금의 일부를 현금으로 받고 나머지 대금은 여러 해 동안 나눠 받는 일종의 외상수출 방식. 장기 결제방식에 의한 신용거래를 말한다.

**영사송장**

Consular Invoice 참조

**예정보험**

예정보험(豫定保險)은 보험증권에 기재할 보험계약의 요건의 일부(예컨대 화물을 실을 선박·적하의 종류·선장 등)가 보험계약 체결 당시(保險契約締結當時) 확정되어 있지 않든가 또는 당사자에게 알려져 있지 않은 상태에서 드는 보험. 개별예정보험과 포괄예정보험이 있다. 예정보험계약은 보험계약의 예약과는 다르다.

**예치환거래은행**

Depositary Correspondent Bank 참조

**외국환**(Foreign Exchange)

화폐제도가 다른 국가 간의 대차를 환어음의

교환으로 결제하는 방법을 말하며 외환이라고 도 한다.

**외국환거래약정서**

수출입자가 은행과 외국환거래를 할 때 '은행여신거래기본약관'이 적용됨을 승인하고 여러 조건을 따를 것을 확약하는 약정서. 은행과 고객과의 환거래에 관한 계약서에 해당한다. Foreign Exchange Transaction Agreement이다.

**외환스왑**(Foreign Exchange Swap)

환리스크 관리 기법의 하나. 현물환(spot exchange)을 매도함과 동시에 이와 동일한 금액을 선물환(forward exchange)으로 매입하거나 반대로 현물환을 매입함과 동시에 선물환을 매도하는 기법

**용선운송계약**

(Contract of Carriage by Charter Party)

선복(Ship's Space)의 일부 또는 전부를 빌려 물품을 운송하기 위하여 선사와 용선자(화주) 사이에 체결하는 계약. 대량화물을 부정기선(Tramper)으로 운송할 때 이용된다. 운송되는 화물은 주로 벌크화물인데, 특수화물로서 곡물, 석탄, 원목, 광석 등이다. 용선계약에는 선복 전부를 빌리는 전체 용선계약(Whole Charter)과 선복의 일부만 빌리는 일부 용선계약(Partial Charter)이 있다.

**용적중량증명서**(Certificate and List of Measurement and/or Weight)

상업송장(Commercial Invoice)의 부속서류로 각 포장당 용적 및 총중량의 명세서이다. 검량기관에 의한 검량결과 작성된다. 이 검량된 용적 및 중량은 해상운임 산정의 기초가 된다.

**운송서류**(Transport Documents)

화물의 선적 및 탁송을 근거로 작성되는 서류로서 대금결제에 운송서류의 인도가 조건이 되는 중요서류이다. 일반적으로 선하증권(船荷證券)·보험증권 및 상업송장(商業送狀), 포장명세서 등이며, 국가에 따라서는 그 이외에 영사송장, 세관송장, 원산지증명서, 검사증명서, 중량용적증명명세표 등을 요구하는 경우도 있다. 선적서류(Shipping Documents)라고도 한다.

**원산지증명서**

Certificate of Origin 참조

**위부**

Abandonment 참조

**위탁가공무역**(Processing Trade)

한 나라의 업체가 다른 나라 업체에 원자재를 제공, 생산을 위임하고 생산된 제품을 다시 들여오거나 제3국에 수출하는 무역거래형태. 임가공이라고도 한다.

**은행인수**(어음)

Bank's Acceptance(BA) 참조

**일대용선계약**(Daily Charter)

화물을 선적한 날부터 양륙할 때까지의 날짜를 따져 하루당 얼마로 선복을 임대하는 계약

**일반특혜관세제도**

GSP 참조

**ㅈ**

**자유무역협정(FTA)관세**

FTA협정관세. 자유무역협정에 따라 적용되는 관세를 말한다.

**자유변동환율제**

(Freely Flexible Exchange Rate System)

변동환율제도에서 변동 폭을 규제하지 않는 환율제도

**잠정관세**

특정품목에 대해 불가피하게 기본세율의 틀을 벗어난 세율을 잠정적으로 적용하는 관세를 말한다. 기본관세와 마찬가지로 국회의 의결을 거쳐 법률로 정한 세율이지만 개정은 대통령령 개정으로도 가능하다.

**장부가격**(Book Rate)

동종 외화 간의 대체거래에 따라 외화금액을 원화로 환산할 때 적용하는 환율

**재정거래**(Arbitrage)

동일한 상품에 대해 두 시장에서 서로 가격이 다른 경우 가격이 저렴한 시장에서 그 상품을 매입하고 가격이 비싼 시장에서 그 상품을 매도해 이익을 얻고자 하는 거래

**적하목록**(Manifest, M/F)

선박 또는 항공기에 적재한 화물의 목록. 선박회사와 항공사/화물운송주선업자가 적하운임명세목록 및 선하증권의 사본을 기초로 하여 작성하는 화물명세서. 수출화물 적하목록은 선사 또는 항공사가 자신이 작성한 Master B/L과 포워더가 작성한 House B/L을 취합하여 출항 익일까지 세관에 전자문서로 제출해야 한다.

**정기용선계약**(Time Charter)

선복에 화물을 적재할 수 있는 설비 및 용구를 갖추고 선원을 승선시켜 장기간 해상을 운항 할 수 있는 선박을 용선자(傭船者)가 선주(船主)로부터 일정 기간 용선하는 계약. 용선자는 용선료 외에 연료비, 입항세, 운항비 등을 부담한다.

**정박기간**(Laydays)

하주가 계약화물의 전량(全量)을 완전하게 적재 또는 양륙하기 위해서 본선을 선적항 또는 양륙항에 정박시킬 수 있는 기간을 말한다. 서로 약정한 정박기간을 초과할 때에는 그 초과 정박기간에 대해서 체선료(滯船料, Demurrage)를 지불하여야 한다. Lay Time이라고도 한다.

**정형거래조건**

Trade Terms 참조

**조정**(Conciliation)

무역거래에서 클레임 해결방법의 하나. 당사자 어느 일방 또는 쌍방의 합의에 의해 선정한 제삼자(조정인)가 쌍방이 제출한 해결방안을 참고로 해서 조정인의 해결안을 제시하여 쌍방이 동의하게 하는 해결 방법

**조정관세**(Adjustment Duties)

일시적으로 일정한 기간 동안 세율을 조정하여 부과하는 관세를 말한다.

**종가세**

Ad Valorem Duties 참고

**종량세**

Specific Duties 참고

**종합보세구역**(Integrated Bonded Area)

보세창고, 보세공장, 보세전시장, 보세건설장, 보세판매장의 기능 중 둘 이상의 기능을 종합적으로 수행할 수 있는 장소

**주문서**(Purchase Order, P/O)

물품을 구매하고자 주문 내용을 작성하는 문서를 말한다.

**중개무역**(Merchandising Trade)

수출국과 수입국 간의 무역거래에 제3국의 무역업자가 개입하여 화물을 이동시키고 대금결제의 당사자가 되는 무역 형태. 제3국의 무역업자는 중개인의 역할을 하고 중개수수료를 취득한다.

**중계무역**(Intermediary Trade)

다른 나라로부터 수입해온 물품을 그대로 제3국에 수출하여 매매 차익을 취득하는 것을 목적으로 하는 무역방식. 이때 중계화물이 일단 중계국을 경유하여 운송될 때에는 통과무역(通過貿易)을 겸한다. 또 자국에서 중계화물을 제품화하여 수요국에 수출하게 되면 중계가공무역(中繼加工貿易)이 된다.

**중재**(Arbitration)

무역거래에서 클레임 해결방법의 하나. 당사자 간의 합의에 의해서 미리 제삼자를 중재인(Arbitrator)으로 선정하고 그 중재인의 판단(중재판단, Award)에 따라 문제를 해결하는 방법

**중재조항**

Arbitration Clause 참조

**지정보세구역**(Designated Bonded Area)

세관에서 직접 관리하는 보세구역. 세관장이 지정한다.

**지정장치장**

통관하고자 하는 물품을 일시 장치하기 위한 장소

## ㅊ

**청약**(Offer)

수출자가 수입자에게 제안하는 거래조건

**추심은행**

Collecting Bank 참조

**추심의뢰은행**

Remitting Bank 참조

**추정전손**

Constructive Total Loss 참조

## ㅋ

**클레임조항**

Claim 참조

## ㅌ

**탄력관세**(Flexible Tariffs)

관세율의 변경권을 법률이 정한 일정한 범위 내에서 행정부가 위임받아 실행관세율을 결정하는 관세

**통합공고**

수출입 품목관리를 위한 공고방법의 하나로, 국민보건 및 안전, 사회질서유지, 문화재보호, 환경보호 등을 위해 식품위생법 등 개별법상의 수출입제한 내용을 정부에서 통합해서 공고하는 것을 말한다.

**통화옵션**(Foreign Exchange Option)

환리스크 관리 기법의 하나. 외환을 특정일자 또는 일정 기간 이내에 행사가격(환율)으로 매입 또는 매도할 수 있는 권리를 부여하는 계약

**특허보세구역**

개인이 세관장의 특허를 받아서 설치 운영하는 보세구역

## ㅍ

**편익관세**(Beneficial Duty)

관세의 혜택을 받지 못하는 국가에 대해 관세상의 편익을 부여하는 것. 이는 수입국에서 일방적으로 최혜국대우의 범위 내에서 편익을 주는 것으로, 상대국에서는 편익에 대해 요청할 권리가 없다.

**포괄예정보험**

Open Cover 참조

**포장조건**(Terms of Packing)

수출물품의 운송과정에서 그 물품의 내용이나 외형을 보호하기 위한 포장을 어떻게 할지 정하는 것. 물품의 특성이나 운송수단과 거리 등을 고려하여 적절한 포장재의 선택, 포장단위의 선정, 하인(Shipping Mark)의 결정, 그리고 포장방법 등에 대해 수출자와 수입자 간에 협의를 해야 한다.

**포페이팅**(Forfaiting)

무역거래에서 대금결제방법 중의 하나. 수출거래에서 발생하는 환어음을 소구의무 없이(without recourse) 고정금리로 할인받는 방법이다.

**표준품매매**(Sale by Standard)

품질조건에서 품질결정방법 중의 하나. 사전에 표준품을 설정하고 그것에 따라 품질을 결정하는 방법으로, 농수산물 거래에 자주 사용된다. 여기에는 농수산물의 경우 FAQ, 냉동어류나 목재의 경우 GMQ, USQ가 있다.

**품질조건**(Terms of Quality)

무역계약의 기본조건 중의 하나. 상품의 품질에 관해서 구체적으로 정한 것으로, 품질분쟁을 피하기 위해 사전에 품질의 결정방법, 품질의

결정시기를 당사자 간에 명확히 하는 것

**ㅎ**

**할당관세**(Quota Tariff)

수입물품의 일정 할당량을 기준으로 부과하는 관세로, 국내외 여건에 유동성 있게 대처하기 위한 탄력관세(Flexible Tariff)의 일종이다.

**항해용선계약**(Voyage Charter)

특정 항해구간을 정하여 선박을 대여 또는 차용하는 계약. 항로용선계약(trip charter)이라고도 한다. 원칙적으로 1회의 항해를 단위로 하며 운임은 화물 1톤당 얼마로 정해진다. 선주는 화주에게 운임조건만을 수취하고 그 외 항해비 일체를 부담한다. 선복용선계약(lump-sum charter)과 일대용선계약(daily charter)으로 나뉜다.

**해상손해**(Marine)

해상위험에 의하여 발생한 손해를 말한다. 해상손해는 전손(Total Loss)과 분손(Partial Loss)으로 나뉜다. 전손은 현실전손(Actual Total Loss)과 추정전손(Constructive Total Loss)으로 나뉜다. 분손은 공동해손(General Average)과 단독해손(Particular Average)으로 나뉜다.

**헤징**(Hedging)

환시세의 변동으로 발생하는 환리스크를 회피하기 위한 일체의 금융거래행위를 말한다.

**현물환**(Spot Exchange)

매매계약의 성립과 동시에 현실적인 환(換)거래가 이루어지는 외국환

**현실전손**

Actual Total Loss 참조

**화해**(Compromise, Amicable Settlement)

무역거래에서 클레임 해결방법의 하나. 당사자 간에 합의로 해결하는 방법

**환가료**(Exchange Commission)

외국환은행이 일람출급(一覽出給)환어음을 매입하는 경우 고객에게는 어음금액을 즉시 지급하지만, 매입한 어음을 상환받을 때까지는 상당한 시일이 소요된다. 그래서 선지급과 후결제 사이에 매입은행이 부담하는 어음금액에 대한 이자와 환차손을 고객으로부터 받게 되는데 이를 환가료라고 한다.

**환변동보험**

환리스크관리 기법의 하나. 환율변동의 불확실성으로부터 수출기업을 보호하는 보험상품으로 한국무역보험공사에서 운영한다.

**환어음매입**

Negotiation 참조

**환율**(Foreign Exchange Rate)

외국 돈을 살 때 지불하는 외국 돈의 가격을 환율이라 한다. 환율을 표시할 때는 외국 돈 1단위당 원화의 금액으로 표시한다.

**환포지션**(Exchange Position)

외국환은행이 원화를 지불하고 매입한 외환금액과 원화를 받고 매도한 외환금액의 차액을 말한다.

## A

**Abandonment**

위부(委付). 해상보험의 피보험자가 보험목적물의 전손(全損) 여부가 분명하지 않은 경우에, 보험금 전액을 지급받기 위하여 그 목적물을 보험자에게 이전하는 일

**Acceptance**

승낙. 거래상대방이 제시하는 오퍼(Offer)를 승낙하는 것. 오퍼가 승낙되면 계약이 성립된다.

**Acceptance L/C**

인수신용장. 수입자가 선적서류 인도 시 일정한 기간 후에 수입대금을 지급하겠다는 확약, 즉 인수의 뜻을 표시하면 되는 기한부신용장을 말한다.

**Accepting Bank**

인수은행. 기한부신용장에 의해 발행된 기한부어음을 인수하는 은행. 어음의 인수란 외상어음의 지급을 약속하는 행위를 말한다. 인수는 크게 보아 은행이 어음을 인수하는 은행인수(banker's acceptance)와 수출자 또는 수입자가 인수하는 무역인수(trade acceptance)가 있는데 대부분의 경우 인수라 함은 은행인수를 말한다.

**Account**

계정(計定), 은행 계좌번호

**Actual Total Loss**

현실전손. 보험에 든 화물이 전부 멸실되어 회복할 수 없을 정도의 손실이 발생한 것이다.

**Ad Valorem Duties**

종가세. 출고가격 또는 수입물건 등 과세물건의 가격을 기준으로 일정비율의 세율을 측정하는 관세를 말한다. 종가세는 금액으로 표시되며, 세율은 백분위로 표시된다.

**Advising Bank**

통지은행. 신용장 발행은행의 의뢰를 받아 그 신용장이 정본임을 확인하고 수출자(수익자)에게 통지하는 은행. Notify Bank라고도 함.

**Agent Commission**

대리점 수수료

**Agreement**

계약(서), 합의

**All Risk**(A/R)

전위험담보(全危險擔保). 화물운송 중에 예상되는 모든 위험을 담보하는 보험. 단 화물의 결함 또는 성질 등에 기인하는 손해는 보상되지 않는다.

**Amendment**

취소불능신용장의 조건을 변경하는 것. Amend라고도 한다.

**Applicant**

신청자. 신용장(L/C)의 경우 신용장 발행의뢰자(인)로 통상은 수입자를 말한다.

**APTA**(Asia-Pacific Trade Agreement)
아시아 태평양 무역협정

**Arbitration Clause**
중재조항. 계약서에 삽입하는 중재합의 조항이다. 계약과 관련한 분쟁 발생 시 법원의 재판에 의하지 않고 중재에 의하여 분쟁을 해결하겠다고 약속하는 것을 말한다.

**Arrival Notice**
화물도착안내(서). 선박도착통지서. 선적서류통지서

**Assignment**
양도, 할당

**ATA Carnet**
ATA카르네. 아타(ATA)협약 가입국 간에 일시적으로 물품을 수출입 또는 보세(保稅)·운송할 경우, 이에 필요한 통관서류나 담보금을 대신 이용하는 증서. 이 제도를 이용하면 부가적인 통관서류의 작성이 필요 없음은 물론 관세 및 부가세, 담보금 등을 수입국 세관에 납부할 필요 없이 신속하고 원활하게 통관할 수 있다.

**At Sight**(A/S)
일람불. 어음의 제시가 있는 즉시 대금을 지불하는 것

**At Sight L/C**
일람출금신용장. 화환어음을 제시하면 바로 그 대금을 지급해야 하는 신용장을 말한다.

## B

**Back to Back L/C**
동시개설신용장. 연계 무역에 주로 사용되는 신용장으로, 신용장 조건 중에서 수출상이 이 신용장을 받으면 그 받은 날로부터 계산하여 일정 기일 이내에 수입상을 수익자로 하는 Counter L/C를 개설해야만 신용장이 유효하다는 문구가 들어 있는 신용장을 말한다.

**Back to Back L/C**
견질신용장. 원신용장(Master L/C)의 수익자가 해외에서 양도 불능 신용장(Irrevocable L/C)을 수취하였을 때 이 마스터신용장(원신용장)을 견질로 하여 제2의 신용장을 발행할 수 있는데 이 신용장을 말한다.

**BAF**(Bunker Adjustment Factor)
연료유할증. 해상운임에서 할증운임의 하나. 선박회사가 선박 연료유의 가격 변동에 의한 손실을 조정하는 할증운임

**Bank Reference**
은행신용조회. 통상 자사의 거래은행을 자사의 재무상황 등의 문의처로 거래상대방에게 통지하는 경우가 많다. 신용조사의 한 방법

**Bank's Acceptance**(BA)
은행인수. 은행의 단기무역 신용공급 방식의 하나로 수출입대금 결제를 위해 발행된 기한부환어음을 만기일 전에 미리 은행이 인수(accept)하는 것을 말한다.

**Basic Rate**

기본운임. (외환)기준율, (해상운임이나 해상보험)기본요율

**Beneficiary**

신용장 수령자. 일반적으로 수익자라 하는데 통상은 수출자를 말한다.

**Benting and Bending**

해상보험에서 부가위험의 하나로 구손, 곡손 위험담보

**Berth Term**(B/T, Liner Term)

해상운송에서 운임에 선적비와 하역비를 선주가 부담하는 조건

**Bill of Exchange**(B/E)

환어음. Draft라고 한다. 어음금액의 수취인인 지불인에게 지불을 청구하는 어음

**Bill of Lading**(B/L)

선하증권. 화물이 본선에 선적되면 선박회사가 발행하는 증권. B/L의 특징은 선박회사가 화물을 수령한 것을 확인하는 화물수령증, 화물의 인도 청구권을 표하는 유가증권, 배서에 의해 화물의 소유권을 양도할 수 있는 유통증권이라 할 수 있다.

**Blank Endorsement**

백지이서. 선하증권 등과 같은 유가증권의 권리양도 방법의 하나. 유가증권에 피이서인(피양도인)의 성함을 기입하지 않고 간단히 이서인(양도인)이 서명하는 것만을 의미하는 이서. 배서라고도 함.

**Boat Note**

화물수취증. 재래선으로 운송된 화물을 수령할 때 본선에 제출할 화물의 내용확인서. 선박회사, 하수인 쌍방의 검수인 입회에 의해 작성된다.

**Bulk Cargo**

벌크화물. 석탄, 기름이나 곡물 등을 포장하지 않고 그대로 선박 등에 실어 운송하는 화물

## C

**Cable Negotiation**

신용장 거래의 경우, 매입은행에 의해 서류상 상이한 내용이 발견되고 신용장 조건을 변경할 시간적 여유가 없을 경우 매입은행이 그 내용을 발행은행에 전신으로 통지해서 매입 여부를 조회한 후 발행은행의 승낙을 받아서 매입하는 방법

**CAD**(Cash Against Documents)

서류상환방식. 수출자가 선하증권 등 선적서류를 직접 수입자 또는 수출국 소재 수입자의 대리점이나 거래은행에 제시하고 서류와 상환으로 물품대금을 받는 결제방법

**CAF**(Currency Adjustment Factor)

통화변동할증. 환율변동에 의한 환차손을 조정하는 할증운임

**Carriage**

운반비. 선적지와 도착지에서의 육상운임, 즉 내륙운송비용까지 포함하는 비용을 말한다.

**Case Mark**

화인(貨印).

**CBM**(Cubic Meter)

부피를 나타내는 단위. W(폭) x L(길이) x H(높이)를 다 곱한 값이 된다. 단 폭, 길이, 높이를 전부 미터로 환산해서 곱한다. 1CBM은 1세제곱미터다.

**Certificate of Inspection**

검사증명서

**Certificate of Insurance**

보험승인서, 보험증명서. 무역거래에서 보험에 가입한 사실을 증명하는 서류

**Certificate of Origin**(C/O)

원산지증명서. 수출물품이 수출국에서 생산 또는 제조된 사실을 증명하는 서류. 수입국에서 수입지역 및 수입품목의 제한, 수입통관 시 관세상의 필요에 의해 요구한다. 일반 원산지증명서는 상공회의소에서 발행한다.

**CFR**(Cost and Freight)

운임포함 인도규칙. C&F라고도 함. 목적지항까지 운임을 수출자가 부담하는 조건. 물품에 대한 위험부담은 FOB와 마찬가지로 물품이 본선의 선상에 놓였을 때, 또는 그같이 인도된 물품을 조달(선상매매계약체결)할 때 수입자에게 이전된다. 이 조건에서는 비용부담의 분기점과 위험부담의 분기점이 각각 다르다.

**CFS**(Container Freight Station)

화물집하소. 선박회사나 대리점 또는 복합운송주선업자(Forwarder or Consolidator)가 선적할 화물을 Shipper(하주)로부터 인수하거나, 양화된 화물을 하주에게 인도하기 위하여 지정한 장소. 이는 LCL화물을 집하하여 1개의 FCL화물로 만들어 적재하거나, 반대로 FCL화물을 여러 하주의 LCL화물로 분배하기 위한 컨테이너작업장을 말한다.

**Chamber of Commerce and Industry**

상공회의소

**Charter Party**

용선계약(서). 화주가 대량화물을 운송하기 위해 특정항로 또는 일정 기간 부정기선을 용선계약

**Charter Party B/L**

용선계약에 따라 발행되는 선하증권

**CIF**(Cost Insurance and Freight)

운임·보험료포함 인도규칙. 수출자가 목적지항까지 운송료와 보험료를 부담하는 조건. 물품에 대한 위험부담은 FOB와 마찬가지로 물품이 본선의 선상에 놓였을 때, 또는 그같이 인도된 물품을 조달(선상매매계약체결)할 때 수입자에게 이전된다. 이 조건에서는 비용부담의 분기점과 위험부담의 분기점이 각각 다르다.

**CIP**(Carriage and Insurance Paid To)

운송비·보험료지급 인도규칙. 지정 목적지까지 운송비 및 보험료를 수출자가 부담하는 조건. 위험부담은 지정 운송인에게 물품을 인도하는 시점에 수입자에게 이전된다. 이 조건에서는 비용부담과 위험부담의 이전 시점이 다르다.

**Claim**

클레임. 금액을 명시한 손해배상청구. 화물운송 중 사고에 기인하는 운송클레임과 계약위반이나 계약내용의 불비, 물품 자체의 결함 등에 기인하는 무역클레임이 있다.

**Clean B/L**

무사고 선하증권. 선적을 위해 화물이 선박회사에 인도될 때 외관상 화물에 이상이 없거나 또는 외관상 그 포장의 수량 등에 불완전한 점이 없는 경우에 발행되는 선하증권

**Clean Credit**

무화환신용장. 신용장에 의해서 발행되는 환어음에 선적서류를 첨부하지 않고 그 대신 Simple Receipt나 Certificate 또는 일정한 진술서(Statement)를 첨부하는 것을 조건으로 그 어음의 지급, 인수 또는 매입을 확약하는 신용장

**COD**(Cash on Delivery)

현물상환방식. 수입자가 물품을 인수·확인 후에 대금을 지불하는 결제방법. 이 방식의 거래는 수입국 내에 수출자의 지사나 대리인이 있을 경우에 활용한다.

**Collecting Bank**

추심은행. D/A, D/P 대금결제 시에 수출자가 은행에 추심을 의뢰하면 수입지에서 수입자에게 어음 및 선적 서류를 제시하여 수출 대금을 받아주는 은행을 말한다.

**Combined Transport Documents**(CTD)

(Multimodal Transport B/L) 복합(일관)운송서류. 하나의 운송계약으로 해상운송, 육상운송, 항공운송의 운송수단 중에서 2개 이상의 수단을 이용해서 화물을 목적지까지 운송하는 운송형태를 말한다.

**Combined Transport B/L**

복합일관운송 화물에 대해서 발행하는 B/L. 해상운송의 B/L과 같은 기능을 한다. Combined Transport Document라고도 한다.

**Commercial Invoice**

상업송장

**Commodity**(Description)

상품(명세)

**Conditions**

조건

**Conditional Offer**

확정조건부 오퍼. 시세 변동이 심한 품목이나 우편으로 오퍼를 제시할 경우 매도인은 통상 확인조건부 오퍼를 제시한다. 확인조건부 오퍼의 문구로는 〈Offer subject to our final Confirmation.〉을 사용하며, 이 경우 상대방이

승낙하여도 수출자(매도자)가 확인하지 않으면 계약이 성립되지 않는다.

**Confirmed L/C**

확인신용장. 신용장 발행은행의 의뢰를 받아서 발행은행 이외의 은행이 발행은행의 지불확약에 더하여 지불을 확약하는 신뢰성 높은 신용장

**Confirming Bank**

확인은행. 확인신용장을 확인한 은행

**Consignee**

수하인(受荷人). 일반적으로 기명식 B/L의 수하인 칸에는 수입자명이 기재되고, 지시식 B/L에는 'To Order'로 기재된다.

**Constructive Total Loss**

추정전손. 보험에 든 화물이 전손에 준할 정도로 커서 화물의 회수나 복구가 가능하더라도 비용이 발생해 채산이 맞지 않을 것 같은 손해를 말한다.

**Consular Invoice**

영사송장. 수출국에 주재하는 수입국의 영사가 수입국의 무역정책에 따라 인보이스 내용을 사증(査證)하기 위해 사용된다. 탈세나 덤핑의 방지, 수입세율의 사정이나 통계자료작성 등에도 사용된다. 최근 들어서는 영사송장이 폐지되는 경향에 있지만 중남미나 아프리카 일부에서는 요구하는 경우도 있다.

**Container Demurrage**

컨테이너 유치료. 양륙(揚陸)된 컨테이너 화물이 보관료 무료의 일정 기간을 초과해서 CY나 CFS로부터 인수했을 경우에 지불하는 화물의 초과보관료

**Container Vessel**

컨테이너 선. 화물이 실려 있는 컨테이너를 싣고 운송하는 배. Container Ship이라고도 한다.

**Contract of Sale**

매매계약의 성립에 따라서 수출자가 작성하는 판매계약서

**Conventional Vessel**

재래선(在來船). 컨테이너를 싣는 설비가 없는 배. 포장된 비교적 작은 화물을 중심으로 하지만 그밖에도 어떤 화물이든 실을 수 있는 배

**COOC**

(Contact with Oil and/or Other Cargo)

해상보험에서 부가위험의 하나로 유류나 기타 화물 접촉 위험담보

**Correspondent Bank**

코레스 은행. 은행이 외국환 거래에 관한 계약(코레스 계약)을 맺고 있는 외국의 은행

**Correspondent Agreement**

외국의 은행과 외국환 거래를 계속해서 하는 은행이 거래에 관련되는 업무상의 제반조건을 정한 은행 간의 계약

**Counter Offer**

오퍼를 받은 자가 그대로 승낙하지 않고 조건의 일부 변경을 요구하거나 또는 새로운 조건을 붙여서 승낙하는 것

**Country of Origin**

원산지국

**CPT**(Carriage Paid To)

운송비지급 인도규칙. 수출자가 지정 목적지까지 물품의 운반비용을 부담하는 조건. 위험부담은 지정 운송인에게 물품을 인도하는 시점에 수입자에게 이전된다. 이 조건에서는 위험부담과 비용부담의 이전 시점이 다르다.

**Credit Agency**

상업흥신소. 거래에 대한 신용조사를 할 경우 이용할 수 있는 유료의 전문 조사기관

**Customary Quick Dispatch**(C.Q.D)

관습적 조속하역. 정박기간 산입방법의 하나. 해당 항구의 관습적 하역방법 및 하역능력에 따라 가능한 한 빨리 하역하는 것을 약정하는 방법으로 분쟁이 야기되기 쉬운 Unfixed Laydays의 일종이다.

**Customs Duties**

관세

**Customs Invoice**

세관송장. 수출 통관 시에 사용되는 세관용 송장이다. 수출품의 가격이 공정하다는 것을 수입국의 세관에 증명하기 위해 수출자에 의해 작성된 공용의 송장으로 수입자를 통해 수입국의 세관에 제출된다. 내용적으로는 영사송장과 동일하지만 영사송장은 수출국에 주재하는 수입국 영사의 비자를 필요로 하지만, 세관송장은 비자를 필요로 하지 않는다.

**C-TPAT**

미국에 수입되는 화물의 안전성을 확보하고 법령을 준수하는 사내 룰을 작성해서 미국 세관에 협력하는 기업으로 인정되면 수입화물의 세관 수속 면에서 우대되는 제도. Customs-Trade Partnership Against Terrorism의 약어

**CWO**(Cash with Order)

주문 시 지불방식. 매매계약 체결 후 수입상이 상품의 대금 전액을 미리 수출상에게 보내면 수출상은 그 돈으로 계약물품을 조달한 후 선적하는 방식의 무역거래

**CY**(Container Yard)

컨테이너장치장. 컨테이너를 인도, 인수, 보관하는 장소

## D

**D/A**(Document against Acceptance)

환어음서류인수도 지불조건. 수입자가 환어음을 인수하면 선적서류를 수입자에게 건네주는 무역결제조건

**DDP**(Delivered Duty Paid)

관세지급 인도규칙. 수출자가 수입지의 수입통관을 필하고 지정목적지에서 화물을 수입자

에게 인도하는 조건. 인도 시점에서 위험부담과 비용부담이 수입자에게 이전되는 조건으로 수출자의 부담이 가장 무거운 조건이다.

**Dead Freight**

부적운임. 화물의 실제 선적수량이 선복예약 수량보다 부족할 때 그 부족분에 대해 지급되는 운임으로 일종의 손해배상금이다. 그러나 부적이 불가항력에 의한 경우에는 하주 측은 면책된다. (공적운임이라고도 한다. 공적운임은 임의해제(任意解除) 또는 해지(解止)의 경우에 용선자나 송하인이 운송인에게 지급하는 일종의 법정 해약금)

**Declaration**

신고(서)

**Deferred Payment**

연지급. 서류가 도착한 다음 일정한 기간 후에 대금을 지급하겠다는 의사표시로, 인수만 하고 그로부터 일정 기간 후에 대금을 지급하는 것을 말한다.

**Deferred Payment L/C**

연지급신용장. 어음을 요구하지 않는 기한부 신용장을 말한다.

**Deferred Payment Import**

물품의 수입대금 전액을 해당 선적서류를 인수한 후 일정 기간 후에 지급하는 조건의 수입

**Definite Insurance**

확정보험. 보험계약자가 보험회사에 고지의무(Duty of Declaration)를 이행하고 체결된 보험계약. 이 경우 확정보험증권(Definite Policy)이 발행된다.

**Delay Charge**

지연이자. 은행이 신용장과 관련하여 자금 부담을 한 경우 이 자금이 자기은행에 입금되는 시기가 공식적으로 정해놓은 우편기간을 초과했을 때 그 초과기간 만큼의 이자를 고객에게 부담시키는 것을 말한다.

**Delayed Shipment**

선적지연

**Delivery**

인도, 납기

**Delivery Order**(D/O)

화물인도지시서. 선박회사 또는 그 대리인이 화물의 인도를 지시하기 위하여 본선의 선장 앞으로 발행하는 서류. 수입자가 은행에서 교부받은 운송서류와 기타 선적서류를 선박회사에 제시하면 적하목록이나 운임표 등이 정확한지 대조하고, 운임 후 지급인 경우에는 운임을 정산한 후 발급하게 된다.

**Demand Draft**

요구불 어음. 어음의 정당한 소지인이 어음을 제시하면서 지급을 요구하면 어음에 하자가 없는 한 지급해야 하는 어음을 말한다.

**Demurrage**

체선료. 수입물품을 본선에서 양하한 날로부터

선사가 화주에게 부여한 free time(무료장치기간)을 경과하여 물품을 컨테이너 터미널에서 반출할 경우에 선사에게 지급하는 패널티이다.

**Depositary Correspondent Bank**

예치환거래은행. 신용장 발행은행과 환거래계약을 맺은 은행으로서 발행은행의 예금계좌가 설정되어 있는 은행을 말한다. 송금환의 지급이나 매입 어음의 추심 등은 이 계정의 대변, 차변에 기입하는 것으로 행하여진다. 이러한 계정을 설정하고 있지 않은 환거래은행은 Non-depository Bank라고 한다. Depository Bank라고도 부른다.

**Despatch Money**

조출료. 계약된 기간보다 선적이나 하역을 빨리하였을 때 지급하는 할인금액. 체선료(滯船料)에 상대되는 개념이다.

**Destination**

목적지

**Detention**(Charge)

지체료. 컨테이너 반출일로부터 선사가 부여한 free time 내에 선사가 지정한 terminal or CY 등에 컨테이너를 반납하지 아니한 경우에 부과하는 패널티를 말한다.

**Discharge**

화물을 내림, 하역

**Dock Receipt**(D/R)

부두수령증. 선박회사가 하주로부터 Dock에서 화물을 수취하였음을 나타내는 서류로 인수자가 작성하여 발급해주는 것이 원칙이나 화물의 신속한 인수도를 위해서 하주 자신이 선박회사 소정의 D/R양식에 화물에 관한 사항을 기재한 후 CY나 CFS에 제출하는 것이 보통이며, '부두수취증'이라고도 한다.

**Documentary Bill of Exchange**

화환어음. 환어음에 선하증권 등의 선적서류를 첨부한 것을 말한다. 화환어음은 화물 그 자체가 첨부된 상품대금청구서이다.

**Documentary Letter of Credit**

화환신용장. 신용장에 의해 발행된 환어음에 선적서류(Shipping Documents)를 첨부할 것을 요구하는 신용장을 말한다.

**D/P**(Document against Payment)

어음지불서류인도조건. 수입자가 환어음 대금을 지불하면 은행이 선적서류를 건네주는 무역결제조건

**D/P Usance**

D/P거래의 경우 수입지의 추심은행은 선적서류가 도착하면 수입자에게 즉시 서류를 인도하여야 하지만, 선적서류가 도착한 뒤 일정한 기간이 지난 후에 서류를 인도하여야 하는 경우가 있다. 전자를 D/P at Sight라 하고, 후자를 D/P Usance라 한다.

**Draft**

어음, 수표

**Drawee**
어음수취인

**Drawer**
어음발행인

## E

**EDI**(Electronic Data Interchange)
전자문서교환방식. 전자문서를 전송, 처리 또는 보관하는 방식

**Endorsement**
배서, 이서(裏書)

**Equipment Interchange Receipt**
컨테이너 기기 수도증(受渡證). 컨테이너 기기의 수도를 증명하는 서류. 하주가 선박회사(CY)로부터 컨테이너를 빌릴 때 또는 짐을 실은 컨테이너를 CY에 반입할 때 양자가 확인하고 서명한다.

**Escrow L/C**
기탁신용장. 수입자가 수입신용장을 개설할 때에 신용장의 한 조건으로 그 신용장에 의해 발행되는 어음의 매입대금을 수익자(수출자)에게 지급하지 않고, 수익자 명의의 「에스크로」 계정(Escrow account)에 기탁하여 두었다가 그 수익자가 원신용장 개설자로부터 수입하는 상품의 대금결제에만 사용하도록 규정한 신용장을 말한다.

**ETA**(Estimated Time of Arrival)
도착예정일

**ETD**(Estimated Time of Departure)
출발예정일

**Exchange Contract**
환예약. 환위험을 피하기 위해 장래 발생될 외국환시세를 은행과 고객(또는 다른 은행) 간에 미리 확약해두는 일

**Exchange Rate**
환율

**Expect Profit**
희망이익. 운송 중 사고 난 물품이 목적지에 도착했을 경우 얻을 수 있는 이익

**Expiry**
유효기간

**Export Insurance**
수출보험. 해상보험이나 화재보험과 같은 보통 민간보험으로는 구제될 수 없는 수출 등 대외거래상의 대금결제 위험으로부터 수출업자나 수출품 메이커를 보호하기 위해 마련된 보험제도

**Export License**(E/L)
수출승인. 우리나라에서는 수출입품목관리제도에 의거 극히 일부 품목에 대해서만 수출승인을 받도록 하고 있으며 대부분의 품목은 아무런 제한 없이 수출승인을 받을 필요가 없다.

**Export Permit**

수출허가. 화물의 수출에 관해서 신고를 접수한 세관장이 관세법에 의거해서 그 수출을 허가하는 것

**EXW**(Ex Works)

공장 인도규칙. 수출자의 영업장 구내(공장, 작업장, 창고 포함)에서 물품을 인도하는 것을 말하며, 이때부터 위험부담과 비용부담이 수입자에게 이전된다. 수출자의 부담이 가장 가벼운 조건이다.

## F

**FAQ**(Fair Average Quality Terms)

평균중등품질조건. 농산품 등과 같이 미리 품질을 정하지 않은 상품의 경우 수확 후 공적기관 등이 평가하는 평균적인 중등품질을 품질기준으로 하는 방법

**FCA**(Free Carrier)

운송인 인도규칙. 지정된 운송인에게 물품을 인도하면 이때부터 위험부담과 비용부담이 수입자에게 이전되는 조건이다.

**FCL**(Full Container Load) **Cargo**

한 화주의 화물이 한 개의 컨테이너를 가득 채울 수 있는 양의 화물

**FCR**(Forwarder's Cargo Receipt)

운송주선인의 화물수령증. 화주로부터 화물을 인수한 운송주선인이 발행하는 하물수령증. Received B/L 성격을 갖는다.

**FI**(Free In)

수출항에서 화물 선적 시의 하역비용을 수출자가 부담하는 거래조건. 수입항에서 화물 하역 시의 비용은 선박회사가 부담하는 운임조건

**FIO**(Free In & Out)

수출항에서 화물 선적 시의 하역비용도, 수입항에서 화물 양륙 시의 하역비용도 화주가 부담하고 선박회사는 부담하지 않는 운임조건

**Firm Offer**

확정오퍼. 수출자가 승낙회답기한을 붙여서 거래조건을 제시하고 회답기한 내에 수입자가 오퍼 조건대로 승낙회답하면 바로 계약이 성립한다.

**FO**(Free Out)

수출항에서 화물 선적 시의 하역비용은 운임에 포함되어 있지만 수입항에서 화물 양륙 시의 하역비용은 화주가 부담하는 운임조건

**FOB**(Free on Board)

본선 인도규칙. 물품이 본선의 선상에 놓였을 때, 또는 그같이 인도된 물품을 조달(선상매매계약체결)할 때 위험부담과 비용부담이 수출자로부터 수입자에게 이전되는 거래조건이다.

**FOB Attachment Clause**

보험자의 전보(塡補)의무를 수출자와 수입자의 위험부담의 이전시기에 대응하여, 선적항에서 화물이 본선에 적재되는 시점에서 개시할 것을 규정한 약관

**Force Majeure**

불가항력. 지진, 태풍, 홍수, 동맹파업, 내란, 전쟁, 정부의 간섭 등에 의한 비상위험 등과 같은 수출자가 통제할 수 없는 것을 불가항력이라 한다. 불가항력조항은 수출자가 불가항력에 의해 계약불이행 시 면책되는 조항이다.

**Forwarder**

포워더. 운송수단을 보유하고 있지 않고 실제 운송수단을 가지고 있는 운송인의 운송수단을 이용하여 운송을 하는 화물운송사업자. 이용운송사업자 또는 혼재업자라고도 한다.

**Forwarder's Bill of Lading**

운송중개인선하증권. 운송중개인(Forwarder)이 발행하는 선하증권으로 신용장에서 특별히 수리한다는 조건이 없는 한 은행은 이를 받지 않는다.

**Forward Exchange**

선물환

**Forward Rate**

선물환율. 미래의 특정 시점에 외환을 주고받는 선물환거래에 적용되는 환율

**Foul B/L**

사고부 선하증권. 선하증권 Remarks 칸에 하자표시가 기재되어 있는 선하증권. 선박회사는 운송을 위해 수령한 화물에 외관상 이상(異常)이 있을 경우 그 이상의 상태를 Remarks로서 B/L에 기재하고 화물의 이상이 운송 중에 발생한 것이 아니고 선박회사의 책임이 아님을 증명한다.

**FPA**(Free From Particular Average)

단독해손부담보. 전손(Tatol), 공동해손(General Average, G/A), 단독해손 중 선박의 좌초, 침몰, 화재발생, 폭발, 충돌 등과 같은 특정분손(SPA, Specified Particular Average)에 대해서만 보전해주는 보험조건

**Franchise**

면책비율. 보험으로 보상되는 손해는 손해의 정도가 일정 규모 이상에 이르렀을 때부터 적용되며 사소한 손해는 보상하지 않는 것이 원칙이다. 소손해(Petty Claim) 불배상의 원칙으로 보험용어다.

**Freely Negotiation L/C**

자유매입신용장. 수출국의 어느 은행에서나 화환어음을 매입할 수 있는 신용장

**Freight**

운임. 통상 해상운임을 말한다.

**Freight Collect**

운임 후불. 해상운임을 화물 양륙항에서 수입자가 지불하는 경우 B/L의 운임 칸에 〈Freight Collect〉로 기재한다.

**Freight Prepaid**

운임 선불. 해상운임을 화물 선적항에서 수출자가 지불하는 경우 B/L 칸에 〈Freight Prepaid〉로 기재한다.

**Freight Rate**
운임률

**FTA**(Free Trade Agreement)
자유무역협정. 국가 간 상품의 자유로운 이동을 위해 모든 무역 장벽을 완화하거나 제거하는 협정

## G

**GATT**(General Agreement on Tariffs and Trade)
관세 및 무역에 관한 일반협정. 관세장벽과 수출입 제한을 제거하고, 국제무역과 물자교류를 증진하기 위하여 1947년 제네바에서 미국을 비롯한 23개국이 조인한 국제적인 무역협정. 제네바관세협정이라고도 한다.

**General Average**
공동해손. 해상운송 중 선박과 화물이 침몰 위기 등 공동의 위험에 직면했을 경우 선장의 권한으로 일부의 화물을 바다에 버리는 등 고장이나 합리적인 행위로 인해 발생한 손해. 관계자 전원이 그 손해를 분담한다.

**General Cargo**
일반화물

**General Terms and Conditions**
일반거래조항

**GMQ**(Good Merchantable Quality)
판매적격 품질조건. 시장에서 판매하기에 적격인 품질을 표준품으로 한다는 품질조건으로 냉동어류나 목재 등의 가래에 주로 사용된다.

**Goods**
상품

**GSP**(Generalized System of Preferences)
일반특혜관세제도. 선진국이 개도국으로부터 수입하는 제품에 대해 관세를 면제하거나 저율의 관세를 부과하는 관세우대조치를 말한다. GSP는 선진국들이 개도국의 수출증대를 통한 산업화를 지원하기 위해 자발적이고 한시적으로 시행하는 제도라 할 수 있다. 이 제도는 1968년 2월 뉴델리에서 열린 제2차 유엔무역개발회의(UNCTAD) 총회에서 무차별적 비상호주의적인 특혜관세제도를 채택함으로써 시작되었다.

**GSP C/O**(Form A)
원산지가 개발도상국임을 입증하기 위하여 발급되는 원산지증명서

**GSTP**
범개도국간특혜무역제도. Global System of Trade Preferences Among Developing Countries의 약칭

**Gross Weight**(G/W)
총중량

## H

### HACCP

(Hazard Analysis Critical Control Point)

식품의 안전위생관리시스템으로 위해분석중요관리점. 식품의 제조, 가공, 유통의 전 과정에서 식품의 위생에 해로운 영향을 미칠 수 있는 위해요소를 분석하고, 이러한 위해요소를 제거하거나 안전성을 확보할 수 있는 단계에 중요관리점을 설정하여 과학적이고 체계적으로 식품의 안전을 관리하는 제도이다. 해썹이라고 발음한다.

### House Air Waybill

항공화물 운송주선업자(혼재업자)가 자신의 운송약관에 근거하여 하주와 운송계약을 체결하고 그의 책임으로 화물을 항공운송할 때 발행하는 항공화물운송장

**HS**(Harmonized System)

국제통일상품분류체계. 전 세계에서 공통으로 사용하고 있는 품목분류체계로 우리나라는 이 분류체계에 따라 관세율 및 수출입품목에 대한 규제 여부를 정하고 있다.

## I

### IATA

(International Air Transport Association)

국제항공운송협회. 민간항공회사의 단체로 국제항공의 안전과 질서를 유지하는 것을 목적으로 한다.

**ICC**(International Chamber of Commerce)

국제상업회의소. 국제무역의 확대, 서비스 무역의 발전, 국제투자를 촉진하는 민간의 경제단체. 인코텀즈, 신용장통일규칙, 추심통일규칙 등 국제거래관습에 관한 공통의 Rule을 만드는 작업을 추진하고 있다.

**ICC**(Institute Cargo Clause)

협회화물약관. 런던국제보험인수협회가 제정한 보험조건. 화물 해상보험의 FPA, WA, A/R (1982년 1월 제정한 신 ICC에서는 (A), (B), (C)) 등은 협회화물약관이다.

**ICC**(A)

협회화물약관(A). 1982년 보험증권 및 그 개정판인 2009년 보험증권에 기재된 신ICC 보험조건의 하나. 원칙으로서 화물의 멸실, 손상의 모든 위험을 부보하는 보험조건이다. 단, 피보험자에 의한 고의의 위법행위, 자연적 소모, 전쟁, 스트라이크 등에 의해서 발생하는 손해는 제외된다. 일반적으로 ICC(A)라 한다. 구ICC의 전위험담보: A/R에 상당하는 보험조건

**ICC**(B)

협회화물약관(B). ICC(A)와 같이 신ICC 보험조건의 하나. 협회화물약관(C)로 커버되는 담보위험 외에 지진, 화산폭발, 낙뢰, 파도에 휩쓸림, 선적/하역 중에 짐 1개마다의 전손 등이 포함된다. ICC(B)라 한다. 구ICC의 분담담보조건: WA에 상당하는 보험조건

**ICC**(C)

협회화물약관(C). ICC(A)와 같이 신ICC 보험

조건의 하나. 화재 또는 폭발, 본선이나 거룻배의 충돌에 의한 손상, 침몰, 전복, 피난항에서 화물의 하역, 화물 투기, 공동해손희생손해 등이 포함된다. ICC(C)라 한다. 구ICC의 분손불담보조건: FPA에 상당하는 보험조건

**ICD**(Inland Container Depot)

내륙컨테이너기지. 국내의 화물이 컨테이너 화함에 따라 주로 항만터미널과 내륙운송수단과의 연계가 편리한 산업지역에 위치한 컨테이너장치장이나 컨테이너화물의 통관기지(Inland Container Depot)를 말한다. 내륙 ICD의 기능은 ① 장치 보관기능, ② 집화 보관기능, ③ 통관기능 등이 있다.

**Import License**(I/L)

수입승인. 우리나라에서는 수출입품목관리제도에 의거 극히 일부 품목에 대해서만 수입승인을 받도록 하고 있으며 대부분의 품목은 아무런 제한 없이 수입승인을 받을 필요가 없다.

**Import Permit**(I/P)

수입허가. 화물의 수입에 관해서 신고를 접수한 세관장이 관세법에 의거 그 수입을 허가하는 것

**INCOTERMS**

(International Commercial Terms)

수출입 매매계약을 체결할 때에 수출입자 쌍방에 가장 중요한 무역조건. 국제상업회의소가 제정한 그 무역조건의 해석에 관한 국제규칙이다. 현재 사용되고 있는 것은 인코텀즈 2010이다.

**Inland Storage Extension**(ISE)

내륙보관확장담보조건. 통상적인 운송과정에서 중간창고나 보세창고 보관 중의 위험을 적하보험증권에 명시된 기간(수출: 모선으로부터 하역 후 60일, 수입: 보세창고 입고 후 10일) 이상으로 연장할 경우 담보하는 조건.

**Inland Transit Extension**(ITE)

내륙운송확장담보조건. 육상운송 중의 위험을 적하보험증권에서 추가로 담보하는 조건

**Inquiry**

조회(照會). 거래의 권유를 받고 가격, 수량, 납기 등을 문의하든가 상품의 샘플을 의뢰하기도 하는 것을 말한다.

**Inspection Certificate**(I/C)

수출화물 또는 수입화물이 계약조건에 정해진 품질인 것을 증명하는 서류

**Instalment Payment**

분할지불. 수입대금을 여러 차례 나누어 지불하는 방법. Progressive Payment이라고도 한다.

**Insurable Interest**

피보험이익. 보험의 목적물의 멸실 또는 손상에 의하여 경제적 손실을 입은 자와 그 보험목적물과의 이해관계를 의미한다.

**Insurable Value**

보험가액. 보험사고가 발생한 경우에 피보험자가 입게 되는 손해액의 최고한도액

**Insurance Policy**
보험증권. 보험회사가 보험계약의 성립과 그 내용을 입증하기 위해 작성하여 보험계약자에게 주는 증권

**Insurance Premium**
보험료

**Insured**
피보험자. 보험사고 발생 시 손해보상을 받을 권리가 있는 자. Assured라고도 한다.

**Insured Amount**
보험금액. 손해발생 시 보험자가 부담하는 보상책임의 최고한도액

**Insurer**
보험자. 보험회사로 Assurer, Underwriter라고도 한다.

**Invoice**
송장. 수출자가 수입자 앞으로 작성하는 화물의 명세서, 납품서, 청구서이다. 상품명, 수량, 계약조건, 계약단가, 금액, 지불방법 등을 기재한다.

**Irrevocable L/C**
취소불능신용장. 일단 발행하면 발행은행, 확인은행(Confirmed L/C의 경우), 수출자 및 수입자 모두의 동의가 없으면 변경도 취소도 할 수 없는 신용장

**Issuing Bank**
신용장발행은행. 발행의뢰인(수입자)의 의뢰에 따라 신용장을 발행하는 은행. Opening Bank라고도 한다.

**Item**
품목, 종목

## J

**JWOB**(Jettison & Washing Over-Board)
해상보험에서 부가위험의 하나로 투하 갑판위 파도 위험조건

## L

**Latest Date for Shipment**
(Latest Shipping Date)
최종선적기한

**LCL**(Less than Container Load) **Cargo**
1인의 하주 화물만으로는 하나의 컨테이너를 채울 수 없는 소량의 화물을 말한다.

**Leakage/Shortage**
해상보험에서 부가위험의 하나로 누손, 중량부족 위험담보

**Less Charge**
미지급수수료. 수출자가 Nego를 완료하고 일정 기간이 지난 후 매입은행이 발견하게 된 사유로 인해 수출상에게 추가로 수수료를 청구하는 것을 말한다.

**Letter of Guarantee**(L/G)

수입화물선취보증서. 목적지항까지 항해일수가 짧아 화물은 이미 도착하였으나 선하증권 원본이 도착되지 않을 경우 선박회사로부터 화물을 미리 수령하기 위해 화주가 은행의 보증을 받아 선박회사에 제출하는 보증서를 말한다.

**L/G Nego**

보증부매입. 수출자가 매입신청 시 제출하는 서류에 신용장조건과 일치하지 않은 하자가 있을 경우 수출자는 수입자로부터 사전에 서류상 하자에도 불구하고 대금을 결제하겠다는 보증장(L/G, Letter of Guarantee)을 받고 매입절차를 거치는 것을 보증부매입이라 한다.

**L/I Nego**

하자부매입. 수출자가 매입신청 시 제출하는 서류에 신용장조건과 일치하지 않은 하자가 있을 경우 매입은행은 수출자에게 개설은행으로부터 수출환어음이 부도, 반환되는 경우에는 매입대금을 즉시 반환하겠다는 각서 또는 확인서 형태의 보상장(L/I, Letter of Indemnity)을 받고서 매입에 응하는 것으로 은행 입장에서 하자부매입이라 한다.

**Liner**

정기선. 기항항을 정하고 정기적으로 운항하는 항로를 정기항로라 하고 정기항로에 취항하는 선박을 말한다.

**Liner Term**

해상운송에서 선주와 화주 간의 운송계약 체결 시 운임에 선적비와 하역비를 포함시킴으로써 별도로 부담자를 정하지 않는 경우로, 개품운송에 의한 정기선 운송계약으로 운송할 때 대체로 이 방법을 사용한다.

**Local L/C**

내국신용장. 원신용장(Original Credit)의 수익자인 수출자가 국내에서 수출용 완제품이나 원자재를 조달하기 위하여 거래은행에 의뢰하여 수출상품을 생산하는 데 필요한 원료를 공급하는 자나 하청회사 앞으로 개설하는 신용장을 말한다.

**LOI**(Letter Of Intent)

의향서. 비즈니스에서 어느 일방 당사자의 입장, 의도, 결정 등을 다른 당사자에게 전하기 위해 특정 계약의 최종협상에 앞서 내부의 통일적 의사를 정리·확인하기 위해 작성하는 일방적 의사표시 또는 쌍방의 의사합치를 표시하는 계약과정상의 문서이다.

## M

**Marine Insurance**

해상보험. 해상운송 중에 발생할 수 있는 각종 위험에 대비한 보험

**Market Claim**

무역클레임의 한 종류이다. 매수인이 상품시가의 하락 등으로 입는 경제적 손실을 만회하기 위해 제기하는 부당한 클레임이다. 화물의 손실이 매수인에게 거의 손해를 입히지 않는 정도이거나, 그 손상이 경미하여 평소 같으면 클레임이 되지 않을 정도의 작은 과실을 트집 잡아 가

격인하 또는 계약의 해지나 배상요구 등을 강요한다.

**Master Air Waybill**

항공회사가 발행하는 항공화물운송장. 항공화물 운송주선업자(혼재업자)가 발행하는 House Air Waybill과 구별하기 위해 Master Air Waybill이라 한다.

**Mate's Receipt**(M/R)

본선수취증. 재래선의 경우 선적이 완료되면 본선의 일등항해사(Chief Mate, Chief Officer)가 화물수취의 증거로서 서명하고 하주 측에 교부하는 수취증. 이 M/R을 선박회사에 제출하면 이를 바탕으로 선하증권이 발행된다.

**Measurement**

용적

**Merchandise**

상품, 제품

**MOU**(Memorandum of Understanding)

양해각서. 어떠한 거래를 시작하기 전에 쌍방 당사자의 기본적인 이해를 담기 위해 진행되는 것으로 체결되는 내용에 구속력을 갖지 않는 것이 일반적이다.

## N

**Negotiation**

매입(Nego). 수출자가 물품을 선적하고 인보이스, 패킹리스트, 선하증권, 보험증권, 기타 신용장에서 요구하는 서류를 환어음과 함께 외국환은행에 제시하고 매입을 요청하고 수출자의 은행이 이 화환어음을 매입하는 것을 말한다.

**Negotiation Bank**

매입은행. 수익자(수출자)가 신용장에 따라서 발행한 환어음을 매입하는 은행

**Negotiation Credit**

매입신용장. 수출지에 있는 은행에 신용장에 의해 발행되는 환어음의 수권된 신용장. 매입은행이 특정은행으로 제한되는 매입제한신용장(Restricted L/C)과 어느 은행에서도 자유롭게 매입이 가능한 자유매입신용장(Freely Negotiation L/C)이 있다. 대부분 자유매입신용장이다.

**Net Weight**(N/W)

정미중량, 순중량

**Notify Party**

화물도착통지처. 선박회사가 수입화물이 도착하기에 앞서 B/L 기재의 화물이 목적지항에 도착할 예정일을 통지할 상대방을 말한다.

**Notifying Bank**

통지은행. 신용장 발행은행의 의뢰를 받아 그 신용장의 진본을 확인하고 수익자(수출자)에게 통지하는 은행. Advising Bank 또는 Notify Bank라고도 한다.

**NVD**(No Value Declared)

무신고라는 의미. 송하인(수출자)은 항공회사

(운송인)에 대해서 AWB상에 화물의 가격을 기재해서 신고해야 하지만 〈신고가격이 없음〉의 경우에 기재하는 표현

## O

**Ocean B/L**

해양선하증권. 한 나라의 영해를 벗어나 외국항을 목적항으로 하는 해외 해상운송에 대하여 발행되는 선하증권. Marine B/L이라고도 한다.

**Ocean Freight**

해상운임

**Order B/L**

지시식 선하증권. 하수인(Consignee)이 지시식으로 표시하여 발행한 선하증권. 지시식이란 어떤 사람이 지시하는 자가 하수인이 되는 것인데, "to the order of ×××"로 기재된다.

**Offer**

오퍼. 매매계약의 성립을 목적으로 해서 가격을 비롯한 제반 거래조건을 기재한 제안(서)

**Offer Subject to Being Unsold**

재고잔유조건부오퍼. 한정된 수량의 상품을 동시에 다수의 구매자에게 제안하는 오퍼

**Offer Subject to Confirmation**

확인조건부 오퍼. 판매자의 오퍼를 구매자가 승낙해도 그것을 판매자가 확인(승낙)하지 않는 한 계약이 성립되지 않는 오퍼

**Offer Subject to Prior Sale**

선착순판매조건부오퍼. 상품의 공급량이 한정되어 있을 경우 완전매진과 동시에 오퍼의 효력이 상실되는 조건부 오퍼

**On Board B/L**

본선적재선하증권. 수출물품이 목적지까지 운송할 본선에 적재되었음을 증명하는 선하증권

**On Board Notation**

Received B/L에 기재해서 선적완료를 증명하는 선적추기(船積追記). 선적일을 기재하고 선박회사의 책임자가 서명한다.

**Open Account**

장부결제. 무역 당사국 간의 거래를 그때그때 현금결제하지 않고 그 대차관계를 장부에 기록했다가 정기적으로 차감액(差減額)만 처리하는 청산계정이다. 이것은 국가 간의 거래에만 사용되는 것이 아니라 개인 상사 간에도 많이 사용된다.

**Opening Bank**

개설은행. 신용장 개설 의뢰인(수입자)의 요청에 의거 신용장을 개설하는 은행. Issuing Bank 라고도 한다.

**Open Contract**

포괄예정보험계약

**Open Cover**

(포괄)예정보험. 장기간(예를 들면 1년간) 회사가 부보를 요하는 금액을 포괄적으로 부보하는

것. 보험회사는 부보되지 않았더라도 고의적 과실이 아니면 모든 선적에 대해 보험을 인정해주는 것을 약속하는 보험. 보험료율이 저율이다. 포괄예정보험(증권)은 Open Policy라고 한다.

**Open L/C**

개방신용장. 수출자가 매입은행을 자유롭게 선택할 수 있는 신용장

**Open Policy**

포괄예정보험(증서)

**Order B/L**

지시식 선하증권. B/L의 Cosignee칸에 〈To Order〉 또는 〈To Order of Shipper〉 등의 지시문언이 기재된 선하증권

**Original**

원본

## P

**Packing List**(P/L)

포장명세서. 수출자가 상품을 선적하기 전에 작성하는 선적서류의 하나이다. 인보이스와 같이 수출통관 시에는 물론 선적 후 은행에 환어음 매입을 의뢰할 때도 필요하다.

**Partial Loss**

분손(分損). 운송보험에서 화물의 일부에만 발생한 손해. 단독해손(Particular Average)과 공동해손(General Average)이 있다.

**Partial Shipment**

분할선적. 수출상품을 시간적인 간격을 두고 여러 차례로 나누어 선적하는 것을 말한다.

**Particular Average**

단독해손. 개개의 피보험자가 단독으로 부담하는 손해로서 공동해손이 아닌 손해를 말한다.

**Paying Bank**

지불은행. 지급신용장에 의해 지급을 위탁받은 은행으로, 지급은행의 지급행위는 그 지급행위에 대해 어떤 책임도 지지 않으며 단순하게 대금을 지급해주는 역할을 한다.

**Payment**

지불

**Payment in Advance**

선불

**Payment L/C**

수출지 은행에 지급이 수권된 신용장을 말한다. 지급기한에 따라 일람지급신용장(Sight Payment L/C)과 연지급신용장(Deferred Payment L/C)이 있다.

**PL**(Product Liability) **Insurance**

PL보험. 제조물배상책임보험 또는 생산물배상책임보험. 생산자 또는 수입자 등이 법률에 따라서 제조물 배상 책임을 부담하기 때문에 발생하는 손해를 커버하는 보험

**Policy Holder**

보험계약자. 보험자와 보험계약을 체결하고 보험료를 납부할 의무를 진 자

**Proforma Invoice**

견적송장. 매매계약성립 이전에 매도인이 매수인에게 화물의 수입가격을 계산하는 자료를 제공하기 위하여 또는 수입자가 수입허가를 신청하는 데 필요한 첨부서류로서 견적송장을 수출자가 작성하여 수입자에게 보낸다.

**Progressive Payment**

누진불. 예를 들면 수입자가 주문 또는 계약시 대금의 3분의 1, 선적이 끝난 후에 3분의 1, 잔액은 화물이 도착한 후에 지불하는 방법이다. 분할지불(Instalment Payment)이라고도 부른다.

**Proposal**

권유, 제안

**Provisional Insurance**

개별예정보험. 개별의 거래마다 계약을 하고 개개의 선적을 커버하는 예정보험(계약)

**Provisional Contract**

개별예정보험계약

**Provisional Policy**

개별예정보험증권

**Purchase Order**(P/O)

매매계약의 성립 후 계약내용을 확인하기 위해 수입자가 작성해서 수출자에게 보내는 주문서

## Q

**Quality**

품질

**Quantity**

수량

**Quotation**

견적(서). 품질, 가격, 납기, 인도장소 등의 제반 거래조건을 명시한다.

## R

**Received B/L**

수취선하증권. 선박회사가 운송을 위해 화물을 수령한 것을 확인하고 발행하는 선하증권. 일반적으로 컨테이너 화물의 운송, 컨테이너 화물을 전제로 하는 복합 일관운송의 경우에 발행된다.

**Red Clause L/C**

선대신용장. 수입자가 개설은행을 통하여 수출자에게 수출대금의 선불(advance payment)을 허용하는 신용장을 말한다.

**Reference**

참조, (신용)조회처

**Reimbursing Bank**

상환은행. 개설은행의 지시에 따라서 수출지의 매입은행에 신용장대금을 지급하는 은행을 말한다. 신용장개설은행의 예치환거래은행이 이를 담당한다.

**Remitting Bank**

추심의뢰은행. D/A, D/P 대금결제방식에 의한 수출입 거래에서 수출자로부터 추심을 의뢰받은 은행. 추심의뢰인을 대신하여 수출지에서 수입자 거래은행인 추심은행(collecting bank)으로 대금지급청구서(환어음)와 관계선적서류(선하증권·보험증권·상업송장 등)를 송부한다.

**Restricted L/C**

매입은행지정신용장. 화환어음의 매입은행이 지정되어 있는 신용장

**Revolving L/C**

회전신용장. 일정 기간마다 일정한 범위 내에서 자동적으로 같은 조건에서 신용장 금액이 부활하고 반복해서 이용할 수 있는 신용장

**RFWD**

Rain and/or Fresh Water Damage의 약어. 해상보험에서 부가위험의 하나로 우수, 담수 위험담보

**Running Laydays**

정박기간 산입방법의 하나. 하역 개시일로부터 하역이 끝날 때까지 소요된 모든 경과일수를 휴일이나 기후에 관계없이 정박기간으로 산입하는 방법

## S

**S/A**(Shipping Application)

선적신청서. 재래선 선적화물에 관해서 수출자의 대리인으로서 해상운송화물주선업자(포워더)가 선박회사에 선적을 의뢰하는 서류

**Safeguard**

긴급수입제한조치. 특정 품목의 수입이 급증하여 국내 업체에 심각한 피해가 발생할 우려가 있을 경우, 수입국이 관세인상이나 수입량 제한 등을 통하여 수입품에 대한 규제를 할 수 있는 무역장벽의 하나. 세이프가드제도가 규정되어 있는 조항(GATT 제19조)을 '면책조항' 또는 '도피조항(escape clause)'이라고도 한다.

**SHEX**(Sundays, Holidays Excepted)

정박기간 산입방법의 하나. 일요일과 공휴일에 하역작업을 하더라도 보통 정박기간에 산입하지 않는 방법

**SHEX UU**

Sundays and Holidays Excepted Unless Used의 약어. 정박기간 산입방법의 하나. 일요일과 공휴일에 하역작업을 하면 정박기간에 산입하는 방법

**Shipped B/L**

선적선하증권. 운송을 위해 화물을 선적한 것을 확인하고 발행하는 선하증권으로 On Board B/L이라고도 한다.

**Shipping Advise**

선적통지

**Shipping Conference**

해운동맹. 특정한 정기선 항로에 취항하고 있는 선박회사가 서로 부당 경쟁을 피하기 위하여

운임 등 제반 영업조건에 대하여 협정을 체결하고 있는 것을 말한다.

**Shipping Date**(S/D)

선적일. 일반적으로 최종선적기일(Latest Shipping Date)을 의미한다.

**Shipping Documents**

선적서류

**Shipping Mark**

하인(荷印) 또는 화인(貨印). 무역거래의 화물 외장에 표시하는 마크로 선적이나 하역 작업을 할 때 그 화물의 식별을 용이하게 하기 위한 것. 하인은 일정 기준에 따라 만든다.

**Shipping Request**(S/R)

선적신청서. 선복을 신청할 때 화물의 명세나 선적항, 양륙항 등의 여러 사항을 기재하여 선박회사에 제출하는 서류. 선박회사가 이를 승낙하면 하주에게 확약서(Booking Note)를 발행해 준다.

**Short Shipment**

부적(不積). 화주 혹은 용선자가 고의, 과실, 태만 기타 불가항력에 의해 화물의 전부 혹은 일부를 계약서상 약정된 만큼 선적하지 못한 것을 부적(不積)이라고 하며, 사용치 못한 선복을 Dead Space(不積船腹), 또한 계약수량에 대한 운임과 실제 선적한 수량에 대한 운임과의 차액을 Dead Freight(不積運賃)라고 하며, 운송계약 위반에 대한 위약금의 성격을 갖는다.

**Simple L/C**

단순신용장. 개설은행의 예치환거래은행이 서류매입을 취급하는 경우, 이 신용장을 단순신용장이라고 한다. 상환을 별도로 행하는 상환신용장에 비하여 업무취급이 간단하고 단순하기 때문에 단순신용장이라고 불린다.

**Specific Duties**

종량세. 가격에 관계없이 물품의 수량에 따라 부과하는 세금을 말한다. 종량세 적용 물품으로는 영화 필름, 비디오테이프, 주정 등이 있다.

**SRCC Clause**

스트라이크위험담보약관. 스트라이크(Strikes), 폭동(Riots), 소란(Civil Commotions) 담보약관. 스트라이크 노동자나 폭동가담자 등의 폭력적 파괴행위 등에 의한 손해를 전보한다.

**Stale B/L**

제시기간 경과 선하증권. 선적 후 상당한 일자가 경과된 후에 수출자의 은행에 제시된 B/L을 지칭한다.

**Stand-by L/C**

보증신용장. 수출대금의 결제를 목적으로 하는 화환신용장이 아니라 금융이나 보증을 위해서 발행되는 특수 신용장을 말한다.

**Straight B/L**

기명식 선하증권. 선하증권의 Consignee 칸에 수입자 또는 특정인을 기재한 증권이다. 유동성이 없으므로 기재된 자만이 화물을 수령할 수 있다.

**Straight L/C**

지정신용장. 신용장상에 지급, 인수, 매입 등을 담당할 특정은행의 명칭을 미리 지정해놓은 신용장을 말한다. 지급신용장(Payment L/C)과 인수신용장(Acceptance L/C)이 여기에 해당한다.

**Supplier**

공급자(회사)

**Surcharge**

할증료, 추가요금

**SWIFT**

Society of Worldwide Interbank Financial Telecommunication(전 세계 은행 간 자금결제 통신망)의 약어로 신용장 개설의 한 방법이다.

**Sworn Measurer**

검량인. 수출화물의 선적 시, 수입화물의 양륙 시에 화물의 중량, 용적 등을 측정하고 증명하는 사람

## T

**Tariff Rate**

표정운임률(表定運賃率). 해운동맹이 협정해서 공표하고 있는 기본운임률. 동맹에 가입한 선박회사가 운송하는 화물에 적용하는 운임률

**Tariff Rate**

관세율

**Through B/L**

통선하증권. 운송화물이 목적지에 도착할 때까지 서로 다른 둘 이상의 운송기관, 즉 해운(海運), 육운(陸運), 공운(空運)을 교대로 이용하여 운송되는 경우 첫 번째의 운송업자가 전운송구간(全運送區間)에 대해서 발행하는 선하증권

**Total Loss**

전손(全損). 보험에 든 화물이 전부 멸실되어 시장가격을 상실한 경우를 말한다. 현실전손과 추정전손으로 구분된다.

**Total Loss Only**(TLO)

전손담보. 보험계약의 화물 전체에 손해가 발생했을 때에만 보상하는 보험조건. 보험자에게 가장 부담이 적은 보험조건이므로 보험료도 가장 저렴한 것이 특징이다.

**TPND**(Theft, Pilferage, Non-Delivery)

해상보험에서 부가위험의 하나로 도난, 절도, 불착손 위험담보

**TPP**(Trans-Pacific Partnership)

환태평양경제동반자협정. 아시아·태평양 지역 국가들의 다자간 자유무역협정으로, 무역장벽 철폐와 시장개방을 통한 무역자유화를 목적으로 한다. 2005년 6월 뉴질랜드·싱가포르·칠레·브루나이 등 4개국 체제로 시작했으며 2013년 4월 현재 미국·캐나다·멕시코·호주·뉴질랜드·싱가포르·브루나이·베트남·말레이시아·칠레·페루 등 11개국이 참여하고 있다.

**Trade Reference**

동업자신용조회처. 거래처의 신용상황을 알고 싶을 경우에 조회할 거래상대의 거래처나 동업자를 이용하는 신용조사방법

**Trade Terms**

정형거래조건. 무역거래에서 정형화된 매매계약조건. 국제상업회의소가 제정한 〈인코텀즈〉 2010에는 수출자와 수입자의 비용과 위험부담 관계를 명시한 11개의 정형거래조건이 명시되어 있다. FOB, CIF 등 정형거래조건의 정의, 해석에 관하여는 인코텀스에 의하는 것이 가장 무난하다고 할 수 있겠다.

**Tramper**

부정기선. 정기적이지 않고 수시로 화물이 있는 곳에서 부정기적으로 항해에 취항하는 선박을 말한다.

**Transferable L/C**

양도가능신용장. 수출자가 받은 신용장을 제3자에게 신용장 금액의 전부 또는 일부를 양도 가능한 신용장을 말한다.

**Transshipment**(T/S)

환적. 선적된 물품이 목적지항에 도착하기 전에 당초에 선적되었던 운송수단에서 다른 운송수단으로 이전 및 재적재되는 행위를 말한다.

**Transshipment B/L**

환적선하증권. 화물을 목적지까지 운송하는 도중 중도항에서 다른 선박에 환적하여 최종 목적지까지 운송할 때 발행되는 선하증권. 환적할 때마다 각 선박회사가 최초의 발행 선하증권에 연대서명을 하여 공동책임을 지게 된다.

**Trust Receipt**(T/R)

수입담보화물대도(貸渡). 수입상은 어음대금을 결제하기 전이라도 수입화물을 처분할 수 있도록 하는 동시에 개설은행은 그 화물에 대한 담보권을 상실하지 않도록 하는 제도이다. 즉, 일람출급어음조건인 경우 개설의뢰인이 개설은행에 대해 수입화물을 대도하여 줄 것을 신청하고, 개설은행은 자기 소유하에 있는 수입화물을 수입상에게 대도하여 그 화물을 적기에 처분하도록 함으로써 그 판매대금으로 수입대금을 결제할 수 있도록 하는 제도이다.

**T/T**(Telegraphic Transfer)

전신송금. 수입자로부터 송금의뢰를 받은 수입지 은행이 수출자의 거래은행에 대금지불의 지시를 전신으로 하는 것을 말한다.

**TTB**(Telegraphic Transfer Buying Rate)

전신환매입률. 은행이 고객으로부터 외화를 구입할 때 적용되는 환율

**TTS**(Telegraphic Transfer Selling Rate)

전신환매도율. 은행이 고객에게 외화를 팔 때 적용되는 환율

## U

**UCP**

Uniform Customs and Practice for Documentary Credits의 약어로 신용장통일규

칙. 신용장의 발행이나 신용장에 따른 은행에서의 결제에 관한 화환어음 신용장의 취급에 관련하여 국제상업회의소가 제정한 국제규칙

**Unit Price**

단가

**Usance**

유전스. 지불을 일정 기간 유예하는 것으로 Usance Bill은 기한부어음이다.

**Usance L/C**

기한부신용장. 신용장에서 기한부어음의 발행을 요구하고 있는 신용장을 말한다.

**URC**(Uniform Rules for Collection)

추심에 관한 통일규칙. 국제간에 어음추심 과정에서 발생할 수 있는 분쟁 가능성을 제거하기 위하여 국제상업회의소가 제정한 규칙

**USQ**(Usual Standard Quality)

보통품질조건. 공인검사기관 혹은 공인기준에 따라 보통품질을 표준품의 품질로 결정하는 방법

## W

**WA**(With Average)

분손담보. 보험자가 전손과 공동해손은 물론 단독해손에 대하여도 책임을 부담하는 보험조건

**Waiver**

국적선불취항증명서. 자국선우선제도하에서 자국의 선박이 취항하고 있지 않은 것을 증명하는 서류

**Weather Working Days**

정박기간 산입방법의 하나. 기후가 좋아서 하역 가능한 작업일만을 정박기간에 산입하고 우천 등과 같은 악천후(Bad Weather)로 하역이 불가능한 기간은 정박기간에서 제외하는 방법

**Wharfage**

부두사용료. 해양수산부가 항만법의 하위법령인 「무역항의 항만시설사용 및 사용료에 관한 규정」에 의해 부두를 거쳐 가는 모든 화물에 징수하는 요금으로 선사가 해운항만청에 대납하고 화주에게 징수하는 금액

**WPA**(With Particular Average)

단독해손담보. 해상적하보험에서 적하의 전손은 물론 특정의 분손도 보험자가 담보하는 조건. With Particular Average란 Free from Particular Average의 대응되는 조건이다.

**WTO**(World Trade Organization)

세계무역기구. 관세 및 무역에 관한 일반협정(GATT) 체제를 대신하여 1995년부터 세계경제질서를 규율해가고 있는 새로운 국제기구. 각국의 무역장벽을 낮추고 무역 협상의 기반을 제공함으로써 원활하고 자유로운 무역을 지원하는 것을 목적으로 하며, 2016년 현재 회원국은 163개국이다. 스위스 제네바에 사무국이 있다.

# 참 고 문 헌


권영구, 《개인 수출입을 위한 무역실무 읽는 법》, 중앙경제평론사, 2013.

권영구, 《쉽게 배우는 무역영어 기본실무》, 중앙경제평론사, 2016.

기무라 마사하루, 권영구 편역, 《그림으로 쉽게 배우는 무역실무》(개정판), 중앙경제평론사, 2011.

이기찬, 《이기찬 무역실무》, 중앙경제평론사, 2012.

김성훈, 《신용장 네고서류 작성요령》, 도서출판 두남, 2001.

김성훈, 《환리스크 대응방안》, 도서출판 두남, 2002.

《무역계약》, 한국무역협회 무역아카데미, 2003.

《무역운송·보험》, 한국무역협회 무역아카데미, 2004.

박종수, 《수출입실무 매뉴얼》, 도서출판 두남, 1998.

《수출입대금결제》, 한국무역협회 무역아카데미, 2008.

김병술, 《무역업의 창업과 경영》, 도서출판 두남, 1998.

전창원, 《도해 수입실무》, 무역연구원, 1998.

인터넷 포털사이트 NAVER와 DAUM 사이트

한국무역협회, kotra, 한국무역보험공사, 관세청 등과 같은 무역 유관기관 홈페이지

자료제공(수출입신고필증 양식 외): 익도관세법인 서울(ikdo33@nate.com)

대한상공회의소, 《인코텀즈 2020》(한국어 공식번역본), 2019.

片山立志, 《圖解いちばんやさしく丁寧に書いた貿易實務の本》, 成美堂出版, 2014.

橋本 かおる, 《貿易英語の基本と實務がよ～くわかる本》, 株式會社 秀和システム, 2012.

宮下忠雄, 《(新版) 貿易實務がわかる本》, PHP硏究所, 2005.

木村雅晴, 《圖解で入門! よくわかる貿易の實務》, PHP硏究所, 2004.

藏 和彌, 《よくわかる貿易の實務》, 同文館出版株式會社, 2002.

來住哲二, 《基本貿易實務》(9訂版), 同文館出版株式會社, 2002.

小中信幸·仲谷榮一郎, 《契約の英語(1)》, 株式會社 日興企劃, 2000.

# 찾 아 보 기


ㄱ

**가격조건** 184, 186, 187, 298
**간이세율** 246, 287
**간이통관** 281
**개별법** 51~53, 106, 234, 243
**거래제의 서신** 38, 74, 75
**거래조건** 38, 59, 67, 74, 75, 124, 134, 146, 185, 215, 298, 302, 309, 322, 330, 332
**견본매매** 182, 187
**결제조건** 109, 123, 186~188, 213, 298
**공동해손** 155, 233, 275, 299, 311, 323, 324, 331, 337
**공장 인도규칙** 216, 322
**관세법** 50, 51, 224, 225, 242~244, 248, 299, 322, 326
**관세지급 인도규칙** 218, 318
**관세청 전자통관시스템** 82, 141
**구매계약서** 67
**규격매매** 183, 187, 299
**국제상업회의소** 215, 325, 336, 337
**국제팩터링** 299
**국제복합운송** 266, 268
**국제통일상품분류체계** 245, 325
**기명식 선하증권** 202, 334

ㄴ

**내국신용장** 294, 299, 328

ㄷ

**단독해손** 233, 300, 311, 323, 331, 337
**단독해손부담보** 231, 323
**대외무역법** 50~54, 243
**대한상사중재원** 256, 257, 293
**도착지양하 인도규칙** 218
**도착지 인도규칙** 218

ㄹ

**런던보험자협회** 230

ㅁ

**매입신용장** 329
**매입은행** 65, 123, 136, 154, 159, 194, 197, 300, 311, 314, 327~329, 331~333
**매입제한신용장** 329
**목재포장재 검역** 298
**무사고선하증권** 316
**무역보험** 39, 279
**무역클레임** 254, 255, 316

ㅂ

**백지이서** 119, 144, 146, 205, 314
**병행수입** 236, 237, 301
**보세구역** 224~226, 252, 302, 309, 310
**보세건설장** 225, 226, 301, 309
**보세공장** 225, 226, 302, 309
**보세구역** 224~226, 252, 302, 309, 310
**보세운송** 252, 302
**보세전시장** 225, 226, 302, 309
**보세창고** 100, 225, 226, 283, 302, 309, 326
**보세판매장** 225, 226, 302, 309
**보증신용장** 334
**보험가액** 233, 263, 326
**보험계약자** 134, 146, 232, 302, 319, 327, 332
**보험금액** 120, 134, 146, 232, 327
**보험기간** 146, 232, 302
**보험료율** 331
**보험조건** 120, 134, 186, 187, 230, 302, 323, 325, 326, 335, 337
**보험증권** 47, 61, 65, 86, 120, 134, 146, 205, 233, 302, 306, 307, 325~327, 329, 333
**복합운송주선업자** 315
**본선수취증** 47, 152, 153, 329
**본선 인도규칙** 69, 219, 322
**부두사용료** 337
**분손** 155, 233, 275, 302, 311, 331, 337
**분손담보** 155, 231, 337

ㅅ

**사고부 선하증권** 202, 323
**사양서매매** 182, 187, 303
**상표 · 브랜드매매** 303
**선복** 304, 307, 308, 334
**선적상위** 255
**선적선하증권** 132, 333
**선적수량조건** 184, 304
**선적조건** 185, 187, 188, 303, 304
**선적지시서** 47, 152, 163
**선적품질조건** 183, 187, 304
**선측 인도규칙** 219
**선하증권** 46, 64, 65, 84~86, 94, 98, 103, 119, 130, 133, 142, 145, 158, 161, 164, 195, 198, 202~205, 222, 233, 263, 264, 269, 307, 308, 314~316, 320, 323, 328~336
**세관검사장** 224, 225, 226, 304
**소송** 215, 256, 279, 304
**송장** 46, 61, 119, 124, 206, 318, 327
**송하인** 130, 152, 262~264, 319, 329
**수량과부족 용인조건** 184
**수량조건** 183, 187, 299, 304
**수익자** 78, 79, 111, 116, 123, 304, 312~314, 321, 329
**수입신고필증** 72, 95~97, 100, 251, 252, 304, 305
**수입통관** 29, 31, 70, 72, 92, 94~97, 124, 154, 208, 218, 250, 251, 315, 318
**수출보험** 321
**수출신고필증** 63, 82, 83, 89, 102, 104, 207, 305
**수출입공고** 52, 53, 305
**수출입품목관리제도** 321, 326
**수출통관** 29, 82, 83, 89, 102, 141, 206~

208, 216~220, 250, 331
**수취선하증권** 132, 332
**수하인** 119, 130, 153, 154, 202, 263, 317
**스위치무역** 54
**승낙** 59, 75, 76, 93, 178, 180, 197, 263, 305, 312, 314, 330
**식물검역** 227, 298
**신용장통일규칙** 299
**신용조사** 59, 67, 176, 177, 313, 318
**신용조사기관** 49

## ㅇ

**알선** 256, 306
**양륙수량조건** 184, 306
**양륙품질조건** 183, 187, 306
**양도가능신용장** 336
**외국환거래법** 50, 298
**운송인 인도규칙** 216, 322
**운송비 · 보험료지급 인도규칙** 218, 316
**운송비지급 인도규칙** 216, 318
**운임 · 보험료포함 인도규칙** 220, 315
**운임포함 인도규칙** 69, 219, 315
**원산지증명서** 47, 86, 94, 120, 150, 208, 210, 211, 250, 307, 315, 324
**유니패스** 82, 141, 162, 206, 250
**유류할증료** 200
**이서** 130, 233, 314, 321
**인증제도** 38, 170
**인코텀즈** 185, 215, 217, 221, 298, 302, 304, 325, 326, 336

## ㅈ

**자유매입신용장** 323, 329
**적하보험** 69
**재래선** 133, 152, 153, 163, 164, 212, 314, 317, 319, 333
**전손** 155, 233, 275, 311, 312, 317, 323, 325, 335, 337
**전손담보** 335
**전신송금** 213, 336
**전위험담보** 155, 230, 312
**전자무역** 48, 51
**전자문서교환방식** 321
**정기선** 145, 328, 333
**정형거래조건** 308, 336
**조정** 256, 301, 308
**종합보세구역** 226, 309
**주문서** 46, 309, 332
**준거법** 190
**중개무역** 43, 54, 309
**중계무역** 54, 309
**중재** 190, 256, 257, 309, 313
**중재조항** 188, 257, 309, 313
**지시식 선하증권(B/L)** 119, 142, 202, 205, 317, 330, 331
**지정보세구역** 224, 226, 309
**지정장치장** 224, 226, 309

## ㅊ

**추정전손** 155, 275, 309, 311, 335
**취소가능신용장** 159, 192
**취소불능신용장** 111, 115, 165, 192, 193, 213,

312, 327

ㅋ

**클레임** 39, 187, 190, 224, 255, 256, 304, 306, 308, 309, 311, 329

ㅌ

**터미널 화물처리비** 201
**통선하증권** 335
**통지은행** 79~81, 111, 123, 312, 329
**통화할증료** 201
**통합공고** 52, 53, 310
**특별법** 52, 53, 234
**특허보세구역** 225, 226, 310

ㅍ

**포장조건** 28, 185, 187, 310
**포페이팅** 214, 310
**품목분류** 245
**품질불량** 255
**품질상위** 255
**품질조건** 182, 187, 298, 299, 303, 304, 306, 310, 324
**피보험이익** 233, 326
**피보험자** 134, 146, 232, 233, 275, 300, 302, 312, 325~327, 331

ㅎ

**하역수량조건** 306
**하역품질조건** 306
**항공화물운송장** 262~264, 325, 329
**해상보험** 30, 39, 61, 69, 120, 134, 146, 186, 187, 230, 232, 312, 314, 317, 321, 327, 328, 333, 335
**해상운임** 200, 201, 313, 314, 323, 330
**해외시장조사** 28, 40, 168, 169, 170
**해외신용조사** 177
**혼재업자** 92, 258~261, 323, 325, 329
**화물도착 통지** 70
**화물인도지시서** 47, 71, 152, 164, 319
**화인** 82, 88, 129, 185, 315, 334
**화해** 256, 311
**화환신용장** 320, 334
**화환어음** 65, 86, 161, 195, 213, 214, 313, 250, 323, 329, 333
**확인신용장** 317
**확인조건부 오퍼** 180, 316, 330
**확정오퍼** 180, 322
**환적** 111, 117, 185, 186, 266, 275, 303, 304, 336
**회전신용장** 333
**희망이익** 232, 321

## A

**Acceptance** 59, 75, 76, 77, 178, 188, 305, 312

**Acknowledgement** 188

**Advising Bank** 79, 111, 157, 312, 329

**All Risks(A/R)** 113, 119, 120, 146, 147, 155, 230, 231, 312, 325

**Air Waybill(AWB)** 46, 258, 262~264, 330

**Amendment** 60, 196, 197, 312

**Amount** 111, 112, 116

**Applicant** 36, 78, 79, 111, 112, 115, 142, 146, 298, 312

**Arbitration** 190, 256, 257, 309

**Arrival Notice** 91, 153, 164, 289, 313

**Assured** 232, 327

**Assurer** 232

**At Sight L/C** 313

## B

**B/L** 46, 65, 71, 85~86, 94, 99, 130, 133, 142, 203, 205, 222, 223, 264, 314, 316, 323, 324, 329, 331, 334

**BAF** 200, 313

**Bank Reference** 176, 177, 313

**Beneficiary** 78, 79, 111, 112, 115, 257, 304, 314

**Berth Term** 201, 270, 314

**BILL OF EXCHANGE** 46, 86, 87, 136, 161, 289, 314

**Bill of Lading** 46, 65, 84, 86, 87, 90, 91, 95, 130, 164, 289, 314

**Blank endorsed** 113, 144

**Box Rate** 200

**Bulk Cargo** 314

**Bunker Adjustment Factor** 200, 313

## C

**CAF** 201, 314

**Carriage and Insurance Paid To** 216, 316

**Carriage Paid To** 216, 318

**Certificate of Origin** 47, 90, 91, 94, 95, 150, 289, 307, 315

**CFR** 69, 186, 217, 219, 302, 315

**CFS** 47, 63, 71, 89, 100, 104, 105, 152, 153, 212, 270, 315, 317, 320

**Charter Party** 315

**CIF** 54, 61, 86, 134, 146, 187, 205, 217, 220, 302, 315, 336

**CIP** 134, 205, 217, 218, 302, 316

**Combined Transport B/L** 316

**Commercial Invoice** 124, 154, 307, 316

**Compromise** 256, 311

**Conditions** 176, 177, 316

**Confirmed L/C** 159, 317, 327

**Consignee** 119, 130, 142, 153, 202, 205, 223, 263, 264, 317, 330, 334

**Contract** 289

**Counter Offer** 59, 74, 75, 77, 180, 318

**CPT** 216, 217, 221, 318

**Currency Adjustment Factor** 201, 314

**CY** 47, 49, 63, 64, 71, 89, 102, 152, 153, 212, 270, 317, 318, 320

## D

**D/A** 214, 305, 316, 318, 333

**DAP** 217, 218

**Date of Expiry** 111

**DDP** 217, 218, 318

**Description of Goods** 132

**Destination** 320

**D/O** 47, 71, 98, 152, 264, 319

**DPU** 217, 218, 221

**Draft** 314, 320

**Drawee** 321

**Drawer** 321

## E

**Exchange Rate** 321

**Expected Profit** 232

**EXW** 216, 322

## F

**FAQ** 310, 322

**FAS** 217, 219, 221

**FCA** 216, 217, 221, 322

**FI** 201, 270, 322

**FIO** 201, 270, 322

**Firm Offer** 180, 322

**FO** 201, 270, 322

**FOB** 54, 69, 186, 219, 302, 315, 322, 336

**Forward Rate** 323

**FPA** 155, 323, 325, 326

**Free From Particular Average** 231, 323, 337

**Freight** 323

**Freight Prepaid** 323

**Full Container Load** 47, 63, 212, 322

## G

General Average 299, 311, 323, 324, 331

**GMQ** 310, 324

**Gross Weight** 126, 324

## I

**ICC** 155, 215, 325

**INCOTERMS** 215, 326

**Inspection Certificate** 304, 326

**Insurance** 190

**Insurance Policy** 47, 61, 65, 86, 87, 95, 134, 284, 327

**Insure** 232

**Insured** 146, 232, 327

**Insured Amount** 232, 327

**International Multimodal Transport** 266

**Invoice** 46, 61, 87, 90, 91, 95, 160, 161, 247, 289, 327

**Irrevocable L/C** 159, 192, 313, 327

**Issuing Bank** 78, 111, 327, 330

## L

**Landed Quality Terms** 183, 306

**Landed Weight Terms** 184, 306

**Latest Date for Shipment** 327

**Latest Shipment** 111

**L/C** 46, 60, 68, 136, 146, 148, 192, 213, 223,

312
LCL 47, 63, 212, 315, 327
L/G Nego 328
Liner 145, 328
Liner Terms 314, 328
Litigation 256, 304

## M

Marine Insurance 134, 328
Marine Insurance Policy 233
Measurement 126, 329
Mediation 256, 306
More or Less Terms 184, 299
M/T 184

## N

Negotiation 136, 262, 311, 329
Net Weight 126, 329
Notify 142
Notify Party 132, 142, 154, 329

## O

Ocean Vessel 132
Offer 59, 74, 75, 77, 178, 309, 312, 330

## P

Packing List 46, 61, 80, 81, 87, 90, 91, 95, 126, 160, 161, 289, 331
Partial Shipment 111, 331
Particular Average 300, 311, 331
Place of Delivery 132
Port of Discharge 132
Port of Loading 132
Purchase Order 46, 188, 289, 309, 332

## Q

Quality 332
Quantity 178, 332

## R

Received B/L 203, 205, 269, 322, 330, 332
Red Clause L/C 332
Restricted L/C 159, 194, 329, 333
Revolving L/C 159, 333

## S

S/I 47, 154
Sales Contract 189
Shipment 111, 190, 303
Shipped B/L 204, 205, 333
Shipped Quality Terms 183, 304
Shipper 130, 262, 315
Shipping Advise 333
Shipping Instructions 47
Shipping Mark 82, 88, 89, 126, 129, 185, 187, 195, 310, 333
Shipping Request 47, 154, 198, 334
Shortage 225, 327
Stand-by L/C 334
Straight B/L 202, 334
Surrendered B/L 99, 199, 203
Surcharge 200, 335

## T

T/T 336

Terms of Payment 186, 298

THC 201

TLO 335

Total Loss 311, 335

Trade Terms 187, 190, 308, 336

Transferable L/C 336

Transshipment 111, 336

TTB 336

TTS 336

## U

UCP 336

Unit Price 337

Usance L/C 337

## V

Validity 178

Via 125

Voyage No. 109

## W

WA 155, 325, 337

War Risks and S.R.C.C 113, 119

With Average 231, 337

중앙경제평론사 Joongang Economy Publishing Co.
중앙생활사 | 중앙에듀북스 Joongang Life Publishing Co./Joongang Edubooks Publishing Co.

**중앙경제평론사**는 오늘보다 나은 내일을 창조한다는 신념 아래 설립된 경제 · 경영서 전문 출판사로서 성공을 꿈꾸는 직장인, 경영인에게 전문지식과 자기계발의 지혜를 주는 책을 발간하고 있습니다.

초보자를 위한 **무역실무 정석** 〈최신 개정판〉

초판 1쇄 발행 | 2019년 1월 25일
초판 2쇄 발행 | 2019년 9월 10일
개정초판 1쇄 발행 | 2020년 1월 22일
개정초판 2쇄 발행 | 2020년 3월 10일
개정2판 1쇄 인쇄 | 2024년 8월 17일
개정2판 1쇄 발행 | 2024년 8월 22일

지은이 | 권영구(YoungKu Kwon)
펴낸이 | 최점옥(JeomOg Choi)
펴낸곳 | 중앙경제평론사(Joongang Economy Publishing Co.)

대　　표 | 김용주
책임편집 | 이상희
본문디자인 | 박근영

출력 | 영신사 종이 | 에이엔페이퍼 인쇄 · 제본 | 영신사

잘못된 책은 구입한 서점에서 교환해드립니다.
가격은 표지 뒷면에 있습니다.

ISBN 978-89-6054-339-3(03320)

등록 | 1991년 4월 10일 제2-1153호
주소 | ㉾ 04590 서울시 중구 다산로20길 5(신당4동 340-128) 중앙빌딩
전화 | (02)2253-4463(代) 팩스 | (02)2253-7988
홈페이지 | www.japub.co.kr 블로그 | http://blog.naver.com/japub
네이버 스마트스토어 | https://smartstore.naver.com/jaub 이메일 | japub@naver.com
♣ 중앙경제평론사는 중앙생활사 · 중앙에듀북스와 자매회사입니다.